工业和信息化普通高等教育"十三五"规划教

21世纪高等学校**会计学**系列教材

COMPUTER FINANCIAL MANAGEMENT

计算机财务管理
——以Excel为分析工具

◆ 王招治 主编

◆ 孙文川 范秋英 副主编

人民邮电出版社

北 京

图书在版编目（CIP）数据

计算机财务管理：以Excel为分析工具 / 王招治主编. -- 北京：人民邮电出版社，2017.8
21世纪高等学校会计学系列教材
ISBN 978-7-115-46099-8

Ⅰ．①计… Ⅱ．①王… Ⅲ．①计算机应用－财务管理－高等学校－教材②表处理软件－应用－财务管理－高等学校－教材 Ⅳ．①F275-39

中国版本图书馆CIP数据核字(2017)第182953号

内 容 提 要

本书在财务管理理论知识的基础上，将国际通用的财务管理模型与计算机技术进行有机结合，全面系统地介绍了运用Excel 2013分析工具构建资金时间价值模型、财务分析与评价模型、筹资决策模型、资本结构决策分析模型、投资决策模型、营运资本管理模型以及销售预测与利润管理模型的方法。本书各章节的编写均采用"Excel软件要点+相关基础知识+模型构建"3部分结合的方式，避免了理论知识与实际案例脱节的缺点，同时将该章节涉及的Excel软件要点（包括函数、工具方法）等单独进行归类阐述，便于读者进行针对性学习。

本书可作为本科院校、高职高专院校经济管理类专业计算机财务管理课程、财务金融建模课程、财务分析与决策课程的教材或参考书，也可供企事业单位和经济管理部门的广大财务管理人员阅读。

◆ 主　　编　王招治
　　副主编　孙文川　范秋英
　　责任编辑　李育民
　　责任印制　周昇亮

◆ 人民邮电出版社出版发行　　北京市丰台区成寿寺路11号
　　邮编　100164　　电子邮件　315@ptpress.com.cn
　　网址　https://www.ptpress.com.cn
　　北京盛通印刷股份有限公司印刷

◆ 开本：787×1092　1/16
　　印张：15.5　　　　　　　　　2017年8月第1版
　　字数：427千字　　　　　　　2025年1月北京第8次印刷

定价：45.00 元

读者服务热线：(010)81055256　印装质量热线：(010)81055316
反盗版热线：(010)81055315
广告经营许可证：京东市监广登字 20170147 号

前 言Foreword

随着大数据、云计算、互联网等信息技术的兴起与发展，作为企业管理核心和重要组成部分的财务管理，其模式和方法越来越趋于信息化和智能化。在此背景下，用人单位对财务人员也提出了新要求，鼓励其不仅要有扎实的财务理论知识，还要有熟练利用计算机技术进行财务管理的操作技能。虽然目前我国企业已经基本建立和使用会计信息系统来进行企业财务管理，财经类专业在校本科生也都经过了相关的学习与培训，但是很多企业在具体实践中仍然需要熟练的 Excel 操作技能，利用其进行财务报表分析、筹资投资决策分析、销售分析等。因而，财经类专业的学生对 Excel 软件的掌握程度不能仅仅停留在初级阶段，而更要能够满足专业管理的需求，但这些需求通过一般的计算机基础课程中的 Excel 学习是不能实现的，必须通过专门课程的讲解才能使学生达到 Excel 中级及以上水平。因此，目前我国高校财务管理类专业或者会计类专业普遍开设有"计算机财务管理""财务分析""财务金融建模"等与 Excel 在财务管理中的应用相关的课程。该类课程将信息技术、定量分析方法和财务管理原理等内容融为一体，受到了学生的普遍欢迎。本书正是为适应这一类课程的需要而编写的。

本书有以下 4 大特点。

（1）本书结合财务管理理论与实际案例，系统阐述了计算机财务管理中资金时间价值、财务分析与评价、筹资决策、资本结构决策、投资决策、营运资本管理、销售预测与利润管理等的基础理论及模型构建。

（2）本书根据应用型本科院校学生的特点，繁简有度，对一些晦涩难懂的知识点进行了适当的精减与删除。

（3）本书对每一章节涉及的基础原理、Excel 软件要点进行了归纳整理，便于学生进行有针对性的学习。

（4）本书应用的数据分析工具为 Excel 2013。Excel 2013 相比于以往版本，界面更清新、简洁，更贴近使用者的视觉操作习惯；另外，Excel 2013 新增的大量功能可帮助使用者远离繁杂的数字，绘制更具说服力的数据图，有助于使用者做出更好、更明智的决策。

本书内容共分为 9 章：第 1 章为计算机财务管理概述，指出本书作为计算机财务管理的 Excel 篇，主要向读者阐述利用 Excel 软件构建财务模型的方法和相关技术，并对 Excel 的功能及 Excel 2013 的新特性、工作界面和工作簿进行了介绍;第 2 章为 Excel 在财务管理中应用的方法,详细介绍了 Excel 的数据表方式与图表方式在财务管理中的应用;第 3 章～第 9 章为计算机财务管理模型构建部分, 各章节在财务管理相关理论知识分析的基础上,归纳整理了该模型需要用到的 Excel 软件要点, 分别构建了资金时间价值的 Excel 模型、财务分析与评价的 Excel 模型、筹资决策的 Excel 模型、 资本结构决策的 Excel 模型、投资决策的 Excel 模型、营运资本管理的 Excel 模型及销售预测与 利润管理的 Excel 模型。

　　本书由福建师范大学协和学院王招治主编,厦门大学嘉庚学院孙文川、福建师范大学协和学院 范秋英任副主编。具体编写分工如下:王招治负责第 2 章～第 9 章的编写,孙文川负责书稿编写过 程中资料的搜集、整理等工作,范秋英负责第 1 章及全书习题的编写和整理。编者在编写本书的过 程中参考了大量的文献资料,在此向这些文献的作者表示感谢。

编者

2017 年 5 月

目 录 **C**ontens

计算机财务管理概述 | 第1章

本章提要

伴随着信息技术日新月异的发展，计算机技术广泛应用于企业管理的中心——财务管理中，不仅有效提升了企业财务管理的效率，实现了企业的经济效益，还促进了财务管理向全方位、信息化和智能化方向发展，企业财务管理随之进入信息化建设的新时代。在本章，我们从信息时代下财务管理的新发展入手，分析了计算机财务管理的概念及其实现路径，向读者阐述利用Excel软件构建财务模型的方法和相关技术。

学习目标

- 了解信息时代下财务管理的新发展；
- 了解计算机财务管理的概念及其实现途径；
- 熟悉财务建模及其决策方法；
- 熟悉Excel 2013的功能、新特性、工作界面和工作簿。

财务管理作为企业管理的重要组成部分，在建立现代企业制度中发挥着越来越重要的作用。财务管理的科学化、合理化离不开先进的管理思想和方法，更离不开现代化的管理工具——电子计算机。计算机技术的应用使得当前企业的财务管理工作中财务数据的管理效率得到几何级数的提升，财务的预警机制和预算管理系统的建设成为可能，财务管理的管理模式和方法得到了创新与改革，整个财务管理进入了信息化建设的新时代。在这样的时代背景下，1997年，由上海财经大学率先开设的将信息技术、定量分析方法和财务管理原理等内容融为一体的、全新的"计算机财务管理"课程应运而生，并受到了学生的普遍欢迎。现在该课程已逐渐被其他院校所接受，成为经管类和财经类专业的重要专业课程。此外，由"计算机财务管理"课程衍生出来的"财务分析与决策""财务金融建模"等课程也很普遍。

1.1 信息时代下财务管理的新发展

近年来，随着信息技术的不断进步，整个世界进入了一个大变革时代。大数据、云计算、互联网等信息技术兴起与发展，全球经济联系日益密切，国内市场环境快速变化，企业生产和商业模式越来越趋于虚拟化和智能化，企业的生存和竞争压力日益增大。财务管理成为企业管理的核心和重要组成部分。信息时代一方面提供了更具价值的信息和分析技术；另一方面也必将颠覆传统的财务管理模式，引起创新和变革。

1.1.1 大数据与财务管理有机结合的"大财务"新思维

在信息时代，信息经历了深刻的变化，数据的广度和深度达到了一个前所未有的水平，且逐渐成为企业经营的重要资产和信息财富，是企业经济活动的重要投入要素和商业模式转变的根基，是企业竞争的核心着力点。同时，计算机技术的广泛应用，在很大程度上成为企业管理创新和经营模式改革的重要技术支撑，促进了企业管理的信息化和科学化，企业经营者和财务管理人员的管理理念也随之转变，"大财务"的新思维逐步形成。与传统封闭式的财务管理思维相比，"大财务"思维更强调大数据的理念与财务管理的有机结合，主张在财务数据的处理和分析中积极应用大数据技术，推动企业财务管理向精细化、智能化方向发展；同时，该创新思维重视大数据在企业决策中的作用，充分挖掘信息优势带来的商机，适应市场竞争的趋势，提升财务数据的使用效率，积极应对环境变化带来的挑战。

1.1.2　信息高度整合和利用的财务管理新模式

大数据时代，信息更新速度快、数据规模大且高度整合，企业财务管理的管理机制、管理模式和管理方法均得到了有效调整和创新，促进了财务管理向全方位、信息化、智能化方向发展。

（1）相比于传统财务管理模式，新型财务管理模式强调数据资料的整合能力和先进的数据处理分析技术，极大地提高了财务数据的处理效率，使实时、有效的财务数据报告成为可能；并且利用云端的计算和存储功能，使财务数据和信息的分析更加结构化，处理更加标准和规范化，提高了财务信息的准确性，大大降低了人工成本，实现了企业内部信息共享，为决策提供了有效依据。这与以手工记账方式为主的传统财务管理工作相比，无疑准确性和效率性均得到了有效提升，且极大地降低了管理成本。

（2）大数据时代促进了财务预警机制的建立，进一步强化了预算管理。随着大数据技术的引入和信息共享平台的建设，企业可以利用智能化的处理系统有效地进行风险识别和判断，降低风险发生的概率，并可在财务风险发生后，及时、有效地进行科学管理，进一步缩小影响范围，降低成本损失，为企业决策提供经验依据。同时，大数据、云计算等技术使得企业财务预算管理系统的建立成为现实。财务预算管理系统使得企业能够高效、快速地获得当期的真实数据，并在此基础上处理、分析和预测企业未来的资金流向，为下期预算编制提供可靠的依据，提升预算管理的实际效果，改善财务部门的预测分析能力，规避复杂市场环境带来的经营风险。

1.1.3　高效财务管理信息共享平台建设的新要求

大数据时代，信息更新速度快，呈现爆炸式的发展特征。其在给企业的经营和管理带来有力信息补充的同时，也对信息化建设提出了更高的要求。对于财务管理来说，目前企业已经进入了一个信息化建设的新时代。为应对新技术革命带来的挑战，提升企业的核心竞争力，实现企业的经营目标，企业应着力于财务管理信息共享平台的建设。

（1）可以从财务管理信息化制度入手，进一步规范财务数据的收集标准、处理流程、分析方法及报告模式，实现财务信息的高度整合，为企业进一步决策提供依据。

（2）完善财务数据管理系统，升级并开发财务软件。企业应结合自身的行业特点和实际，建设一个有效、完善的财务数据管理系统，提高自身收集、处理和分析数据的能力，挖掘财务信息背后的商机；同时不断升级和开发财务管理软件，有效提取和利用财务数据，扩展财务信息容量。

（3）净化内外部网络环境，维护财务信息安全。企业应注重内外部网络环境的变化，建立安全的财务信息网，防止病毒等造成信息泄露，维护财务数据的安全和准确性。

1.2 计算机财务管理及其实现途径

　　财务管理是企业运营管理的重要内容，涉及企业运营资金的筹集、资金的投资决策、资金流管理、资金的分配等内容。财务管理效率的高低，直接影响到企业管理者重大决策的执行，轻则会降低企业的资金运行效率，重则会减少企业的经济效益。因此，强化企业的财务管理，是企业发展壮大的必经途径。时代在变化，财务管理的模式和方法也在改变，企业财务管理已经正式进入了信息化建设的新时代。计算机技术的进步和发展促使财务管理向全方位、信息化、智能化方向发展，促进了信息共享平台的建设，使得企业能有效应对新技术革命的挑战，促进企业核心竞争力的提升。

　　计算机财务管理的实现途径一般有以下两种。

　　1. 运用财务信息系统

　　通过一个完整的财务信息系统（如 SAP 软件的 TR 财务管理模块、用友软件的专家财务评估系统等）实现计算机财务管理的优点是比较系统和规范，可靠性和稳定性好。但是缺陷也是显而易见的，系统的应用需要有其他配套系统的支持，需要的计算机环境配置较高，系统较昂贵，需要掌握软件的操作技术。由于管理具有复杂性，当前财务软件或 ERP 的分析、预测、决策等功能尚不完善，不一定能满足企业的个性要求，还必须借助其他工具协同处理。在当今企业财务管理实践运用中，在经济全球化和信息化背景下，为加快客户响应速度、提升企业运营效率和降低运营成本，企业广泛采用了管理信息系统（Management Information System，MIS）、企业资源规划（Enterprise Resource Planning，ERP）、客户关系管理（Customer Relationship Management，CRM）等信息化体系，并把财务管理工作纳入信息化管理体系当中。因此，学生运用计算机系统来处理财务管理数据具有极强的现实意义，并且当所处理内容较为复杂而难以使用手工方法处理时，具有计算机财务管理模型的建设能力就会更有意义。

　　2. 运用 Excel 软件

　　利用 Excel 等软件构建财务模型，实现计算机财务管理，克服了信息系统昂贵的缺陷，能多方位地满足企业的个性要求，简单易用。事实上，Excel 电子表格软件在财务管理领域中发挥着重要作用，它技巧丰富、功能强大。财务工作者在掌握了 Excel 的功能后可以极大地提高自己的工作效率，创造出更多的价值。例如，我们经常会报送各种内部管理报表，一般商业报表的形式是从数据到信息的过程，这一过程需要经过数据的录入、数据的整理、对整理后的数据进行计算和分析，最后展现在我们面前的是清晰、漂亮的报表。Excel 可以高效地帮助我们实现这一过程，可使管理者迅速通过报表了解企业运营的信息和项目的实施进度，从而做出准确的经营决策。

1.3 财务建模与决策方法

　　随着企业间竞争的日趋激烈，虽然 ERP 等系统的建立能够解决操作层和控制层的很多问题，但是，还有很多评价和决策方面的问题无法解决，如怎样按照各方面的需要提供财务状况和经营成果的分析，企业的赊销政策如何确定，根据企业现有资金决定是购买还是租赁设备，企业最优经济订货批量为多少，企业如何通过改变单价、单位变动成本、销量等实现目标利润等。因此，我们需要从科学管理的视角出发，将信息技术与定量模型有机结合，利用 Excel 软件来构建财务模型，提出科学的决策方案，以支持决策。那么，如何构建财务模型并进行科学决策呢？

1.3.1　定义问题

财务建模与决策中最重要的一步就是在深思熟虑之后提出问题。在将大量的时间和精力投入到研究和解决毫无意义的模型之前，恰如其分地定义问题至关重要。

问题分析的成功与否很大程度上取决于对实际问题的定义。定义问题一般经过以下步骤。

1. 观察经济业务

为了达到全面了解问题的目的，财务人员应该尽全力从各个角度（而不是仅仅从财务角度）观察经济业务。

2. 简化复杂问题

由于实际的经济问题非常复杂，财务人员在与业务经理沟通后，应该简化问题，在建立定量模型的简洁性与指导决策的科学性之间找到平衡。

3. 找出限制条件

企业在一个充满各种限制条件的环境中经营和发展，在多种运营水平下找到自由变量，故定义各种限制和约束条件十分重要。那些可能影响到企业运营的限制条件应被涵盖到模型中，而那些在任何正常情况下都可以被满足的条件，则应予以忽略。

4. 寻找连续反馈

为了让管理团队解决正确的问题，在问题构建时期，财务人员需要通过沟通，在管理中寻找连续的反馈。这样使模型的各个部分都能随时修正自己的观点，保持与问题贴近。

1.3.2　建立数学模型

对于财务人员来讲，解决一个财务决策问题就是将零散的想法、观点、相互冲突的目标和限制条件汇集整理为一个更富有逻辑连贯性的决策模型——数学模型。数学模型的建立是一个从认识和描述问题，到用数学表达方式代替言语使之量化的过程。建立数学模型需要大量的基础知识，在某些情况下，建立数学模型需要经验积累。下面为建立数学模型的步骤。

1. 确定决策变量

建立数学模型的关键一步就是在决策的过程中找出决策者可以控制的范围。在大多数情况下，确定合适的决策变量是建立数学模型中最困难的部分。通常，在决策变量被恰当地选定之后，剩余的建模程序就会变得自然而顺利。一般来讲，确定数学模型决策变量的快捷方法是问"决策者通过解决问题想了解什么？"换句话说，"决策者是否有为该项目定义数学变量的权威？"如果回答是肯定的，那么，它就是决策变量。

2. 目标函数和约束条件

建立目标函数就是建立目标和决策变量之间的函数关系，同时在很多最优化模型中都是为了找出以现有的有限资源做到最好的方法。因此，对此类问题还需要找出相应的约束条件。例如，总利润最大（总利润=总收入-总成本）也许是数学模型最常见的目标之一。然而，企业的资源是有限的，因此，保证利润最大化的有限资源就是相应的约束条件。

3. 时间/成本问题

所有的数学模型都是为了简单地模拟现实。往往同一种情况可以用多种模型表示，在这些表达方式中，有的比较简单，有的则较为复杂。建模者经常要考虑这样一个问题——是用一个复杂的模型求出准确的结果更有效，还是用一个简单的模型求出不太精确的结果更为理想？这个问题的答案取决于对时间和成本的考虑。

1.3.3　建立Excel模型

财务决策中的大量数学模型在手工条件下是非常难求解的。20 世纪 90 年代，微软推出了 Excel，财务管理人员公认其为强有力的数据管理与分析软件工具。Excel 丰富的计算工具、精密的分析工具以及灵活多样的表达方式，使企业财务管理工作更加容易，财务管理人员能够根据企业多变的经济环境，建立各种管理分析模型，高效、准确地从事财务管理分析工作。因此，财务人员可以将数学模型与 Excel 的函数、工具有机地融合起来，在 Excel 中建立数学模型，使其输入数据后自动给出结果，支持动态决策。

1.3.4　求解模型与决策

在 Excel 的支持下，CFO 团队牵头，根据各业务经理的经营经验提出影响目标函数的关键因素值，选择适当的解决方法，找到模型的解，检验并确认模型的解，最终得出科学的决策方案，在定量与定性分析相结合的基础上，进行科学决策。

1.4

建模工具——Excel 简介

1.4.1　Excel的功能

Microsoft Excel 是微软公司的办公软件 Microsoft office 的组件之一，可以进行烦琐的表格处理和数据分析，主要应用于财务管理、工程数据等方面。Excel 直观的界面、出色的计算功能和图表工具，再加上成功的市场营销，使其成为目前最流行的数据处理软件之一。Excel 中有大量的公式函数可以应用选择，使用 Excel 可以方便地进行数据的计算分析，管理电子表格或网页中的数据信息列表，并进行数据资料图表制作。总之，Excel 是数据处理的常用工具，是一个简单、易学，集数据输入、编辑、统计、分析等功能于一体的应用软件。它与文本处理软件的差别在于，它能够运算复杂的公式，并且有条理地显示结果，带给使用者很多方便。

1. 图形用户界面

Excel 的图形用户界面是标准的 Windows 窗口形式，有标题栏、功能区、编辑栏、工作区等内容。其中，功能区的使用尤为方便。功能区由文档的控制菜单图标、主选项卡、任务组等组成。主选项卡中列出了 Excel 软件的众多功能，任务组则进一步将常用命令分组，以工具按钮的形式列在各个主选项卡的下方。另外，用户可以根据需要，重组主选项卡和任务组，在它们之间进行复制或移动操作，添加其他选项卡，或者在任务组中添加其他命令，用户甚至可以自己定义专用的选项卡和任务组。当用户单击鼠标右键时，Excel 会根据用户指示的操作对象的不同，自动弹出有关的快捷菜单，提供相应的最常用命令。为了方便用户使用工作表和建立公式，Excel 的图形用户界面还设有编辑栏和工作表标签。

2. 表格处理

Excel 的另一个突出的特点是采用表格方式管理数据，所有的数据、信息都以二维表格形式（工作表）管理，单元格中数据间的相互关系一目了然，从而使数据的处理和管理更直观、更方便、更易于理解。对于日常工作中常用的表格处理操作，如增加行、删除列、合并单元格、表格转置等，在 Excel 中均只需简单地通过菜单或工具按钮即可完成。此外，Excel 还提供了数据和公式的自动填充、表格格式的自动套用、自动求和、自动计算、记忆式输入、选择列表、自动更正、拼写检查、审核、排序和筛选等众多功能，可以帮助用户快速、高效地建立、编辑、编排和管理各种表格。

3. 数据分析

除了能够方便地进行各种表格处理，Excel 具有一般电子表格软件所不具备的强大的数据处理和数据分析功能。它提供了财务、日期与时间、数学与三角函数、统计、查找与引用、数据库、文本、逻辑和信息 9 大类几百个内置函数，可以满足许多领域的数据处理与分析的要求。如果内置函数不能满足需要，还可以使用 Excel 内置的 Visual Basic for Applications（简称 VBA）建立自定义函数。为了解决用户使用函数、编辑函数的困难，Excel 还提供了方便的粘贴函数命令，分门别类地列出了所有内置函数的名称、功能以及每个参数的意义和使用方法，可以随时为用户提供帮助。除了具有一般数据库软件所具有的数据排序、筛选、查询、统计汇总等数据处理功能以外，Excel 还提供了许多数据分析与辅助决策工具，如数据透视表、模拟运算表、假设检验、方差分析、移动平均、指数平滑、回归分析、规划求解、多方案管理分析等。利用这些工具，不需要掌握很深的数学计算方法，不需要了解具体的求解技术细节，更不需要编写程序，只要正确地选择适当的参数，即可完成复杂的求解过程，得到相应的分析结果和完整的求解报告。

4. 图表制作

图表是提交数据处理结果的最佳形式。图表可以直观地显示出数据的众多特征，如数据的最大值、最小值、发展变化趋势、集中程度和离散程度等。Excel 具有很强的图表处理功能，可以方便地将工作表中的有关数据制作成专业化的图表。Excel 提供的图表类型有条形图、柱形图、折线图、散点图、股价图及多种复合图表和三维图表，对每一种图表类型还提供了几种不同的自动套用图表格式，用户可以根据需要选择最有效的图表来展现数据。如果所提供的标准图表类型不能满足需要，用户还可以自定义图表类型，并可以对图表的标题、数值、坐标以及图例等各项目分别进行编辑，从而获得最佳的外观效果。Excel 还能够自动建立数据与图表的联系，当数据增加或删除时，图表可以随数据变化而方便地进行更新。

5. 宏功能

为了更好地发挥 Excel 的强大功能，提高使用 Excel 时的工作效率，Excel 还提供了宏的功能以及内置的 VBA。用户可以使用它们创建自定义函数和自定义命令。特别是 Excel 提供的宏记录器，可以将用户的一系列操作记录下来，自动转换成由相应的 VBA 语句组成的宏命令。当以后用户需要执行这些操作时，直接运行这些宏即可。对于需要经常使用的宏，还可以将有关的宏与特定的自定义菜单命令或工具按钮关联起来，以后只要选择相应的菜单命令或单击相应的工具按钮即可完成上述操作。对于更高水平的用户，还可以利用 Excel 提供的 VBA，在 Excel 的基础上开发完整的应用软件系统。

6. 使用外部数据功能

Excel 具有强大的数据处理功能，其数据源可由用户亲自输入获得。除此之外，Excel 还提供了从其他数据源中引入数据的功能，以节省获取基础数据的时间，减少存储数据的空间。用户可以通过多种途径同微软 Access 数据库共享数据，从微软 SQL Server 数据库中获取数据，甚至从企业数据库中引入数据。数据源的多样性扩大了 Excel 在财务管理中的使用范围，增强了其使用的便利性。

1.4.2　Excel 2013的新特性

Microsoft Excel 2013 是微软公司 2012 年推出的，与以往的版本相比，Excel 2013 的界面更清新、简洁，更贴近使用者的视觉操作习惯，并利用大量新增的功能帮助使用者远离繁杂的数字，绘制更具说服力的数据图，有助于使用者更好、更明智的决策。本书将以 Excel 2013 为基础来介绍相关的内容，下面我们着重说明一下与财务管理课程相关的一些 Excel 2013 的新特性。

1. 新增主要功能说明

打开 Excel 2013，可以发现新增了一些"迅速开始""即时数据分析"等工具。

（1）迅速开始。打开 Excel 2013，单击【新建】按钮，可以发现 Excel 2013 下新设了各种模板，包括业务、日历、个人、列表、教育、预算和日志等，如图 1-1 所示。这些模板可以帮助我们快速完成大多数设置和设计工作，从而专注于数据的处理。

图 1-1　Excel 2013 新设的各种模板

（2）即时数据分析。选定我们要分析的数据，单击右键弹出快捷菜单，可以看到新增了【快速分析】工具。使用该工具，我们可以在两步或更少的步骤内将数据转换为图表或表格，预览使用条件格式的数据、迷你图或图表，并且仅需一次单击即可完成选择。如果【快速分析】按钮不见了，在 Excel 2013 中怎么将其重新添加呢？可以在任意一个打开的工作簿中通过【文件】→【选项】→【Excel 选项】进行设置。

（3）快速填充。在【填充】菜单中新增了【快速填充】按钮。【快速填充】功能像数据助手一样可以帮助我们瞬间填充整列数据，迅速完成工作。当检测到我们需要进行的工作时，【快速填充】功能会根据所选内容旁边所有的数据，识别出相应模式，一次性输入剩余数据。要使用【快速填充】功能，我们需要先输入示例模式，接着使我们要填充的单元格保持活动状态，然后单击【数据】→【数据工具】→【快速填充】按钮，或者直接按【Ctrl+E】快捷键来实现快速填充。

（4）为数据创建合适的图表。通过【推荐的图表】功能，Excel可针对我们选定的数据推荐最合适的图表。其通过快速浏览我们的数据在不同图表中的显示方式，选择能够展示我们想呈现的概念的图表。当创建首张图表时，我们可以尝试此功能。

（5）一个工作簿一个窗口。在 Excel 2013 中，每个工作簿都拥有自己的窗口，从而能够更加轻松地同时操作两个工作簿。当操作两台监视器的时候也会更加轻松。

（6）Excel 新增了函数。Excel 2013 在原有的数学和三角、统计、工程、日期和时间、查找和引用、逻辑以及文本函数类别中新增了一些函数，同时新增了一些 Web 服务函数，以引用与现有的表象化状态转变（Representational State Transfer，REST）兼容的 Web 服务。

2. 新增图表功能

【插入】选项卡上的【推荐的图表】按钮可以帮助我们从多种图表中选择适合数据的图表，散点图和气泡图等相关类型图表都在一个伞图下，还有一个用于组合图的全新按钮。当单击图表时，会有一个更加简洁的【图表工具】功能区，其中有【设计】和【格式】选项卡，可以更加轻松地找到所需的功能。新增的主要图表功能包括以下几个方面。

（1）快速微调图表。3个新增图表按钮可以快速选取和预览对图表元素（如标题或标签）、图表外观和样式或显示数据的更改。

（2）更加丰富的数据标签。现在可以将来自数据点的可刷新格式文本或其他文本包含在数据标签中，使用格式和其他任意多边形文本来强调标签，并可以任意形状显示。数据标签是固定的，即使切换为另一类型的图表，也可以在所有图表（并不只是饼图）上使用引出线，将数据标签连接到其数据点。

（3）查看图表中的动画。在对图表源数据进行更改时，查看图表的实时变化。这可不单单是看上去很有趣，图表变化也可以让数据变化更加清晰。

3. 更加强大的数据分析功能

（1）创建适合数据的数据透视表。选取正确的字段，以在数据透视表中汇总数据可能是项艰巨的任务。现在，当我们创建数据透视表时，Excel 会自动推荐一些方法来汇总我们的数据，并为我们显示字段布局预览，因此我们可以选取那些能展示我们所寻求概念的字段布局。

（2）使用一个【字段列表】来创建不同类型的数据透视表。使用一个相同的【字段列表】来创建使用一个或多个表格的数据透视表布局。【字段列表】通过改进以容纳单表格和多表格数据透视表，让我们可以更加轻松地在数据透视表布局中查找所需字段，通过添加更多表格来切换为新的【Excel 数据模型】，以及浏览和导航到所有表格。

（3）在数据分析中使用多个表格。新的【Excel 数据模型】让我们可以发挥以前仅能通过安装 PowerPivot 加载项才能实现的强大分析功能。除了创建传统的数据透视表以外，现在可以在 Excel 中基于多个表格创建数据透视表。通过导入不同表格并在其之间创建关系、分析数据，其结果是在传统数据透视表数据中无法获得的。

（4）连接到新的数据源。要使用【Excel 数据模型】中的多个表格，现在可以连接其他数据源，并将数据作为表格或数据透视表导入 Excel 中。例如，连接到数据馈送，如 Data、Windows Azure DataMarket 和 SharePoint 数据馈送。我们甚至还可以连接到来自其他 OLE DB 提供商的数据源。

（5）创建表间的关系。当从【Excel 数据模型】的多个数据表中的不同数据源获取数据时，在这些表之间创建关系无需将其合并到一个表中即可轻松地分析数据。通过使用 MDX 查询，可以进一步利用表的关系创建有意义的数据透视表报告。

（6）使用日程表来显示不同时间段的数据。日程表可以更加轻松地对比不同时间段的数据透视表或数据透视图数据。不必按日期分组，现在只需一次单击，即可交互式地轻松过滤日期，或在连续时间段中移动数据，就像滚动式逐月绩效报表一样。

（7）使用【向下钻取】【向上钻取】和【跨越钻取】来浏览不同等级的详细信息。自定义集可以提供帮助，但要在【字段列表】中的大量字段中找到它们会耗费很多时间。在新的【Excel 数据模型】中，可以更加轻松地导航至不同等级。使用【向下钻取】数据透视表或数据透视图层次结构以查看更精细等级的详细信息，使用【向上钻取】转至更高等级以了解全局，或者使用【跨越钻取】从一个层次结构导航至另一个层次结构，以深入了解跨越一个或多个层次结构的数据。

（8）创建独立数据透视图。数据透视图不必再和数据透视表关联。通过使用新的【向下钻取】【向上钻取】和【跨越钻取】功能，独立或去耦合数据透视图可以导航至数据详细信息，复制或移动去耦合数据透视图也变得更加轻松。

1.4.3　Excel 2013工作界面介绍

当我们打开 Excel 2013 后，屏幕上显示的主窗口如图 1-2 所示。

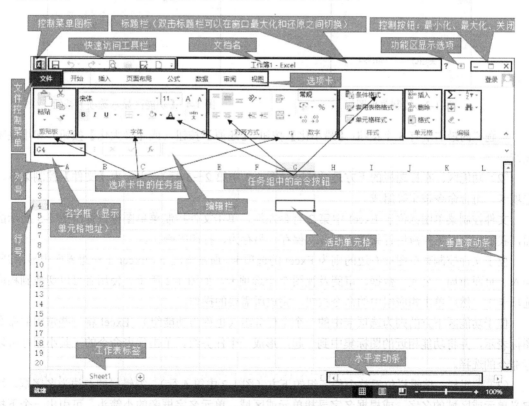

图 1-2　Excel 2013 主窗口

1. 主窗口介绍

Excel 2013 的操作界面主要由标题栏、功能区、编辑栏、工作区、工作表标签、状态栏、视图切换区和比例缩放区等组成。下面，我们选择部分界面进行介绍。

（1）标题栏。标题栏（图 1-2 中的第 1 行），位于窗口的最上方，由图 1-2 中所示的控制菜单图标、快速访问工具栏、标题栏、文档名、功能区显示选项、控制按钮等组成。

单击控制菜单图标，我们可以对 Excel 工作表进行还原、移动、大小、最小化、最大化和关闭等快捷操作，如图 1-3 所示。

在控制菜单图标右边的为快速访问工具栏。用户可以单击【自定义快速访问工具栏】按钮，在弹出的下拉列表中选择常用的工具命令。在图 1-2 中包括的快速访问工具有保存、无法撤销、无法恢复、快速打印和预览等命令。

标题栏中间区域显示了应用程序名 Excel 和文档名，双击可以在窗口最大化和还原之间进行切换。

单击【功能区显示选项】按钮，弹出【自动隐藏功能区】【显示选项卡】【显示选项卡和命令】等几个选项，如图 1-4 所示。

图 1-3　控制菜单图标　　　　　　　　图 1-4　【功能区显示选项】按钮

标题栏的最右端有 3 个按钮：【最小化】按钮、【还原】按钮（或【最大化】按钮）和【关闭】按钮。

（2）功能区。在标题栏的下方是功能区（图 1-2 中第 2～3 行），主要由【文件】控制菜单、主选项卡、组合命令按钮等组成。

文件控制菜单图标位于 Excel 中第 2 行最左端，单击文件控制菜单图标，弹出图 1-5 所示的界面，我们可以对工作簿进行新建、打开、保存、另存为、打印等操作。

位于文件控制菜单图标右边的则为 Excel 的选项卡。通常情况下，Excel 工作组界面中显示开始、插入、页面布局、公式、数据、审阅及视图 7 个选项卡，如图 1-2 所示。使用者可以切换到相应的选项卡中，然后单击相应组中的命令按钮，完成所需要的操作。

位于功能区下方的则为选项卡中的一个个任务组（也称为功能组）。Excel 将一些常用的命令用图标表示，并将功能相近的图标集中到一起，形成一个任务组。单击代表命令的工具小图标可以进行命令的选择。

（3）编辑栏。编辑栏位于整个任务组的下方（图 1-2 中第 4 行）。编辑栏的左边为名字框，用来定义单元或区域的名字，或根据名字寻找单元或区域。单元名字框旁的小箭头，可引出一个下拉式名字列表，给出所有已定义的名字。编辑栏右边为公式栏，可作为当前活动单元编辑的工作区。

（4）工作区。在编辑栏下面是 Excel 的工作区。图 1-2 显示了它是一个名为"工作簿 1"的 Excel

文档，该文档显示出一张电子表格，其最基本的单位是单元格（Cell），由行（Row）和列（Column）组成。列号由"A""B""C""D""E""F""G"等来表示，行号由"1""2""3""4""5""6""7"来表示，某个单元格可以由列标+行号来显示，如 A1、B2 等。工作区的右边和右下方有垂直滚动条和水平滚动条（见图 1-2），可以对工作表进行上下、左右滚动显示。

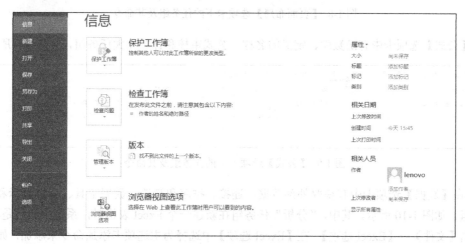

图 1-5　【文件】控制菜单

2．主选项卡介绍

Excel 2013 工作表中的菜单选项命令取消了传统的菜单操作方式，取而代之的是各种功能区。在 Excel 2013 工作表窗口上方看起来像菜单名称的其实就是功能区的名称。功能区上方有主选项卡，每个主选项卡被选中时，可引出一个下拉式菜单，其中包含着若干个可供选择的命令。

（1）主选项卡常用命令介绍。

①【开始】选项卡中有剪贴板、字体、对齐方式、数字、样式、单元格和编辑 7 大任务组，如图 1-6 所示。

图 1-6　【开始】选项卡下的任务组及其命令

②【插入】选项卡中有表格、插图、应用程序图表、报告、迷你图、筛选器、链接、文本和符号 10 大任务组，如图 1-7 所示。

图 1-7　【插入】选项卡下的任务组及其命令

③ 在【页面布局】选项卡中有主题、页面设置、调整为合适大小、工作表选项和排列 5 大任务组，如图 1-8 所示。

图1-8 【页面布局】选项卡下的任务组及其命令

④【公式】选项卡中有函数库、定义的名称、公式审核和计算4大任务组，如图1-9所示。

图1-9 【公式】选项卡下的任务组及其命令

⑤ 在【数据】选项卡中有获取外部数据、连接、排序和筛选、数据工具、分级显示和分析 6 大任务组，如图 1-10 所示。其中，"分析"任务组在新建一个 Excel 表格时，系统中通常是没有的，需要单击【文件】→【Excel 选项】，在【Excel 选项】中选择为主选项卡添加命令来添加，如图 1-10 所示。

图1-10 【数据】选项卡下的任务组及其命令

⑥【审阅】选项卡中有校对、语言、批注和更改4大任务组，如图 1-11 所示。当然，如果需要增加其他任务组，如中文简繁转换等，同样可以通过【Excel 选项】为主选项卡添加命令来实现，如图 1-11 所示。

图1-11 【审阅】选项卡下的任务组及其命令

⑦【视图】选项卡中有工作簿视图、显示、显示比例、窗口和宏5大任务组，如图 1-12 所示。

图1-12 【视图】选项卡下的任务组及其命令

（2）添加或删除菜单栏中的主选项卡。Excel 2013 工作表的菜单栏中通常只包括常用的几大主选项卡，有时我们需要用到的其他命令则没有显示出来。下面我们来介绍如何在菜单栏中添加其他主选项卡。

① 右键单击工具栏中的空白区域,弹出图 1-13 所示的快捷菜单。

② 在快捷菜单中选择【自定义功能区】,弹出图 1-14 所示的对话框。在右侧的【自定义功能区】下拉菜单中选择【主选项卡】。

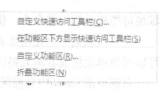

图 1-13 右键快捷菜单

图 1-14 【自定义功能区】对话框

③ 选中需要添加的主选项卡前的复选框,则菜单栏中将出现该选项卡。例如,我们选择添加【开发工具】选项卡,则菜单栏中将出现【开发工具】主选项卡,如图 1-15 所示。

图 1-15 添加【开发工具】主选项卡

④ 同理,如果要删除菜单栏中的主选项卡,则取消图 1-14 中【主选项卡】下该选项卡前复选框的选中状态,当"√"消失时,即表示该主选项卡已经删除。

3. 3 种右键快捷菜单介绍

在 Excel 窗口的不同位置单击鼠标右键,会弹出不同的快捷菜单。快捷菜单中摘录了与指定区域最可能相关的一些命令,供用户选择。

在工作表某一单元格或者单元格区域中单击鼠标右键,会弹出如图 1-16 所示的快捷菜单。我们可以对该单元格或者单元格区域进行剪切、复制、粘贴、插入、删除等快捷操作。

右键单击 Excel 中功能区的任一位置,则弹出图 1-17 所示的快捷菜单,我们可以对某个快速访问工具进行自定义,使其在功能区上方或下方显示,也可以对功能区进行自定义或者使其折叠显示等。

右键单击 Excel 左下方的工作表名称,则弹出图 1-18 所示的右键快捷菜单,通过它我们可以对该工作表进行插入、删除、重命名、移动或复制、隐藏、选定等操作。

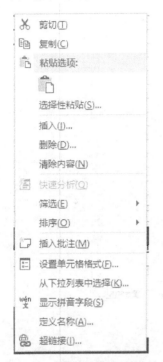
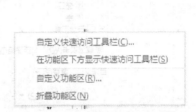

图 1-16 单元格右键快捷菜单　　图 1-17 Excel 功能区右键快捷菜单　　图 1-18 Excel 工作表右键快捷菜单

4. 在快速访问工具栏中添加与删除命令

Excel 2013 通常会将一些比较常用的命令中或者工具放在快速访问工具栏中,以便快速使用、提高效率。默认情况下,快速访问工具栏中的功能很少,这时我们就需要根据个人使用习惯进行个性定制。如何在该工具栏中添加命令呢?下面我们将做具体介绍。

(1)Excel 2013 的快速访问工具栏通常位于窗口顶部(见图 1-2),单击顶部快速访问工具栏右侧的下拉按钮即可进入自定义菜单,如图 1-19 所示。

(2)在如图 1-19 所示的自定义菜单中,选择其中的菜单项,即可将该项功能添加到【快速访问工具栏】中。如果该项功能前面已经打钩,表示该功能已经添加到【快速访问工具栏】,再次选择的话,将把该功能从【快速访问工具栏】中删除。

(3)如果我们要添加的命令不在【自定义快速访问工具栏】中,则可以选择【自定义快速访问工具栏】菜单中的【其他命令(M)...】,进入如图 1-20 所示的窗口,窗口左侧列表框为系统的命令功能菜单,右侧列表框为已经添加到【自定义快速访问工具栏】中的命令功能。选择左侧的某些功能,单击中间的【添加】按钮,即可将该功能添加到【自定义快速访问工具栏】中,一次可以添加多项功能,最后注意需要单击窗口底部的【确定】按钮,保存结果。

图 1-19　打开【自定义快速访问工具栏】

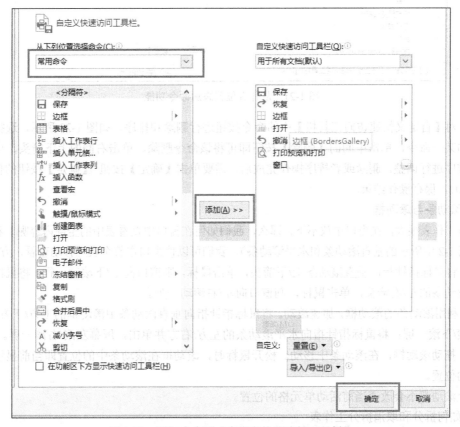

图 1-20　添加命令到【自定义快速访问工具栏】

（4）选择添加的命令时，注意选择从什么位置添加命令功能。默认情况下是从【常用命令】位置进行添加，也可以在【全部命令】位置进行添加，当然还可以选择在【文件】选项卡或者其他的选项卡中查看命令并添加。添加命令的方式同上一步，如图1-21所示。

图1-21　从什么位置添加命令功能

（5）对【自定义快速访问工具栏】中的命令按钮进行删除和排序。如图1-22所示，选择右侧列表框中的某一命令，单击中间的【删除】按钮即可将该命令删除。单击右侧的上下箭头，可对命令按钮的排序进行调整。删除或者排序操作完成后，需要单击【确定】按钮（【确定】按钮的位置，参见图1-20），保存操作结果。

5. 滚动条与滚动框

有时工作表很大，在窗口中放不下，那么，我们如何在窗口中查看表中的全部内容呢？利用滚动条（如图1-2中所示的垂直滚动条和水平滚动条），我们可以使窗口在整个表上移动查看，方法如下。

（1）将鼠标指针指向垂直滚动条上/下箭头，单击鼠标，则窗口向上/下滚动一行；将鼠标指针指向水平滚动条的左/右箭头，单击鼠标，则窗口向左/右滚动一列。

（2）利用滚动条的滚动框，加速滚动。将鼠标指针指向垂直滚动条中滚动框的上方/下方并单击，屏幕上滚/下滚一屏；将鼠标指针指向水平滚动条的左方/右方并单击，屏幕左滚/右滚一屏。

（3）拖动滚动框，在滚动条中移动。松开鼠标时，滚动框在滚动条中的位置即当前显示屏在整个表中的位置。

以上滚动都不会改变当前活动单元格的位置。

6. 如何拆分和取消拆分工作表

为方便查看表格的不同部分，我们经常需要对工作表进行垂直或水平拆分，垂直或水平拆分可用于查看和对比某一个工作簿中的内容。具体步骤如下。

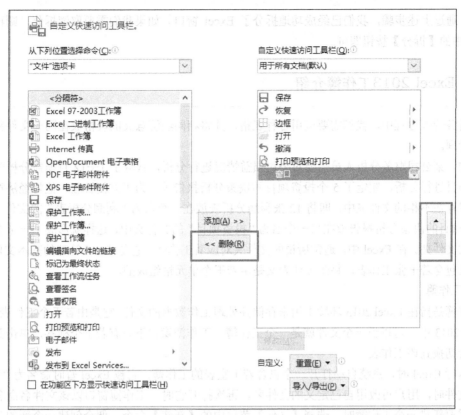

图 1-22　对【自定义快速访问工具栏】中的命令按钮进行删除和排序

（1）用 Excel 2013 打开一个工作表，选择我们需要拆分窗格的位置，并切换到【视图】选项卡，单击【窗口】中的【拆分】按钮。此时，Excel 会按照我们选择的位置的上边缘线和左边缘线将工作簿的窗口分成 4 个窗格，我们可以通过滚动鼠标滚轮来查看每个窗格中的内容，如图 1-23 所示。

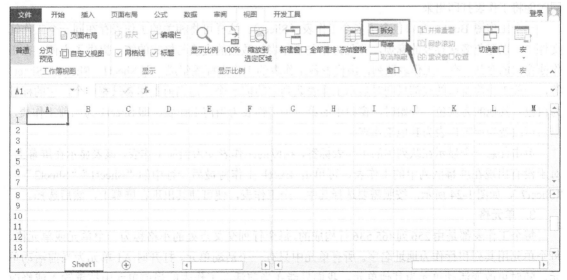

图 1-23　拆分工作表

（2）通过上述步骤，我们已经成功地拆分了 Excel 窗口。如果我们需要取消拆分，则再次单击【窗口】中的【拆分】按钮即可。

1.4.4　Excel 2013工作簿介绍

在财务管理过程中，我们需要应用各种表格，并将相同经济意义的表格放在同一文件夹中，进行分类管理。

例如，某公司财务分析人员需要对公司损益情况进行分析，获取了1—12月损益分析表；需要对投资项目进行分析，制定了 5 个投资项目的决策分析报告等。为了方便管理，他将经济意义相同的表格保存在不相的文件夹中，即将 12 张利润分析表放在一个名为"利润分析表"的文件夹中，将5个投资项目的决策分析报告放在另一个名为"投资项目"的文件夹中，这样就形成了一个个含有特定意义的文件夹。在 Excel 中，通常所说的文件夹对应着工作簿，它是 Excel 管理的基本文件。每个工作簿又包含若干张工作表，每张工作表又是由若干个单元格组成的。

1. 工作簿

工作簿是指在 Excel 2013 环境中用来存储并处理工作数据的文件，它是由若干个工作表组成的。在 Excel 2013 中，可以说一个文件就是一个工作簿。工作簿窗口下方有若干个标签，单击其中一个标签就会切换到该工作表。

当运行 Excel 时，系统自动打开一个包含若干空表的工作簿，它被 Excel 暂时命名为"Book1"。在存储文件时，用户可改用自己定义的文件名。再次打开它时，工作簿窗口以该文件名命名。

当需要新建一个工作簿时，选择【文件】菜单中的【新建】命令，便会创建一个新的工作簿；当完成工作簿的内容填制和修改后，选择【文件】菜单中的【保存】命令，则将创建的文件以我们自己命名的文件名保存在指定的目录中。

2. 工作表

打开 Excel 2013 时，首先映入眼帘的工作界面就是工作表。它由众多的单元格排列在一起构成。工作表能存储字符串、数字、公式、图表和声音等丰富的信息，并能够对这些信息进行各种处理，同时能将工作表打印出来。

一个工作簿 Book1 窗口包含了多个工作表（Sheet）。这样可将相关的工作表存在同一个工作簿文件中，以避免多次存取的麻烦，并且为相关工作表间数据的交换与格式的统一提供了方便。在工作簿窗口的底部，有一工作表队列，由代表各工作表的工作表标签组成，即 Sheet1，Sheet2，Sheet3等，一般工作簿窗口的底部只同时显示工作表队列中的前 5 个，但当前工作表只有一个，它的标签为白色，其他的为灰色。开始时，窗口中的第一个工作表为当前工作表，即 Sheet1 为当前工作表，以后可改变当前工作表为其他工作表。

单击任意一个显示在队列中的工作表标签，相应的工作表变为当前工作表，该表显示在屏幕上。对于没有出现在屏幕队列中的工作表，可单击 Excel 工作簿最后一行中的"Sheet1""Sheet2"…"Sheet7"，如图 1-24 所示，按照需要选择其中一个工作表，便可使其出现在屏幕上，然后选择。

3. 单元格

每个工作表都是由256列×65 536行构成的，每个行列交叉点处的小格称为一个单元或单元格。每个单元用其列和行作为地址名字。所有单元中只有一个活动单元，打开时 A1 单元为当前活动单元。随时可改变活动单元为其他单元。我们只能在当前活动工作表的当前单元中按键输入或修改数据。

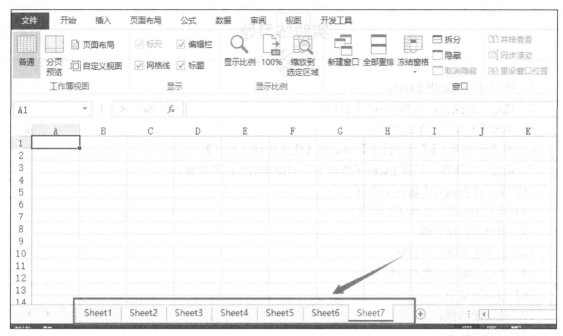

图 1-24 工作表的选择

4. 单元格区域

单元格区域是指由若干个单元格组成的区域。下面，我们具体介绍单元格区域的表示方法以及如何选择单元格区域。

（1）单元格区域的表示方法。单元格区域的表示方法有以下 3 种。

① 连续区域（:冒号）第一个和最后一个单元引用中间用冒号":"连接，表示由若干个连续单元组成的区域。例如，"B1:C2"是指 B1 到 C2 这样一个区域，它包括 4 个单元（B1，B2，C1，C2）。

② 合集区域（，逗号）单元引用用逗号","连接，表示互不相连的单元组成的区域。例如，"B5，D6，D7，D8"表示 4 个互不相连的单元区域。

③ 交集区域（空格）两个单元引用用空格连接，表示两个单元引用的公共区域。例如，"B1:C3 C2:D5"是指两个单元引用的公共单元区域 C2：C3。

（2）选择单元格区域。在很多情况下，需要对一个单元格区域进行操作，如删除、复制、粘贴等操作都可针对一个单元格区域进行。选择单元格区域是一种常用的操作。

① 选择包含若干个连续单元的矩形小区域。单击单元格区域的左上角单元，按住鼠标左键拖动鼠标至右下角单元，松开鼠标，该单元格区域变为逆显示，该区域被选中。

② 选择包含若干连续单元格的矩形大区域。单击单元格区域的左上角单元，然后按住【Shift】键的同时，单击单元格区域右下角单元格，该单元格区域变为逆显示，该区域被选中。

③ 选择一行或一列。单击列头（即工作表中最上边标有 A，B，…的单元格）或行头（即工作表中最左边标有 1，2，…的单元格），则选择一行或一列为区域。

④ 选择若干行或列。在行头或列头拖动选择若干行或列。

⑤ 选择整个工作表。在表的左上角的 A 与 1 交界处，有一个全表选择框，单击该框选择全表。

⑥ 选择合集区域。先选择第一个连续的区域，将鼠标指针移到第二个单元格区域的左上角，按住【Ctrl】键再选第二区域，则原选中区域不被释放。

实践练习题

1. 练习进入和退出 Excel。

2. 通过上机操作，熟悉 Excel 主窗口。

3. 添加【开发工具】选项卡。

4. 将【升序排序】【降序排序】添加到【快速访问工具栏】。

5. 通过上机操作，理解 Excel 工作簿中下列操作的方法和结果。

（1）从工作表队列中选择工作表。

（2）改变工作簿中工作表的个数。

（3）选择当前单元格。

（4）选中连续单元格区域。

（5）选中合集、交集单元区域。

（6）移动滚动条。

（7）拖动滚动框。

（8）拆分工作表。

（9）取消拆分工作表。

6. 设置工作簿的文档属性，如作者、主题、标题、单位、关键字等。

Excel 在财务管理中应用的方法 第2章

本章提要

  运用Excel这一强有力的数据管理与分析软件工具,财务管理人员可以根据多变的经济环境,建立各种管理分析模型,高效、准确地从事财务管理分析工作。Excel在财务管理工作中的应用主要有两种方式——数据表方式和图表方式。数据表方式主要以表格的形式通过设计数据模型、采集数据、对模型求解形成数据报告、分析评价等过程完成业务处理;图表方式是以图形、图表的形式把数据表示出来。两种方式相互结合可以有效地完成数据的处理与分析,并将处理的结果以直观、清晰的方式表示出来。在本章,我们将详细介绍Excel的数据表方式与图表方式在财务管理中的应用。

学习目标

- 利用Excel建立、编辑、修改与删除工作表;
- 利用Excel建立、编辑、修改与删除工作图表。

2.1 财务管理工作表建立的基本方法

  Excel 是一个功能强大的电子表格程序,利用它,用户可以制作整齐而美观的表格,并进行数据分析与预测,完成许多复杂的数据运算,以有助于使用者做出更加有说服力的决策。在财务管理工作中,我们常常也需要借助表格完成各种分析、预测和决策工作。例如,财务报表分析需要以各种财务报表为基础,将其中的有关项目进行对比,以揭示企业财务状况等。可见,编制各种财务管理工作表在财务管理中是不可缺少的工作。

2.1.1 建立工作表的准备工作

  在【开始】菜单项中单击 Microsoft Excel,则进入 Excel 工作状态。进入 Excel 时,打开一个新的工作簿,工作簿上的第一张工作表(空表)则显示在屏幕上,此时可以建立各种财务管理工作表。

1. 建立新的工作簿

  启动 Excel 后,系统会自动建立一个新的工作簿,名为"新建 Microsoft Excel 工作表"。另外,也可以通过菜单条上的命令建立一个新的工作簿。如选择【文件】菜单中的【新建】命令,另一个新的工作簿被打开,工作簿上的第一张工作表(空表)显示在屏幕上。

2. 保存新的工作簿

  我们对刚才打开的新工作簿进行编辑后,希望将该工作簿以"财务管理 1. xlsx"文件名保存在"C:\计算机财务管理案例"目录中,以备今后使用。保存工作簿文件的方法如下。

  (1)选择【文件】菜单中的【另存为】命令,弹出图 2-1 所示的对话框。此时,【计算机】选项

下会弹出当前文件夹以及最近访问的文件夹。

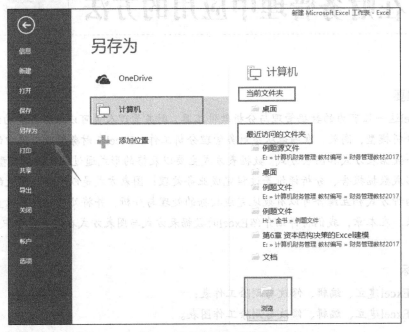

图 2-1 【另存为】对话框

（2）如果此时文件夹地址均不符合我们的要求，可以单击【浏览】选项，则弹出【另存为】对话框，如图 2-2 所示。

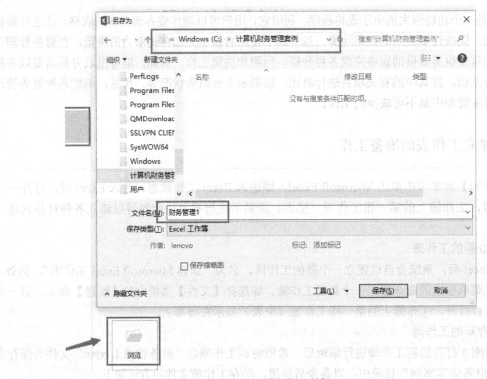

图 2-2 保存文件对话框

（3）在【保存位置】框中选择将被保存的工作簿文件所在的目录，本例选择"C:\计算机财务管理案例"目录，如图 2-2 所示。

（4）在【文件名】框中输入将被保存的工作簿，本例为"财务管理 1"，如图 2-2 所示。

（5）在【保存类型】框中选择 Excel 工作簿，如图 2-2 所示。

（6）选择【保存】按钮，包含若干张工作表的工作簿就以"财务管理 1.xlsx"的文件名保存在 C 盘中了。

Excel 的存储单位是工作簿，即把包含若干个工作表的工作簿作为一个文件存储，其扩展名为".xlsx"。

3. 打开已有的工作簿

如果有一个已经建立好的财务管理工作表保存在磁盘上，需要再次使用（如查看、修改等）时，就必须先打开包含该财务管理工作表的工作簿。打开工作簿的方法如下。

（1）选择【文件】菜单中的【打开】命令，当命令执行时，出现类似于图 2-3 所示的【打开】对话框。如果我们要打开之前的工作簿，直接单击"最近使用的工作簿"中的该工作簿即可。

图 2-3 【打开】对话框

（2）如果我们要打开的工作簿不在"最近使用的工作簿"中，可以单击"计算机"，选择我们需要的工作簿文件所在的目录，从该目录下选择文件。

（3）如果我们已知工作簿所在的文件地址，也可以直接定位到该地址，双击打开工作簿文件。

4. 保存已有的工作簿

保存已有的工作簿有以下两种方法。

（1）使用【另存为】命令。当需要将编辑完成的工作簿文件用新的名字保存时，选择【文件】菜单中的【另存为】命令。在【目录】框、【文件名】框中选择或输入相应的内容，最后单击【保存】按钮。这样，该工作簿就按键入的新名字保存在磁盘上了，原工作簿文件的内容保持不变。

（2）使用【保存】命令。从【文件】菜单中选择【保存】命令，或者在快捷方式中选择【保存】命令，对于磁盘中已有的文件，【保存】命令直接按原文件名保存，以新的内容代替旧的内容。

2.1.2 数据输入

当工作簿建立之后，就可以在工作簿的每一个工作表中输入数据了。在 Excel 工作表的单元格中可以输入的数据有文本、数字、日期和时间等。

1. 输入文本

单元格中的文本包括任何字母、数字和键盘符号的组合。每个单元格最多可包含 32 000 个字符，如果单元格列宽容不下文本字符串，就要占用相邻的单元格。如果相邻单元格中已有数据，则会截断显示。

2. 输入数字

在 Excel 中，数字可用逗号、科学计数法或某种格式表示。输入数字时，只要选中需要输入数字的单元格，按键盘上的数字键即可。

在 Excel 2013 中，输入的数字数据长度在 22 位以上时，会自动转变为科学记数格式。当数据以 "0" 开头时则自动舍弃前面的 "0"。如果要让长度为 22 位以上的数字正常显示，可以通过下面两种方法来实现。

（1）使用 "'" 符号辅助输入。在单元格中，先输入 "'"（英文输入状态下的单引号），接着再输入身份证号码。输入完成后，按【Enter】键即可正常显示输入的身份证号码。

（2）设置单元格格式为 "文本" 格式后输入。

3. 输入日期和时间

日期和时间也是数字，但它们有特定的格式。在输入日期时用斜线或短线分隔日期的年、月、日。例如，可以输入 "2017/02/26" 或 "2017-02-26"。如果要输入当前的日期，按组合键【Ctrl + ;】即可。

在输入时间时，如果按 24 小时制输入时间，则需在时间数字后空一格，并键入字母 "a" 或 "p"，分别表示上午或下午。例如，输入 8:40 p，按【Enter】键后的结果是 20:40:00。如果只输入时间数字，Excel 将按 AM（上午）处理，如果要输入当前的时间，按组合键【Ctrl+Shift+;】即可。

4. 数据输入技巧

Excel 2013 中有许多数据输入的技巧，如自动填充功能等。

（1）自动填充。利用自动填充功能，可以快速地复制数据、复制公式，加快数据的输入速度。操作方法如下：选定单元格，拖动该单元格右下方的填充句柄，即将光标移至该单元右下角，至光标变成 "十" 字形状时，按住鼠标左键不放，向下（向右）拖动即可完成自动复制。

（2）在同一数据列中自动填写重复录入项。Excel 2013 具有数据记忆式键入功能，在同一列中，如果前面的单元格中已有数据输入，即在某单元格中输入一个与前面单元格中相同的数据时，Excel 会自动显示出该单元格后面的数据。但 Excel 只能自动完成包含文字的录入项，或包含文字与数字的录入项。

（3）在多个单元格中输入相同的数据。如果在工作表中有多处重复出现相同的数据，那么在数据输入时，可首先将这些单元格同时选中，同时选中的操作方法为在选中第一个单元格后按下【Ctrl】键，再依次单击其他单元格。然后，通过编辑栏输入数据，同时按下【Ctrl+Enter】键。此时，数据将同时显示在被选中的多个单元格中。

2.1.3 公式建立

任何一张工作表内数据之间都存在一定的钩稽关系，即工作表项目之间的核对关系，如毛利等于销售收入减销售成本、差异等于实际数减理想数等。在 Excel 中，表内数据之间的钩稽关系可以用公式表示。公式的定义非常简单，一次定义可以多次使用，而且数据间的钩稽关系采用自动链接方式，当源数据发生变化时，目标数据自动改变。

1. 公式的概念

单元格中允许输入公式，结束输入后，单元格中显示的是公式的计算结果，而存储的是公式。

公式是以等号"＝"开始，后面跟着一个包含数字、运算符、单元引用和函数的表达式。公式中可以使用的运算符有四则运算符、比较运算符和文字运算符。其中，四则运算符包括+（加）、－（减）、*或×（乘）、÷（除）、%（百分比）、^（指数），它们获得数值结果；比较运算符有＝（等于）、>（大于）、<（小于）、>=（大于等于）、<=（小于等于）、<>（不等于），它们获得逻辑值结果，值只能为 true 或 false；文字运算符是指&（连接），它用于两个文本值的连接。数值型数值如果用文本运算符，也将按文本型数据对待。

2. 公式的输入方法

公式的输入方法有直接键入、输入和粘贴函数相结合、输入与复制相结合 3 种。直接键入公式是直接选择单元格或单元格区域，然后在其中直接输入公式；输入和粘贴函数相结合是利用工具栏中【公式】→【插入函数】来进行公式的输入；输入与复制相结合是先完成公式的输入，以后需要再次输入公式时，直接在单元格区域中进行复制、粘贴即可。

【例2-1】已知XSH公司2016年的销售收入为3 000万元，2017年为4 000万元，销售成本占销售收入的75%，销售费用两年分别为290万元和156万元，管理及其财务费用分别为100万元和50万元，要求建立该公司的利润对比表。

表格的建立步骤如下。

（1）启动Excel，新建一个工作簿，并保存为"XSH公司利润对比表.xlsx"。

（2）在"Sheet1"工作表的A1单元格中输入标题"XSH公司利润对比表"，选取A1:D1单元格区域，合并该单元格区域，并将字体"加粗""水平居中"，如图2-4所示。

	A	B	C	D
1	XSH公司利润对比表			
2	项目	2016	2017	差 异
3	销售收入(100%)			
4	减：销售成本(75%)			
5	销售毛利(25%)			
6	销售费用			
7	管理及财务费用			
8	减： 期间费用			
9	利润总额			

图 2-4　XSH 公司利润对比表表格设计

（3）在A2：A9单元格区域中依次输入"项目""销售收入""减：销售成本"等各行标题，在B2：D2单元格区域依次输入"2016""2017""差异"，并将字体设为"宋体"，结果如图2-4所示。

（4）按照给定条件，在B3:C3，B6:C6，B7:D7单元格区域中输入相应的数据，如图2-5所示。

（5）在B4单元格中用直接输入的方法输入公式，具体来说，选定B4单元格，单击编辑栏，输入"=B3*0.75"，即可完成公式的输入，如图2-5所示。

（6）在B5单元格中输入公式"=B3-B4"，求出该公司2016年的销售毛利。

（7）在B8单元格中输入公式"=SUM(B6:B7)"，将该公司2016年3项期间费用进行加总，此处我们用到了SUM求和函数。

	A	B	C	D
1	XSH公司利润对比表			
2	项目	2016	2017	差　异
3	销售收入(100%)	3 000	4 000	=C3-B3
4	减：销售成本(75%)	=B3*0.75	=C3*0.75	=C4-B4
5	销售毛利(25%)	=B3-B4	=C3-C4	=C5-B5
6	销售费用	290	156	=C6-B6
7	管理及财务费用	100	50	=C7-B7
8	减：期间费用	=SUM(B6:B7)	=SUM(C6:C7)	=C8-B8
9	利润总额	=B5-B8	=C5-C8	=C9-B9

图 2-5　公式的输入

（8）在B9单元格中输入公式"=B5-B8"，求出该公司2016年的利润总额。

（9）C4:C5单元格区域的公式输入直接复制即可，选定B4:B5单元格区域，待出现"+"号时，将其向右拉动，即将公式复制到C4:C5单元格区域；同理，C8:C9单元格区域的公式也可由B8:B9公式复制得来。

（10）在D3单元格中输入公式"=C3-B3"，求出该公司2016年与2017年销售收入的差异额。

（11）将D3单元格中的公式复制到D4:D9单元格区域，具体来说，将鼠标指针放在D3单元格中，待出现"+"号时，向下一直拉动到D9单元格即完成公式的复制。当然，此处，我们也可以使用复制单元格D3，再进行选择性粘贴，用只粘贴公式的方法来完成公式的输入。

这样，通过直接输入公式、输入与粘贴函数相结合、复制3种方法，我们就完成了该表格需要的公式输入，如图2-5所示。最终我们得到的XSH公司利润对比表，如图2-6所示。

	A	B	C	D
1	XSH公司利润对比表			
2	项目	2016	2017	差　异
3	销售收入(100%)	3 000	4 000	1 000
4	减：销售成本(75%)	2 250	3 000	750
5	销售毛利(25%)	750	1 000	250
6	销售费用	290	156	-134
7	管理及财务费用	100	50	-50
8	减：期间费用	390	206	-184
9	利润总额	360	794	434

图 2-6　XSH 公司利润对比表

2.1.4　修改工作表

一张财务管理工作表建立之后，其格式一般不变，当基本数据变化时，只需修改其数据，一张新表便编制完成，即一次定义可以多次使用。但当经济环境和管理要求改变时，财务管理工作表的格式、内容都可能需要改变。因此，我们还需要掌握如何对工作表进行修改。

1．修改某一单元内容

修改某一单元内容有以下两种方法。

（1）直接输入新的内容，以新代旧。对单元格修改最简单的方法是选择要修改的单元格，立即输入新的内容，按【Enter】键后，则原来的内容被删除，新内容即被放入该单元格。

（2）对某一单元格内容进行编辑。对某一单元格内容进行编辑的方法是，双击某单元格，进入编辑状态。此时，可以对单元格中的内容（公式、文字、数字、引用）进行增、删、改。

①【→】：移动一个字符。

②【End】：移到单元尾。

③【Home】：移到单元头。

④【Esc】：取消操作。

进入编辑状态还可以进行以下编辑操作。

① 插入字符。在插入状态下，将光标移到需插入字符的位置，输入字符，原字符向后移。

② 删除字符。将光标移到需删除的字符位置，按【Backspace】键可删除光标前面的字符，按【Delete】键可删除光标之后的字符。

③ 改写（覆盖）字符。在改写状态下，将光标移到需修改字符的位置，输入字符，原字符被新字符覆盖。"改写"状态与"插入"状态的转换通过【Insert】键完成，按一次【Insert】键，为插入状态，再按一次【Insert】键，则为改写状态。

④ 修改公式中的单元引用。拖动鼠标选择公式中要修改的单元引用，再选择新的单元引用，则公式中旧的单元引用被新的单元引用所代替，按【Enter】键结束操作。

【例2-2】 将【例2-1】中的表格题目改为"XSH公司2016～2017年利润对比分析表，单位（万元）"，并将2017年销售收入改为4 500万元。

（1）修改标题。

① 单击A1单元格。

② 将鼠标指针移动到A1单元格的编辑栏内，此时鼠标指针出现在该标题栏的编辑栏内，如图2-7所示。

③ 将原标题修改为"XSH公司2016～2017年利润对比分析表，单位（万元）"。

④ 按【Enter】键。

图 2-7　标题栏修改

（2）修改数字。

① 选择C3单元格。

② 输入4 500。

③ 按【Enter】键，C3单元中的内容由4 000改为4 500。

（3）修改后的利润表如图2-8所示。

图 2-8　修改标题与年销售收入后的利润表

2. 复制、剪切、粘贴、填充

（1）复制。复制是将一个单元格或单元格区域中的全部内容（包括数值、格式、公式等）放入剪切板中，原单元格或单元格区域中的内容保持不变。在 Excel 中，复制的方法有以下几种。

① 拖动复制。选择某一个单元格或单元格区域的框的一边，当鼠标指针由空心"十"字变为空心箭头时，说明鼠标指针触边框，拖动至一新的位置，该位置用虚线框起来，按下【Ctrl】键，此时鼠标指针变为空心箭头带一个小加号，松开鼠标，最后松开【Ctrl】键，则原单元或单元区域内容不变，并且在新位置复制了一份内容。注意，当原单元格或单元格区域的内容为公式时，新位置也被复制了公式，但是公式中的参数将根据新位置相对于原位置的移动进行修改。如果不同时按下【Ctrl】键，选择复制的单元格是数值型时，Excel 复制的是原单元格的数值加 1。

②【剪切板】功能组中的【复制】命令。使用【复制】命令可实现将一个单元格或单元格区域中的内容复制到另一个单元格或者单元格区域。其具体方法是：首先，选择要复制的原单元格或单元格区域；其次，选择【剪切板】→【复制】命令；按【Enter】键即完成复制。

③ 利用右键中快捷菜单中的【复制】命令或使用快捷键【Ctrl+C】（复制）来完成复制。

（2）粘贴。粘贴是将剪切板上的内容粘贴到选定的单元格或单元格区域。粘贴又分为两种：粘贴（全部粘贴）和选择性粘贴。粘贴（全部粘贴）是将剪切板上的全部内容粘贴到选定的单元格或单元格区域。选择性粘贴是将剪切板上的内容有选择（选择公式、值、格式等）地粘贴到选定的单元格或单元格区域。粘贴的方法有以下几种。

①【剪切板】功能组中的【粘贴】命令。使用【粘贴】命令将剪切板上的全部内容粘贴到选定的单元格或单元格区域。其具体方法是：复制某个要粘贴的单元格，单击【粘贴】命令，如图 2-9 所示。此时，我们可以根据需要进行公式粘贴、公式和数字格式粘贴、保留源格式粘贴、粘贴数值或进行其他粘贴等。

如果【粘贴】菜单上没有我们需要的粘贴选项，也可以直接单击【粘贴】下拉菜单中的【选择性粘贴】命令，在图 2-10 所示的【选择性粘贴】对话框中按需要进行单纯的公式粘贴、数值粘贴或者运算粘贴。

② 单击右键快捷菜单中【粘贴】命令或者使用快捷键【Ctrl+V】来完成粘贴。

（3）剪切。剪切是指将一选定单元格或单元格区域中的全部内容（包括数值、格式、公式等）放入剪切板中，当将其粘贴到一新的单元格或单元格区域时，原单元格或单元格区域中的内容将被剪切放入新的单元格或单元格区域。剪切常用的方法有以下几种。

① 选择某一单元格或单元格区域的框的一边，当鼠标指针由空心"十"字变为空心箭头时，说明鼠标指针已接触边框，拖动至一新的位置，松开鼠标，则原单元格或单元格区域中的内容被剪切下来，并移到了新的位置。

图 2-9　功能区中的【粘贴】命令　　　　　　图 2-10　【选择性粘贴】对话框

② 使用【剪切板】功能组中的【剪切】命令。其具体方法是，选定某个需要剪切的单元格或者单元格区域，直接单击【剪切】命令，即可完成剪切。

③ 单击右键快捷菜单中的【剪切】命令或者使用快捷键【Ctrl+X】来完成粘贴。

（4）填充。填充是指将单元格中的内容复制到其他单元或单元区域。但是，这种复制具有智能感知效果，可以把活动单元格中的数值、日期等按一定规律复制到指定单元格或单元格区域。填充的方法有以下两种。

① 拖动填充。在任一单元格或单元格区域的右下角有一个很小的方块，称为填充柄。用鼠标选中填充柄，鼠标指针变为"十"字形状。此时开始向上、下、左、右方向上相邻的连续单元拖动。在拖动过程中，选中的单元格被框起来了，随着拖动的进行，被框起来的单元格区域逐渐加长。当松开鼠标时，确认被选中的单元格变为逆显示。此时，被框起来的单元格区域复制了若干份原内容。

Excel 的填充功能具有智能感知技术，对于单元格中包含数值或日期等类型数据的，填充到其他单元格或单元格区域时会自动递增。

a．数字：A1，B1 单元格的值分别为 100，200，选中 A1：B1 单元格区域的填充柄，拖到 C2，D2 单元，其结果为 300，400。

b．序列：A2 单元格的值为一，选中 A2 单元格的填充柄，拖动到 B2，C2，D2 单元格区域，其结果为二、三、四。A3 单元格的值为第 1 季度，选中 A3 单元格的填充柄，拖动到 B3，C3，D3 单元格区域，其结果为第 2 季度、第 3 季度、第 4 季度。填充结果如图 2-11 所示。

	A	B	C	D
1	100	200	300	400
2	一	二	三	四
3	第1季度	第2季度	第3季度	第4季度

图 2-11　填充实例

② 使用【编辑】功能组中的【填充】命令。选择功能组中的【填充】命令，出现如图 2-12 所示的子菜单，我们可以根据需要进行向下、向右、向上、向左、序列等填充。在 Excel 2013 中新出现了【快速填充】命令，在第 1 章已介绍过，此处不再赘述。

图2-12 【填充】对话框

在【序列】对话框中选择序列产生的行、列，即可完成不同的填充。

3. 插入与删除

无论在纸上做表格还是用 Excel 电子表格工具做表格，都会进行增加或删除单元格、行、列等工作。但是，在纸上和在 Excel 中进行增、删单元格或行列却有很大的差别。在 Excel 中，增加（插入）或删除一个单元格、行、列后，表中已有数据要按照命令自动迁移，同时单元格公式中的引用也会自动进行相应的调整和修改。在 Excel 中，插入和删除有使用菜单栏中的命令和使用快捷菜单中的命令两种方法。

（1）使用菜单栏中的命令。

① 【单元格】功能组中的【插入】命令。其具体方法是：选择某个单元格，选择【单元格】功能组中的【插入】命令，根据需要选择【插入单元格】【插入工作表行】【插入工作表列】或者【插入工作表】等命令，如图 2-13 所示。

下面，我们结合实例来说明【插入】单元格、行或列的具体操作。

【例2-3】 请在图2-11的基础上，分别在A1、A2、A3单元格左边插入1个单元格；在第1行前插入1行；在B列前插入1列。

图2-13 【插入】命令

第一，插入单元格。

a. 选择A1单元格。

b. 选择【插入】菜单中的【单元格】命令，弹出【插入】对话框，如图2-14所示。

图2-14 【插入】对话框

	A	B	C	D	E
1		100	200	300	400
2		一	二	三	四
3		第1季度	第2季度	第3季度	第4季度

图2-15 插入单元格后的表格

c. 选择插入方式中的【活动单元格右移】选项。

d. 单击【确定】按钮，则在A1单元格左方插入1个单元格。

同理，我们在A2、A3单元格左边分别插入1个单元格，结果如图2-15所示。

第二，插入1行或1列。

a. 选择A1单元格或第1行头。

b. 选择【插入】菜单中的【行】命令。

c. 单击【确定】按钮，则完成行的插入。

同理，可以插入1列。

最终，我们得到变化后的表格如图2-16所示。

	A	B	C	D	E	F
1						
2			100	200	300	400
3			一	二	三	四
4			第1季度	第2季度	第3季度	第4季度

图 2-16　插入行及列后的表格

②【编辑】功能组中的【清除】命令。利用【编辑】菜单中【清除】命令可以按指定方式清除单元格或者单元格区域。其子菜单如图 2-17 所示。

图 2-17　【清除】子菜单

当选择【全部清除】命令时，清除选定单元格或单元格区域的有关格式、内容、批注等；当选择【清除格式】命令时，只清除选定单元格或单元格区域的数据格式，而保留数据；当选择【清除内容】命令时，只清除选定单元格或单元格区域的内容，即使其为空白，但在输入新数据时，仍按原来的格式存放；当选择【清除批注】命令时，只清除由【插入】菜单中的【批注】命令建立的批注。

【例2-4】　请在图2-11的基础上，清除A1:D1单元格中的内容。

具体步骤如下。

a. 选择单元区域A1:D1。

b. 选择【编辑】菜单中的【清除】命令的子命令——【全部清除】命令。清除内容后的结果如图2-18所示。

	A	B	C	D
1				
2	一	二	三	四
3	第1季度	第2季度	第3季度	第4季度

图 2-18　清除内容

③【编辑】功能组中的【删除】命令。当要删除某个单元格、工作表行、工作表列或工作表时，我们可以单击功能组中的【删除】命令，弹出如图 2-19 所示的对话框，然后根据需要进行选择。如选择【删除】，则弹出如图 2-20 所示的对话框。

 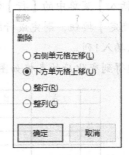

图 2-19 【删除】对话框 1　　　　　　　　图 2-20 【删除】对话框 2

如果选择【右侧单元格左移】，则选定单元格或单元格区域被删除，右方单元格内容向左移；如果选择【下方单元格上移】，则选定单元格或单元格区域被删除，下方单元格内容向上移；如果选择【整行】，则选定单元格所在的行被删除；如果选择【整列】，则选定单元格所在的列被删除。

（2）快捷菜单。右键单击要插入、删除、清除的单元、行、列等，会弹出其右键快捷菜单，如图 2-21 所示。选择菜单中的命令也可完成插入、删除、清除等操作，具体步骤同使用编辑菜单中的命令相同。

图 2-21　右键快捷菜单

2.1.5　编排工作表

工作表编制完成后，为了使数据格式更加符合财务人员的使用习惯，我们往往还需要对该工作表加以编排，调整列宽、行高、数字格式等。下面，我们将介绍在工作表中如何设置单元格格式、调整行高与列宽、启用跟踪修订和审核修订数据。

1. 设置单元格格式

设置单元格格式包括设置单元格中的数据类型、文本的对齐方式、字体、字号、单元格的边框和图案等。其具体方法有以下 3 种。

（1）直接利用【开始】选项卡下的【字体】【对齐方式】【数字】等功能组。具体方法是，选定某个单元格，直接单击【字体】【对齐方式】等功能组，按照需要进行字体、对齐方式等设置。

（2）利用【单元格】功能组中的【格式】命令。具体方法是，单击【单元格】功能组中的【格式】，就可以对单元格的行高、列宽等进行设置，如图 2-22 所示。

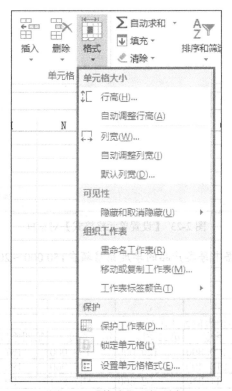

图 2-22 【格式】下拉列表

此时，仅能对单元格的大小进行设置，如果我们要进一步对字体、对齐方式等进行设置，可以在该下拉列表中选择【设置单元格格式】命令，弹出【设置单元格格式】对话框，如图 2-23 所示。在该对话框中，我们可以根据需要，对目标单元格的数字、对齐、字体、边框、填充、保护进行修订。

（3）通过【样式】功能组中的样式选项来实现。通常，采用样式设置格式的效率更高一些。另外，在财务、会计、审计业务处理中，我们常常需要对一些特殊数据做出特殊标示，使其更加醒目，以便引起业务人员的注意。使用【样式】中的【条件格式】命令可以实现该目的。

下面，我们结合实例来说明单元格格式的设置。

【例2-5】 X公司2017年产品销售情况如图2-24所示。为便于销售经理查阅，请完成以下设置。

（1）将表格标题以加粗、小四号字体显示，并居中。

（2）将所有销售数据添加人民币符号，并设计成会计专用。

图 2-23 【设置单元格格式】对话框

（3）为确认全年销售数据中每类产品的季度销售额在150 000～200 000元的数据有哪些，请将其突出显示。

	A	B	C	D	E	F
1	X公司2017年产品销售情况（元）					
2	项目	第一季度	第二季度	第三季度	第四季度	合计
3	婴幼儿奶粉	100 800	120 000	150 000	167 800	538 600
4	纸尿裤	213 400	152 100	187 000	192 100	744 600
5	隔尿垫	41 340	52 560	47 894	39 075	180 869
6	辅食工具	112 678	210 987	178 654	204 537	706 856
7	合计	468 218	535 647	563 548	603 512	2 170 925

图 2-24　X公司 2017 年产品销售情况

具体步骤如下。

（1）设置表格标题。

① 选定单元格区域A1:F1。

② 选择功能组【对齐方式】，单击【合并后居中】按钮，则表格标题居中。

③ 选择功能组中的【字体】命令，单击【加粗】按钮，将字体设置为"宋体，小四"。

（2）设置数字。

① 选定单元格区域B3:F7。

② 选择功能区中的【单元格】→【格式】→【设置单元格格式】。

③ 在【设置单元格格式】对话框中，选择【数字】→【会计专用】，如图2-25所示。

图 2-25 选择【数字】→【会计专用】

（3）粗体显示符合条件的销售额。

① 选择单元格范围B3:F7。

② 单击【样式】功能组中的【条件格式】下侧的小箭头，然后依次选择【突出显示单元格规则】【介于】命令，弹出图2-26所示的对话框。

图 2-26 条件格式的设置

③ 根据需要设定条件。要找出销售额在150 000~200 000元的数据，则在左侧的数据框中输入150 000，在右侧的数据框中输入200 000，也可以直接选择工作表中的某个单元格。要设置显示的样式可在【设置为】列表框中选择相应的样式，此处我们设置为"浅红填充色深红色文本"，如图2-26所示。

④ 单击【确定】按钮后，完成设置。

最终结果如图2-27所示。

	A	B	C	D	E	F
1	X公司2017年产品销售情况(元)					
2	项目	第一季度	第二季度	第三季度	第四季度	合计
3	婴幼儿奶粉	¥ 100 800	¥ 120 000	¥ 150 000	¥ 167 800	¥ 538 600
4	纸尿裤	¥ 213 400	¥ 152 100	¥ 187 000	¥ 192 100	¥ 744 600
5	隔尿垫	¥ 41 340	¥ 52 560	¥ 47 894	¥ 39 075	¥ 180 869
6	辅食工具	¥ 112 678	¥ 210 987	¥ 178 654	¥ 204 537	¥ 706 856
7	季度合计	¥ 468 218	¥ 535 647	¥ 563 548	¥ 603 512	¥ 2 170 925

图 2-27 表格标题的设置

在【条件格式】中还可以选择其他的选取规则，如大于、小于、等于、重复值、前20%、后20%等，也可以设置其他的显示样式，如【数据条】【色阶】【图标集】等，如果对工作表设置多条格式规则，还可以对这些规则进行管理，这里不再赘述。

2. 调整行高与列宽

在工作表编辑过程中，有时显示一部分文字会出现"#######"的情况，说明单元格的高度或宽度不够，需要调整行高或列宽。调整的简单方法是：将鼠标指针置于调整行高的行或列宽的列与其相邻行或相邻列的分界线上，如果鼠标指针变为垂直双向箭头，则表明该行或列可用拖拽的方式自由调整；按住鼠标左键进行上下或左右拖曳，直到合适的高度或宽度为止，释放鼠标左键，调整完成。

使用上述方法不能精确地定义行高和列宽，如果要精确地设置行高和列宽，可以单击【单元格】功能组中的【格式】下侧的小箭头，然后选择【行高】和【列宽】等命令来设置精确的行高和列宽数据，如图2-28所示。

3. 启用跟踪修订和审核修订数据

（1）启用跟踪修订。在启用跟踪修订信息的功能后，一个用户对工作簿中的数据进行修改或不同的用户对同一工作表中的数据进行修改后，Excel会对数据的编辑修改进行记录。启用跟踪修订信息功能的方法如下。

① 打开工作簿，单击【审阅】选项卡，再单击【更改】功能组中的【修订】按钮，从显示的菜单中选择【突出显示修订】命令，弹出图2-29所示的【突出显示修订】对话框。

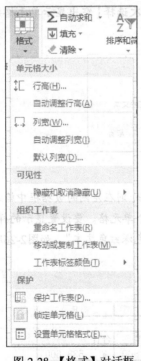

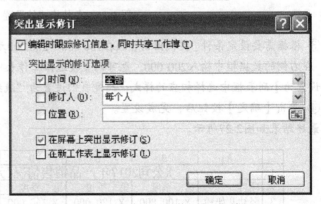

图2-28 【格式】对话框　　　　　图2-29 【突出显示修订】对话框

② 选中【编辑时跟踪修订信息，同时共享工作簿】选项，根据需要选择【突出显示的修订选项】，如选择时间区间、修订人和位置等信息，同时选中【在屏幕上突出显示修订】选项，单击【确定】按钮。完成上面的设置后，如果用户对工作表中的数据进行修改，修改后的单元格将会突出显示，

以区别于未修改过的单元格。修订后的单元格默认突出显示蓝色的边框，且左上角有蓝色的三角形标志。

（2）审核修订。用户或其他审核人可以对这些数据的修改进行审核，以确定是否接受修订。审核修订的方法如下。

① 单击【审阅】选项卡，再单击【更改】功能组中的【修订】按钮，从显示的菜单中选择【接受或拒绝修订】命令，弹出图 2-30 所示的【接受或拒绝修订】对话框。

图 2-30 【接受或拒绝修订】对话框

② 选择修订选项后，单击【确定】按钮，Excel 将定位到文档的第一个被修订的单元格，并弹出图 2-31 所示的对话框。

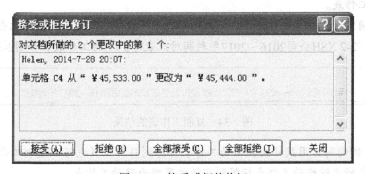

图 2-31 接受或拒绝修订

在该对话框中显示修订人、修订时间及对单元格所做的修改，如果确认该修改无误，则单击【接受】按钮；如果认为修改不正确，则单击【拒绝】按钮。接受或拒绝该修订后，自动定位到下一个被修订的单元格。依次确认所有单元格的所有修订后，完成对该工作簿修订的审核。

除非确认所有的修订均可接受或均需拒绝，否则，不宜使用【全部接受】或【全部拒绝】功能按钮。

2.1.6 复制和移动工作表

复制和移动工作表的操作可以采用鼠标拖动或菜单设置两种方式。

【例2-6】 要求：复制【例2-2】所示的工作表"2-2 XSH公司2016～2017年利润对比表"，具体操作如下。

（1）右键单击选定"2-2 XSH公司2016～2017年利润对比表"工作表的标签，在弹出的快捷菜单中选择【移动或复制（M）...】命令，打开【移动或复制工作表】对话框，如图2-32和图2-33所示。

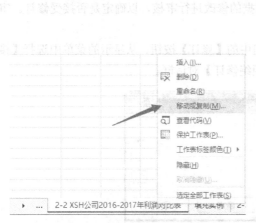

图 2-32　【移动或复制】命令　　　　　图 2-33　【移动或复制工作表】对话框

（2）在【下列选定工作表之前（B）】列表框中选择"2-2 XSH公司2016～2017年利润对比表"，选定【建立副本】选项，如图2-33所示。如果没有选定【建立副本】选项，则只完成工作表的移动操作，不会复制工作表。

（3）单击【确定】按钮完成设置，在"2-2 XSH公司2016～2017年利润对比表"工作表的前面复制了一个名为"2-2 XSH公司2016～2017年利润对比表（2）"的工作表，如图2-34所示。

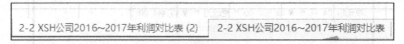

图 2-34　复制工作表的结果

按住【Ctrl】键的同时用鼠标左键拖动工作表标签到目标位置也可以复制工作表。如果不按住【Ctrl】键直接用鼠标左键拖动工作表标签到目标位置则为移动工作表。

 　　如果要跨工作簿进行工作表的移动或复制，则必须在【移动或复制工作表】对话框中的【工作簿】列表框中选择目标工作簿。

2.1.7　工作表的重命名

当工作簿中的工作表为多个的时候，默认的工作表标签为"Sheet1""Sheet2""Sheet3"……为了便于快速区分工作表的内容，通常我们会给工作表起一个有意义的标签。

工作表的重命名常用的有以下 3 种方法。

（1）单击【开始】→【单元格】→【格式】→【重命名工作表】命令，当前工作表的标签为反白显示，可以输入新的标签名，为当前工作表重命名。

（2）将鼠标指针指向需要重命名的标签，单击鼠标右键，在弹出的快捷菜单中选择【重命名】选项，工作表的标签为反白显示，如图 2-35 所示。可以输入新的标签名"XSH 公司利润表副本"作为当前工作表的新标签。

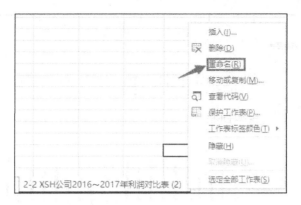

图 2-35　重命名工作表

（3）双击需要重命名的标签，工作表的标签为反白显示，可以输入新的标签名为当前工作表重命名。

2.1.8　工作表的删除

如果要删除多余的工作表，如要删除"XSH 公司利润表副本"工作表，可以右键单击"XSH 公司利润表副本"工作表的标签，在弹出的快捷菜单中选择【删除】命令，删除"XSH 公司利润表副本"工作表。

2.2 财务管理工作图表建立的基本方法

图表可以通过图形的表达方式将复杂的数据表现出来，能够更加直观地比较数据之间的变化以及变化趋势关系。Excel 提供了丰富的图表类型，以方便用户创建满足各种需要的图表，从而使图表形式成为数据表格的一个很好的补充。

2.2.1　图表类型

Excel 共提供了 10 种标准的图表类型，而每种图表类型中还有多种不同的具体形式即子图表类型可以选择，如图 2-36 所示。同时用户也可以自定义图表类型。

1. 柱形图

柱形图也称直方图，是 Excel 默认的图表类型，也是我们经常使用的一种图表类型。柱形图可以描述不同时期数据的变化或描述各分类项之间的差异。一般将分类项在水平轴上标出，而将数据的大小在垂直轴上标出，这样可以强调数据是随分类项（如时间）而变化的。

柱形图又包含 5 个系列：二维柱形图、三维柱形图、圆柱柱形图、圆锥柱形组图、棱锥柱形图，每个系列又可以细分为 3 个或 4 个子图表类型，如三维柱形图可分为普通三维柱形图、三维簇状柱形图、三维堆积柱形图、三维百分比堆积柱形图，其中堆积柱形图可以用来显示部分与总体的关系。

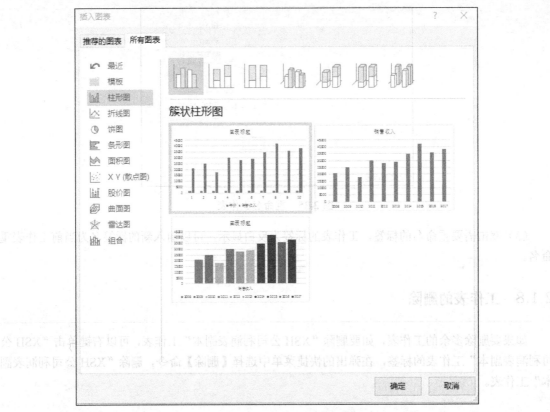

图 2-36　Excel 提供的标准图表类型

2. 折线图

折线图以等间隔显示数据的变化趋势，是用直线段将各数据点连接起来而组成的图形。一般来说，分类轴（X 轴）代表时间的变化，并且间隔相同，而数值轴（Y 轴）代表各时刻数据的大小。

折线图又包含 7 个子类型，分别为折线图、堆积折线图、百分比堆积折线图、带数据标记的折线图、带标记的堆积折线图、带数据标记的百分比堆积折线图和三维折线图。三维折线图是用矩形的面将各数据点线连接起来而组成的。

3. 饼图

饼图是把一个圆面分为若干扇形面，每个扇面代表一项数据值，一般只显示一组数据系列。饼图用于表示数据系列中的每项占该数据系列的总和的比例值，如可以描述企业利润总额中主营业务利润的比重，应收账款中处于不同阶段的数额构成等。

饼图又可分为 5 个子类型，分别为饼图、三维饼图、复合饼图、复合条饼图、圆环图。复合饼图和复合条饼图是在主饼图的一侧生成一个较小的饼图条形图，以放大一个较小的扇形。

4. 条形图

条形图使用水平的横条或立体的水平横条的长度来表示数据值的大小。条形图强调各数据项之间的差别情况。一般来说，分类项在垂直轴上标出，而数据的大小在水平轴上标出，这样可以突出数据的比较，而淡化时间的变化。例如，某公司在不同地区的销售情况，分类轴上标出地区名称，而销售额为数值，在水平轴上标出。

条形图也包含 5 个系列：二维条形图、三维条形图、圆柱条形图、圆锥条形图、棱锥条形图。每个系列又可以细分为 3 个子图表类型，分别为簇状条形图、堆积条形图和百分比堆积条形图。例如，圆柱条形图可以分为簇状圆柱条形图、堆积圆柱条形图和百分比堆积圆柱条形图。

5. 面积图

面积图使用折线和分类轴（*X* 轴）组成的面积及两条折线之间的面积来显示数据系列的值。面积图强调幅度随时间的变化而变化，通过显示绘制值的总和还可以显示部分与整体的关系。例如，可用来描述若干年度内不同产品的销售收入，或若干年度内不同销售部门的销售业绩数据。

面积图又包含面积图、堆积面积图、百分比堆积面积图、三维面积图、三维堆积面积图和三维百分比堆积面积图 6 个子图表类型。

6. 点图

XY 散点图与折线图类似，也是由一系列的点或线组成，在组织数据时，一般将 *X* 值置于一行或一列中，而将 *Y* 值置于相邻的行或列中。*XY* 散点图可以用来比较若干个数据系列中的数值，还可以两组数值显示为 *XY* 坐标中的一个系列。可以按不同的间隔来表示出数据。*XY* 散点图含 7 个子类型，分别为仅带数据标记的散点图、带平滑线和数据标记的散点图、带平滑线的散点图、带直线和数据标记的散点图和带直线的散点图气泡图，三维气泡图。

7. 股价图

股价图一般用来描述一段时间内股票价格的变化情况。股价图包括 4 种子类型：盘高—盘低—收盘图、开盘—盘高—盘低—收盘图、成交量—盘高—盘低—收盘图和成交量—开盘—盘高—盘低—收盘图。

8. 曲面图

当需要寻找两组数据之间的最佳组合时，曲面图是很有用的。类似于拓扑图形，曲面图中的颜色和图案用来指示在同一取值范围内的区域。曲面图又可分为三维曲面图、三维曲面（框架图）、曲面图和曲面（俯视框架图）。

9. 雷达图

雷达图是由一个中心向四周辐射出多条数值坐标轴，每个分类都拥有自己的数值坐标轴，把同一数据系列的值用折线连接起来而形成的。雷达图用来比较若干数据系列的总体水平值。诊断企业的经营情况通常使用雷达经营图，将该企业的各项经营指标如资金增长率、销售收入增长率、总利润增长率、固定资产比率、固定资产周转率、流动资金周转率、销售利润率等指标与同行业的平均标准值进行比较，可以判断企业的经营状况。雷达图又分为雷达图、带数据标记的雷达图和填充雷达图。

10. 组合

组合，顾名思义，用户可以根据需要，将柱形图与折线图、柱形图与堆积面图等进行组合搭配，以将数据更清晰、直观、完整地展示出来。当我们选定一组数据的时候，单击【插入】→【组合】命令，Excel 系统会默认一些组合搭配，我们可以选用系统的默认的搭配，也可以根据需要自行组合搭配。

2.2.2　创建图表

在财务管理工作中，我们往往需要将工作表转化为图表。工作表的图表化，有助于我们将数据更为直观地显示出来，使数据对比和变化趋势一目了然，提高信息整体价值，更准确、直观地表达信息和观点。图表和工作表是互相链接的，当工作表中的数据发生改变时，图表中对应项的数据也自动改变。

Excel中可以建立嵌入式图表和图表工作表两种图表。嵌入式图表是把图表直接绘制在原始数据所在的工作表中，而图表工作表则是把图表绘制在一个独立的工作表中。无论哪种图表，其和原始数据表格的数据都是紧密相关的，原始数据的变化都可以立即反映到图表上。

1. 建立嵌入式图表

【例2-7】 某企业连续10年的产品销售收入如表2-1所示，公司管理层希望得到一张图表以帮助预测和规划公司未来3年的销售收入状况。

表2-1   已知条件

年份	2008	2009	2010	2011	2012	2013	2014	2015	2016	2017
销售收入（元）	21 000	25 000	18 000	30 000	28 000	29 000	35 000	42 000	36 000	38 000

（1）按表2-1所示的已知条件，输入表格。

（2）单击【插入】选项卡，选择【图表】功能组中的【折线图】下侧的小箭头，打开折线图的列表，如图2-37所示。

（3）从图表列表中选择【带数据标记的折线图】项，弹出图2-38所示的带数据标记的折线图。

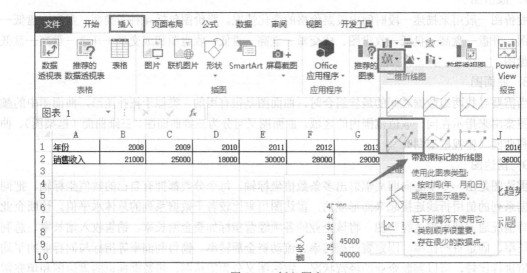

图2-37 插入图表

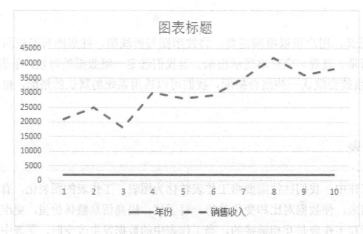

图2-38 系统默认的销售收入折线图

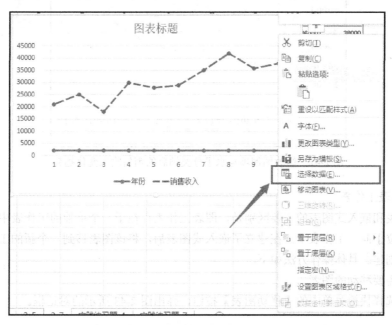

（4）此时的折线图并不符合我们的要求，因此，在图表的任意空白区域右键单击【选择数据】命令，如图2-39所示。

图 2-39　单击【选择数据】命令

（5）在图2-40所示的【选择数据源】对话框中，在【图表数据源区域】中选择"='2-7'!$A$1:$K$2"，在【图例项（系列）】中将"年份"删除，在【水平（分类）轴标签】中单击【编辑】按钮，弹出图2-41所示的【轴标签】对话框，在将【轴标签区域】选择"='2-7'!$B$1:$K$1"，这样，我们输出的图表横坐标即为各个年份。

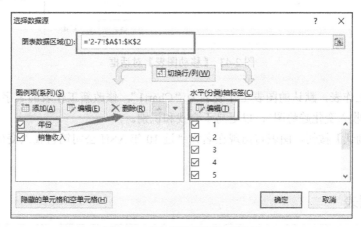

图 2-40　【选择数据源】对话框

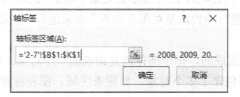

图 2-41　【轴标签】对话框

（6）在步骤（5）的基础上，输出图2-42所示的销售收入趋势变化。

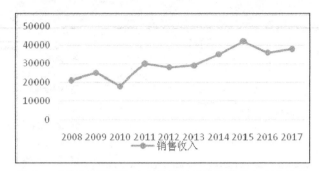

图 2-42　修改图例项与水平分类轴后的销售收入变化趋势

2．建立图表工作表

图表工作表和嵌入式图表的主要区别是，图表工作表存在于一个单独的工作表中，而嵌入式图表与原始数据位于同一工作表中。在建立了嵌入式图表后，将该图表移到一个新的工作表中即完成图表工作表的创建。具体操作方法如下。

（1）选中需要移动的图表。

（2）右键选择快捷菜单中的【移动图表】按钮，弹出图 2-43 所示的对话框。

图 2-43　【移动图表】对话框

（3）选择新工作表，默认的图表工作表名为"Chart1"，修改新工作表的名字，如改为"近 10 年 XSH 公司销售收入变化趋势图"，以更易于查找和识别。

（4）单击【确认】按钮，图表将出现在名为"近 10 年 XSH 公司销售收入变化趋势图"的图表工作表中。

2.2.3　编辑图表

刚建立的图表可能并不令人满意，或者显示的效果不理想，此时就需要对图表进行适当的编辑，以达到最佳的效果。对图表进行编辑就是对图表的各个对象进行一些必要的修饰。

1．图表及其对象

一个图表是由多个部件组成的，每个部件就是图表的一个对象。图 2-44 所示是一个标准的带数据标记的折现图，该图表包含了多个对象，如图表区域、图表标题、绘图区、水平轴、垂直轴和图例。

图 2-44　图表及其对象

2．图表对象的选定

对图表进行编辑时，必须有一定的针对性，也就是要先选定图表或它的某个对象。

对于图表工作表，只要单击该工作表标签使其变成当前工作表，就选定了其中的图表。此时，单击图表中的某个对象即可选定该对象，并可对其进行编辑操作，但是不能对这个图表进行移动和删除等操作。

对于嵌入式图表，要选定它只需单击图表空白区域，这时该图表区域的周围出现 3 个细线矩形框，如图 2-45 所示，包括图表元素、图表样式和图表筛选器 3 个菜单项，点开菜单项，可以分别对图表中的图标元素进行添加、删除或更改等，设置图表样式和配色方案。选定图表区域后，每条边的中间也会出现白色小方块的控制柄，此时可以对图表进行移动、放大、缩小、复制和删除等操作，也可以修饰图表区域。

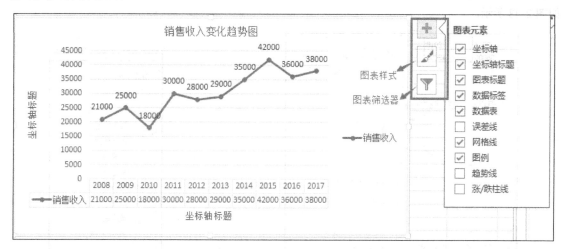

图 2-45　选定图表区域

3．图表区域的编辑

单击图表区域，选定图表后，我们就可以对该图表进行各种编辑操作。此时单击鼠标右键，弹出快捷菜单，如图 2-46 所示，菜单中的子菜单项就是可以进行的编辑操作。

（1）使用图表的【剪切】【复制】【粘贴】命令可以将图表移动到工作表的指定位置。如果要将图表移到独立的工作表中，则需要使用【移动图表】命令。

（2）【字体】命令可以对整个图表中的所有文字进行字体大小、颜色、效果等的设置。

（3）【更改图表类型】命令可以将图表换成其他需要的样式。

（4）【另存为模板】命令可将范例图作为模板保存。

（5）【选择数据】命令则可以对图表的来源数据进行修改。

（6）【设置图表区域格式】命令可以更改图表区域的背景图案及填充效果，图表的字体、字形和字号及图表的属性，如图表对象的位置属性、是否打印对象以及在保护工作表时是否锁定单元格等。

（7）【填充】与【轮廓】命令可以对图表进行颜色、纹理、有无轮廓等的修饰，在其下拉菜单中，可以选择对图表区、图表标题、绘图区、图例等分别进行修饰。

4．图表元素的编辑

单击图表中的某个元素，就选定了该元素，此时可以对该元素进行一些编辑，如对其进行缩放、移动和清除，还可对图表各元素进行改变字体及其颜色、填充颜色和模式等修饰。如果要进行更为复杂的一些操作，则可以右键单击该图表元素，弹出其快捷菜单，如图 2-47 所示。如要对图表标题进行更复杂的操作，则可以选定图表标题，单击右键，弹出快捷菜单。然后用菜单中的命令进行操作即可。

图 2-46　编辑整个图表的快捷菜单

必须注意的是，如果要对图表中的其他图表元素进行增加或删除，则需要单击图表空白区域，在图表区域右上角出现的细线矩形框中选择【图表元素】，在【图表元素】对话框中，如果需要增加图表元素，则在复选框前打钩；如要删除，单击已经打钩的复选框，则"√"号消失，表示删除，如图 2-48 所示。

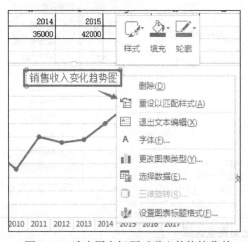

图 2-47　选定图表标题后弹出的快捷菜单

图 2-48　【图表元素】对话框

下面，我们结合实例介绍对图表标题、坐标轴标题、趋势线等图表元素进行编辑的具体方法。

【例2-8】　请在【例2-7】建立的"销售收入变化趋势图"的基础上，做以下编辑：①将图表标题改为"XSH公司近10年销售收入变化趋势图"；②增加"坐标轴标题"，并将横坐标标题命名为"年份"，纵坐标标题命名为"销售收入"；③增加趋势线。

具体步骤如下。

（1）修改标题。

① 选定图表中的标题，单击鼠标右键，如图2-47所示。

② 在快捷菜单中选择【编辑文字】命令。

③ 在【图表标题】文本框中手工输入"XSH公司近10年销售收入变化趋势图"，则完成更改。

（2）增加坐标轴并命名。

① 选定整个图表区域，单击图表区域右上方的"十"字按钮，弹出【图表元素】对话框，如图2-49所示。

② 在【图表元素】中的【坐标轴标题】复选框前打钩，此时，图表区垂直与水平坐标轴就出现"坐标轴标题"等字样，如图2-49所示。

③ 在该"横/纵坐标轴标题"文本框中进行坐标轴标题的输入即可，其中，横坐标轴标题设定为"年份"，纵坐标轴标题设定为"销售收入"。

（3）增加趋势线。

① 选定整个图表区域，单击图表区域右上方的"十"字按钮，弹出【图表元素】对话框，如图2-50所示。

② 在【图表元素】中的【趋势线】复选框前打钩，默认系统选择【线性】趋势线，如图2-50所示。

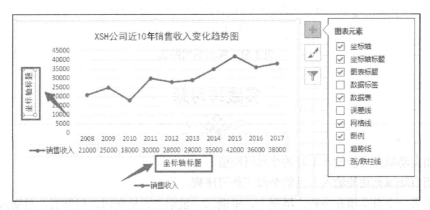

图 2-49　坐标轴标题的增加与设定

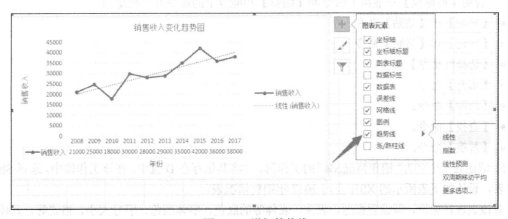

图 2-50　增加趋势线

这里所谓趋势线主要应用于预测分析，也称回归分析，是根据实际数据向前或向后模拟数据的走势，还可以生成移动平均，消除数据的波动，更清晰地显示图案和趋势。我们可以在非堆积型二维面积图、条形图、柱形图、折线图、股价图、气泡图和XY（散点）图中为数据系列添加趋势线；但不可以在三维图表、堆积型图表、雷达图、饼图或圆环图中添加趋势线。对于那些包含与数据系列相关的趋势线的图表，一旦图表类型改变成上述几种（如图表类型修改为三维图表），则原有的趋势线将丢失。

本例中，由于是折线图，我们可以直接增加趋势线，如果对趋势线右键菜单没有进行更多的选择，则系统默认选择【线性】趋势线。当然，我们可以按照案例的具体要求，选择指数、线性预测、双周期移动平均等趋势线，如图2-50所示。

最终，编辑后的图表如图2-51所示。

图 2-51　编辑后的图表

实践练习题

1．使用自动填充功能输入1月的全部日期值。

2．使用自动填充功能输入1月的全部工作日序列。

3．自定义一个自动填充序列：星期一、星期二、星期三、星期四、星期五、星期六、星期日。

4．说明【剪贴板】功能组上命令和【编辑】功能组上的命令并上机练习。

- 【复制】和【粘贴】命令。
- 【剪切】和【粘贴】命令。
- 【选择性粘贴】命令。
- 【填充】命令。
- 【清除】命令。
- 【查找】命令。
- 【替换】命令。

5．请建立一个名为"销售情况.xls"的工作簿，并将其保存在D盘中。在该工作簿中，选择Sheet1工作表，设计如下表所示的XSH公司2017年销售情况表。

对该表进行编辑，即设置标题、表头、表体等的底色、字体颜色、字号大小、格式等。具体地，请将标题设置为黑体、加粗、小四号，其他文字设置为宋体、五号字；将销售额超过20万元的区域与季度用红色字体突出显示。

XSH 公司 2017 年销售情况表　　　　　　　　　　　　单位：万元

销售区域	一季度	二季度	三季度	四季度	合计
东北	5	6	7	20	28
西北	8	22	24	20	54
华北	23	24	26	20	53
西南	8	22	20	37	66
合计	34	43	47	77	202

6．在上题表格建立的基础上，建立 XSH 公司 2017 年全年各季度销售收入二维柱形图，并预测来年的销售收入。在各季度折线图上，需要有横坐标轴与纵坐标轴的标题、表格标题、线性预测线、数据标签、网格线等。

7．在实践练习题 5 建立的表格基础上，建立 XSH 公司 2017 年全年各区域销售收入结构饼图，并判断哪个区域销售情况最好。在各区域饼图上，需要有横坐标轴与纵坐标轴的标题、表格标题、线性预测线、数据标签、网格线等。

8．请建立一个名为"资产负债表.xls"的工作簿，并将其保存在 D 盘中。在该工作簿中，选择 sheet1 工作表，设计如下表所示的 XSH 公司 2017 年年末资产负债表。

对该表进行编辑，即设置标题、表头、表体等的底色、字体颜色、字号大小、格式等。具体地，请将标题设置为黑体、加粗、小四号，其他文字设置为宋体、五号字。

XSH 公司 2017 年年末资产负债表　　　　　　　　　　　单位：万元

资产	年初数	年末数	负债及所有者权益	年初数	年末数
货币资金	220	226	短期借款	280	200
短期投资	80	200	应付账款	282	285
应收账款	350	472	应付工资	60	65
存货	304	332	应交税金	48	60
流动资产合计	954	1 230	流动负债合计	670	610
			长期借款	280	440
固定资产	470	640	应付债券	240	260
长期投资	482	1 280	长期应付款	44	50
无形资产	518	650	负债合计	1 234	1 360
			股本	700	700
			资本公积	360	470
			盈余公积	84	92
			未分配利润	46	238
			股东权益合计	1 190	1 500
资产合计	2 424	2 860	负债及股东权益合计	2 424	2 860

9．在实践练习题 8 建立的表格的基础上，分别建立 XSH 公司 2017 年资产、负债与所有者权益的簇状柱形图，并对年初和年末的资产、负债与所有者权益进行对比分析。

10．在实践练习题 8 建立的表格的基础上，分别建立 XSH 公司 2017 年年末资产、负债与所有者权益的结构饼图，并对该公司资产、负债及所有者权益进行分析。

第3章 | 资金时间价值的 Excel 建模

本章提要

资金时间价值是财务管理的基础理论依据，本章我们将简要概括资金时间价值的概念、因素、单利终值与现值的相关计算、复利终值与现值的相关计算、年金（普通年金、先付年金、递延年金、永续年金等）终值与现值的相关计算等，并在该理论的基础上，分别构建资金单现金流的Excel模型、年金终值与现值的Excel模型以及时间价值变量系统的Excel模型。其中，单现金流模型主要是引入多个案例来论述单利与复利终值和现值在Excel中的计算；年金终值与现值的Excel建模主要是介绍普通年金、先付年金、递延年金等终值与现值在Excel中的计算；时间价值变量系统的Excel建模则主要说明年金、等额还款额中本金与利息、利率、期数等在Excel中的计算。

学习目标

- 掌握终值与现值函数FV、PV的应用；
- 掌握年金、还款额中本金与利息函数PMT、PPMT、IPMT的应用；
- 掌握利息与计息期函数RATE与NPER的应用；
- 掌握相对引用、绝对引用和混合引用的应用；
- 掌握数组公式的应用；
- 掌握单变量求解工具的应用；
- 掌握单现金流的Excel建模；
- 掌握年金终值与现值的Excel建模；
- 掌握时间价值变量系统的Excel建模。

3.1 | 资金时间价值理论概述

资金具有时间价值是财务活动中客观存在的经济现象，也是进行财务管理必须树立的价值观念。从理论上讲，影响资金时间价值的因素是本金、利率和期数，或者说，资金时间价值的大小，是由本金、利率和期数3个因素共同决定的。有时，我们也将它们称为与资金时间价值有关的3个概念。由于资金时间价值的作用，同量资金在不同时点上具有不同的价值。这一事实告诫我们，在财务管理中，在做有关财务决策时，绝对不能将不同时间点上的资金流入和资金流出进行直接比较。财务管理中对资金时间价值的研究，一方面是为了给资金流入和资金流出的数量分析确立统一的时间基准和方法基础；另一方面是为了引导财务管理主体确立货币时间价值观念。

3.2 资金时间价值模型的相关函数与工具运用

3.2.1　相关函数

1．FV

（1）用途。按给定的利率、期数和每期收支的现金流量计算复利终值或者年金终值。

（2）语法。

FV(rate,nper,pmt,pv,type)

（3）参数。

① rate 为各期利率。

② nper 为总投资期内该项投资的付款期总数。

③ pmt 为各期所应支付的金额，其数值在整个年金期间保持不变。通常，pmt 包括本金和利息，但不包括其他费用或税款。如果省略 pmt，则必须包括 pv 参数。

④ pv 为现值，或为一系列未来付款的当前值的累积和。如果省略 pv，则假设其值为零，并且必须包括 pmt 参数。

⑤ type 填数字 0 或 1，用以指定各期的付款时间是在期初还是期末。如果省略 type，则假设其值为零。type 值若为 0 表示支付时间在期末，若为 1 则表示支付时间在期初。

（4）说明。

① 应确认所指定的 rate 和 nper 单位的一致性。例如，同样是 4 年期年利率为 12% 的贷款，如果按月支付，rate 应为 12%/12，nper 应为 4*12；如果按年支付，rate 应为 12%，nper 应为 4。

② 对于所有参数，支出的款项，如银行存款，表示为负数；收入的款项，如股息收入，表示为正数。

2．PV

（1）用途。按给定的利率、期数和每期收支的现金流量计算复利现值或者年金现值。

（2）语法。

PV(rate,nper,pmt,fv,type)

（3）参数。

① rate 为贷款利率。

② nper 为该项贷款的付款总数。

③ pmt 为各期所应支付的金额，其数值在整个年金期间保持不变。

④ fv 为未来值，或为最后一次支付后希望得到的现金余额，如果省略 fv，则假设其值为零（如一笔贷款的未来值即为零）。例如，如果需要在 18 年后支付 50 000 元，则 50 000 元就是未来值。可以根据保守估计的利率来决定每期的存款额。如果忽略 fv，则必须包含 pmt 参数。

⑤ type 用以指定各期的付款时间是在期初还是期末。

（4）说明。参见 FV 函数。

3．PMT

（1）用途。按给定的利率、期数及年金类型等，计算每期收支的现金流量。

（2）语法。

PMT(rate,nper,pv,fv,type)

（3）参数。各参数的详细说明参见函数 FV、PV。

（4）说明。

① PMT 返回的支付款项包括本金和利息，但不包括税款、保留支付或某些与贷款有关的费用。

② 同 PV、FV 函数一样，应确认所指定的 rate 和 nper 单位的一致性。

4．PPMT

（1）用途。按给定利率、期数及年金类型等参数值，计算指定期间中年金的本金部分。

（2）语法。

PPMT(rate,per,nper,pv,fv,type)

（3）参数。

① per 用于计算其本金数额的期数，必须在 1 到 nper 之间。

② 其他各参数的详细说明参见函数 FV、PV。

（4）说明。同 PV、FV 函数一样，应确认所指定的 rate 和 nper 单位的一致性。

5．IPMT

（1）用途。按给定利率、期数及年金类型等参数值，计算指定期间中年金的利息部分。

（2）语法。

IPMT(rate,per,nper,pv,fv,type)

（3）参数。有关 IPMT 函数的相关参数说明，参见 PPMT 函数。

（4）说明。参见 FV 函数。

6．RATE

（1）用途。返回年金的各期利率。函数 RATE 通过迭代法计算得出，并且可能无解或有多个解。

（2）语法。

RATE(nper,pmt,pv,fv,type,guess)

（3）参数。

① 有关参数 nper、pmt、pv、fv 及 type 的详细说明参见函数 PV。

② guess 为预期利率。如果省略预期利率，则假设该值为 10%。

如果函数 RATE 不收敛，请改变 guess 的值，通常当 guess 位于 0 到 1 之间时，函数 RATE 是收敛的。

（4）说明。

① 同 PV、FV 函数一样，应确认所指定的 rate 和 nper 单位的一致性。

② 如果在进行 20 次迭代计算后，函数 RATE 的相邻两次结果没有收敛于 0.0000001，函数 RATE 将返回错误值 #NUM!。

7．NPER

（1）用途。按给定利率、期数及年金类型等参数值，计算全部年金的总计息期数。

（2）语法。

NPER(rate, pmt, pv, fv, type)

（3）参数。有关函数 NPER 中各参数的详细说明参见函数 PV、FV。

3.2.2　工具与方法

在 Excel 2013 中，相对引用、绝对引用和混合引用是指在公式中使用单元格区域或者单元格区域地址时，当将公式向旁边复制时，地址是如何变化的。这 3 类引用在公式的复制中应用非常广泛。此外，在进行多个计算时，我们往往需要用到数组公式。最后，Excel 提供了很多非常实用的数据分析工具，其中包括单变量求解工具。在本章，我们将重点论述下述几类 Excel 工具与方法。

1.　相对引用

相对引用时，复制单元格公式地址会相应地发生变化，例如，C1 "=A1+B1"，复制 C1 或者向下、向右拖动 C1，可以看到粘贴的单元格中的公式的地址应用发生变化，但地址都是同一行的前面两个单元格。即向下变为 C2 "=A2+B2"，向右复制时，则变为 D1 "=B1+C1"。

2.　绝对引用

在绝对引用的情况下，复制单元格时，引用公式的地址不会发生变化，而是保持不变。例如，C1= "$A$1+$B$1"，复制 C1 或者向下、向右拖到 C1，可以看到粘贴的单元格中的公式的地址保持不变。即向下仍为 C2 "=$A$1+$B$1"，向右复制时，仍为 D1 "=$A$1+$B$1"。

3.　混合引用

明白了相对引用、绝对引用就可以明白混合引用的概念。在混合引用的情况下，复制单元格时，引用公式的地址部分发生变化，可以锁定行地址保持不变，也可以锁定列下标不变。例如，C1= "$A1+B$1"，复制 C1 或者向下、向右拖到 C1，向下公式为 C2 "=$A2+B$1"，向右复制时，D1 公式变为 "=$A1+C$1"。因此，加上了绝对值符号 "$" 的列标和行号为绝对地址，在公式向旁边复制时不会发生变化；没有加上绝对值符号的列标和行号为相对地址，在公式向旁边复制时会跟着发生变化。混合引用时部分地址会发生变化。

另外，必须注意的是，工作簿与工作表都是绝对引用，没有相对引用。

灵活运用 3 种引用方式（可以在任何公式中），可以设计出强大智能化的报表。在 Excel 进行公式设计时，可以根据需要在公式中使用不同的单元格引用方式，而如果想快速切换单元格引用公式，则可以反复按【F4】键来实现切换。例如，选中 "A1" 引用时，反复按【F4】键时，就会在$A$1、$A1、A$1、A1 之间切换。本章中大量公式采用了相对引用、绝对引用和混合引用的做法。

4.　数组公式

数组公式是指可以同时进行多个计算并返回一种或多种结果的公式。在数组公式中使用的两种或多种数据成为数组参数，数组参数可以是一个数据区域，也可以是数组常量。使用数组公式能减少工作量，提高工作效率。

（1）输入数组公式。具体步骤如下。

① 选取要输入公式的单元格或者单元格区域。

② 输入有关的计算方式。

③ 按【Ctrl+Shift+Enter】组合键。

按上述方法输入数组公式以后，会自动在公式的两边加上大括号{}。如果输入公式以后只按【Enter】键，则输入的只是一个简单的公式，并且只会在选取的单元格区域的第一个单元格中显示出一个计算结果。

例如，要计算各季度的销售毛利，可选取单元格区域 B4:E4，输入公式，按【Ctrl+Shift+Enter】

组合键，即可得到计算结果，如图 3-1 所示。

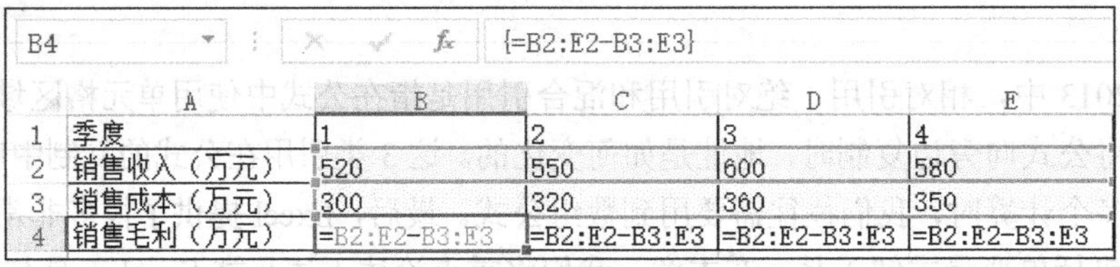

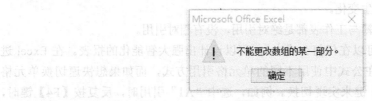

图 3-1　数组公式的输入

（2）编辑数组公式。数组公式具有的一个特征是不能单独对数组公式所涉及的单元格区域中的某一个单元格进行编辑、清除或移动的操作。编辑数组公式的方法主要有以下几种。

① 在数组区域中单击任一单元格，然后单击公式编辑栏，当编辑栏被激活时，大括号在数组公式中消失，这时可对数组公式进行编辑，编辑完毕后，按【Ctrl+Shift+Enter】组合键确认。

② 在数组区域中单击任意单元格，然后按一下【F2】功能键，或双击数组区域中的任意单元格，将光标定位在单元格中，这时单元格中会出现公式，在其中对公式进行编辑，编辑完毕后，按【Ctrl+Shift+Enter】组合键确认。

③ 如果不小心将光标点到数组区域中的某个单元格，则 Excel 会提示不能更改数组中某一个部分，此时，如果直接单击【确定】按钮，则 Excel 没有反应。如果想退出，可以单击【Esc】键进行退出。

（3）删除数组公式。删除数组公式的方法是选取含有数组公式的单元格区域，按【Delete】键。如果只选取数组公式所在的单元格区域中的某个单元格，或某些单元格，然后按【Delete】键，系统也会弹出警示对话框，如图 3-2 所示。

图 3-2　不能更改数组的某一部分

5. 单变量求解工具

Excel 提供了很多非常实用的数据分析工具，包括财务分析工具、单变量求解工具、规划求解工具、方案管理器等，利用这些分析工具，可以解决许多问题。其中，单变量求解工具通常用来求解只有一个变量的方程的根，所求解的方程可以是线性方程，也可以是非线性方程，它可以解决财务管理中许多只涉及求解一个变量的问题。下面，我们举例来说明该方法的应用。

【例3-1】 假设有一家商场的毛利率为30%，毛利润中的14%用于发放员工的工资。假设商场希望1年赚取100 000元，问：如何使用单变量求解工具求出1年的销售收入。

具体求解过程如下。

（1）依据题目已知条件，在单元格A1中输入"销售收入（元）"，在单元格A2中输入"员工工资（元）"，在单元格A3中输入"营业纯利（元）"，在单元格B2中输入公式"=B1*0.3*0.14"，在单元格B3中输入公式"= B1*0.3-B2"，如图3-3所示。

（2）选定工作表中的目标单元格B3。

（3）选择【数据】→【数据工具】→【模拟分析】→【单变量求解】命令，弹出如图3-4所示的【单变量求解】对话框。

	A	B
1	销售收入（元）	
2	员工工资（元）	=B1*0.3*0.14
3	营业纯利（元）	=B1*0.3-B2

图 3-3   要运用单变量求解的数据

图 3-4 【单变量求解】对话框

（4）在【目标单元格】编辑框中引用选定的目标单元格"B3"。在【目标值】框中输入希望达到的值。本例中，输入"100 000"，然后在【可变单元格】框中引用有待调整数值的单元格"$B$1"。

（5）单击【确定】按钮，Excel 将显示【单变量求解状态】对话框，正在查寻的答案将出现在【可变单元格】框指定的单元格内，即年销售收入应为387 596.9元才能达到100 000元的营业利润，结果如图3-5所示。

	A	B
1	销售收入（元）	387 596.9
2	员工工资（元）	16 279.07
3	营业纯利（元）	100 000

图 3-5   单变量求解的结果

3.3   单现金流的 Excel 模型

3.3.1   单现金流概述

相比于年金而言，要考核一次性收付款项，即为单现金流的计算。按照利息计算方式的不同，单现金流分为单利的计算与复利的计算。其中，在单利计算方式下，在借贷双方约定的期限以内，只按本金计算利息，利息不计算利息；在复利计算方式下，每经过一个计息期，都要将所生利息加入本金再计算利息，逐期滚算，俗称"利滚利"。这里所说的计息期，是指相邻两次计息的时间间隔，如年、月、日等。这里除非特别指明，计息期均为一年。单现金流的计算主要是考核终值与现值的计算，其具体计算方法如下。

1. 单利终值

单利终值是指现在一笔资金按单利计算的未来价值。其计算公式如下。

$$F = P + P \times i \times n = P \times (1 + i \times n)$$

2. 单利现值

单利现值是指若干年后收入或支出一笔资金按单利计算的现在价值，其计算公式是由单利终值的计算公式 $F = P \times (1 + i \times n)$ 推导而来的，可表述为如下形式。

$$P = \frac{F}{1 + i \cdot n}$$

3. 复利终值

复利终值是指现在的一笔资金按复利计算的未来价值，此时不仅要考虑本金的利息，还要考虑利息的利息。其计算公式如下。

$$F = P \times (1+i)^{n} = P \times (F/P, i, n)$$

其中，$(1+i)^{n}$ 被称为复利终值系数或 1 元的复利终值，用符号（F/P, i, n）表示。例如（F/P,

5%，8）表示在利率为5%、期数为8时1元钱的复利终值。

4. 复利现值

复利现值是复利终值的对称概念，是指未来一定时间的特定资金按复利计算的现在价值，或者指为取得将来一定的本利，现在所需要的本金。

复利现值的计算，就其实质来讲，是在已知 F、i、n 的条件下求 P。其计算公式可由复利终值的计算公式推导而来。

因为

$$F = P \times (1+i)^n$$

所以

$$P = \frac{F}{(1+i)^n} = F \times (1+i)^{-n} = F \times (P/F, i, n)$$

式中，$(1+i)^{-n}$ 被称为复利现值系数或1元的复利现值，用符号 $(P/F, i, n)$ 表示。

3.3.2 单现金流模型设计

单现金流的 Excel 模型主要涉及一笔现金流单利终值与现值、复利终值与现值的计算。此处，我们主要用到的函数工具有 FV、PV 函数以及数组公式等。

1. 终值的计算

【例3-2】 某企业于2017年存入银行50 000元，存款期为6年，假定银行存款的年利率为6%，试分别计算，在第6年年末分别按单利方法和复利方法计算的终值，并绘制终值与期限之间的关系图。

具体步骤如下。

（1）设计表格复利终值计算模型，如图3-6所示。

	A	B	C	D	E	F	G	H
1	已知条件			终值的计算				
2	存款金额（元）	50 000		单利终值（元）		68 000		
3	存款期限（年）	6		复利终值（元）	709 25.96			
4	年利率	6%						
5								
6	终值与期限关系模型（单位：元）							
7	存款年限	0	6	12	18	24	30	36
8	复利终值	50 000.00	70 925.96	100 609.82	142 716.96	202 446.73	287 174.56	407 362.60
9	存款年限	0	6	12	18	24	30	36
10	单利终值	50 000	68 000	86 000	104 000	122 000	140 000	158 000

图3-6 终值计算相关模型

（2）在单元格E2中输入公式"=B2+B3*B4*B2"得到单利终值。

（3）选择单元格E3，在【公式】选项卡的【函数库】功能组中单击【插入函数】按钮，将类别选择为"财务"则列出所有的财务函数，如图3-7所示选择FV函数。然后，在弹出的【FV函数参数】对话框中输入相关参数，如图3-8所示。当然，这里复利终值的计算也可以参照理论部分所讲的公式来输入，此处略。

（4）在单元格区域B7:H7中输入0，6，12，…，36，然后选取B8:H8单元格区域，输入公式"=FV(B4,B7:H7,,-B2)"[1]，并按【Ctrl+Shift+Enter】组合键，即可得到复利终值不同期限的计算结果。

（5）同理，在单元格区域B9:H9中输入0，6，12，…，36，然后选取B10:H10单元格区域，输入

---

[1] 这里，由于在理论上，终值与现值时间流上是相反的，因此，FV 函数在 PV 参数上需多加一个负号，否则结果会出现负值。本章中 PV、PMT 等函数在涉及该类参数时，也需多加负号。

公式 "=B2* (1+B4*B9:H9)"，并按【Ctrl+Shift+Enter】组合键，即可得到单利终值在不同期限下的计算结果。

图 3-7　从财务函数列表中选择 FV 函数

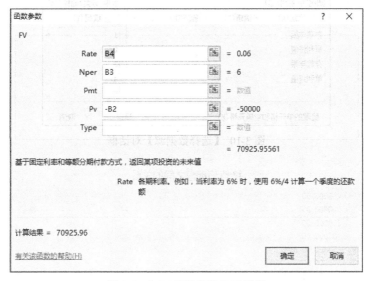

图 3-8　【FV 函数参数】对话框

（6）取单元格区域A7:H10，单击工具栏中的【插入】按钮，选择插入折线图，并选择【数据点折线图】，得到图3-9所示的折线图。

（7）图3-9所示的终值与期限关系图还未能准确反映我们要求的信息，因此，我们需要再进一步编辑。将鼠标指针置于横轴数字区域，单击右键。选择【选择数据】，弹出【选择数据源】对话框，如图3-10所示。将2个存款年限删除；同时单击水平分类轴下的【编辑】按钮，将水平分类轴标签变更为 "=Sheet1!$B$7:$H$7"，则横坐标的数据将自动更新；另外，我们可以再添加坐标轴标题，最终图表如图3-11所示。

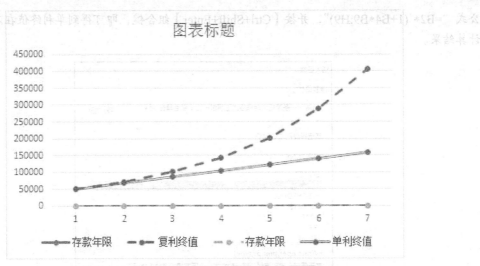

图 3-9   Excel 默认的终值与期限之间的关系图

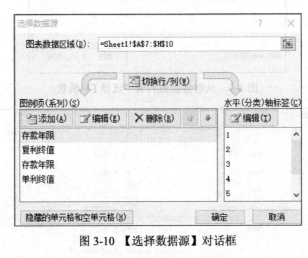

图 3-10   【选择数据源】对话框

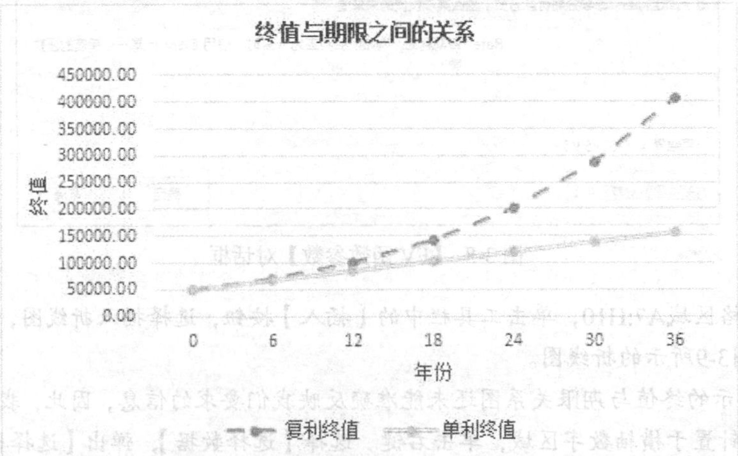

图 3-11   终值与期限之间的关系

如图3-11所示，在利率一定的条件，终值随着期限的增加而增大。在其他条件一定时，复利终值大于单利终值，而且期限越长，二者之间的差距越大。

【例3-3】 运用Excel制作复利终值系数表。

具体方法和步骤如下。

（1）设计复利终值系数表，如图3-12所示。本例只假设复利年利率从1%计算到10%（存放在单元格B2:K2中），计息期数从1年计算到10年（存放在单元格A3:A12中）。

	A	B	C	D	E	F	G	H	I	J	K
1						复利终值系数表					
2	年利率(%) / 年份	1	2	3	4	5	6	7	8	9	10
3	1	1.010 0	1.020 0	1.030 0	1.040 0	1.050 0	1.060 0	1.070 0	1.080 0	1.090 0	1.100 0
4	2	1.020 1	1.040 4	1.060 9	1.081 6	1.102 5	1.123 6	1.144 9	1.166 4	1.188 1	1.210 0
5	3	1.030 3	1.061 2	1.092 7	1.124 9	1.157 6	1.191 0	1.225 0	1.259 7	1.295 0	1.331 0
6	4	1.040 6	1.082 4	1.125 5	1.169 9	1.215 5	1.262 5	1.310 8	1.360 5	1.411 6	1.464 1
7	5	1.051 0	1.104 1	1.159 3	1.216 7	1.276 3	1.338 2	1.402 6	1.469 3	1.538 6	1.610 5
8	6	1.061 5	1.126 2	1.194 1	1.265 3	1.340 1	1.418 5	1.500 7	1.586 9	1.677 1	1.771 6
9	7	1.072 1	1.148 7	1.229 9	1.315 9	1.407 1	1.503 6	1.605 8	1.713 8	1.828 0	1.948 7
10	8	1.082 9	1.171 7	1.266 8	1.368 6	1.477 5	1.593 8	1.718 2	1.850 9	1.992 6	2.143 6
11	9	1.101 8	1.110 0	1.120 0	1.130 0	1.141 1	1.152 9	1.165 7	1.179 5	1.194 3	1.210 3
12	10	1.115 8	1.116 8	1.117 8	1.118 9	1.120 2	1.121 5	1.122 9	1.124 4	1.126 1	1.127 8

图 3-12　复利终值系数表

（2）采用等差数列的输入方法，在单元格B2:K2中自动填入数值1~10，在单元格A3:A12中自动填入数值1~10。

（3）右键单击A2单元格，选择【设置单元格格式】命令，弹出图3-13所示的【设置单元格格式】对话框，单击其中的【边框】→【斜边框】，则可将A2单元格划分为右上、左下两部分，并输入年利率（%）、年份，用【Tab】键将其分布于右上与左下。

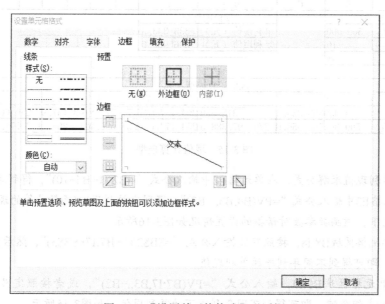

图 3-13　【设置单元格格式】对话框

（4）选取单元格区域B3:K12，输入公式"=FV(B2:K2/100,A3:A12,,-1)"，或者按照定义输入，然后按【Ctrl+Shift+Enter】组合键，即可得到不同年利率和计息年数下的复利终值系数表，如图3-12所示。在利用FV函数计算的情况下，该函数对话框中参数设置的情况如图3-14所示。单击工具栏中的【增加小数位数】或【减少小数位数】按钮，可调整需要的小数位数。

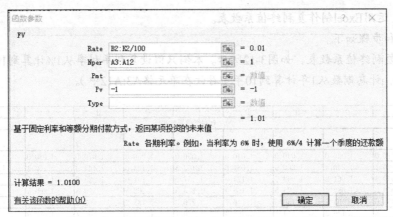

图 3-14　FV 函数对话框的参数设置

2. 现值的计算

【例3-4】　某企业希望10年后能够从银行取出500 000元用于购置设备,如果银行存款的年利率为5%,请分别计算在单利与复利计息的情况下,该企业应一次性存入银行多少资金?如果银行存款的年利率分别为6%、7%、8%、9%、10%、11%,复利计息,那么该企业现在应一次性存入银行多少资金?

具体计算步骤如下。

(1)设计现值计算模型,如图3-15所示。

	A	B	C	D	E	F	G	H	I
1	已知条件			现值的计算					
2	终值（元）	500 000		单利现值（元）	333 333.3				
3	期限（年）	10		复利现值（元）	306 956.6				
4	年利率	5%							
5									
6				现值计算模型（元）					
7	年利率	0	5%	6%	7%	8%	9%	10%	11%
8	单利现值	500 000	333 333.3	312 500	294 117.647	277 777.8	263 157.9	250 000	238 095.2
9	复利现值	500 000	306 956.6	279 197.388 5	254 174.646	231 596.7	211 205.4	192 771.6	176 092.2

图 3-15　现值计算模型

(2)根据单利现值求解公式,在单元格E2中输入公式"=B2/(1+B4*10)",得到单利现值。

(3)在单元格E3中输入公式"=PV(B4,B3,,-B2)",得到直接利用PV函数计算的现值。在利用PV函数计算的情况下,该函数参数对话框的设置情况如图3-16所示。

(4)选取单元格区域B8:I8,按照定义输入公式"=$B$2/(1+B7:I7*$B$3)",然后按【Ctrl+Shift+Enter】组合键,即可得到不同年利率的单利现值。

(5)选取单元格区域B9:I9,输入公式"=PV(B7:I7,B3,,-B2)",或者按照定义输入,然后按【Ctrl+Shift+Enter】组合键,即可得到不同年利率下的复利现值,如图3-15所示。

(6)选定单元格区域B8:I9,单击工具栏中的【增加小数位数】或【减少小数位数】按钮,调整需要的小数位数。

【例3-5】　运用Excel制作复利现值系数表。

具体方法和步骤如下。

(1)设计复利现值系数表,如图3-17所示。本例只假设复利年利率从1%计算到10%(存放在单元格B2:K2中),计息年数从1年计算到10年(存放在单元格A3:A12中)。

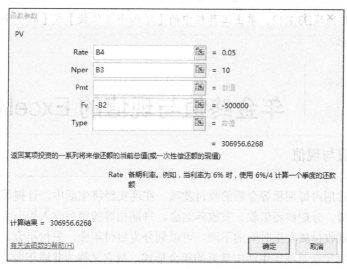

图 3-16　PV 函数对话框中的参数设置

	A	B	C	D	E	F	G	H	I	J	K
1		复利现值系数表									
2	年利率（%） 年份	1	2	3	4	5	6	7	8	9	10
3	1	0.990 1	0.9804	0.970 9	0.961 5	0.952 4	0.943 4	0.934 6	0.925 9	0.917 4	0.909 1
4	2	0.980 3	0.9612	0.942 6	0.924 6	0.907 0	0.890 0	0.873 4	0.857 3	0.841 7	0.826 4
5	3	0.970 6	0.9423	0.915 1	0.889 0	0.863 8	0.839 6	0.816 3	0.793 8	0.772 2	0.751 3
6	4	0.961 0	0.9238	0.888 5	0.854 8	0.822 7	0.792 1	0.762 9	0.735 0	0.708 4	0.683 0
7	5	0.951 5	0.9057	0.862 6	0.821 9	0.783 5	0.747 3	0.713 0	0.680 6	0.649 9	0.620 9
8	6	0.942 0	0.8880	0.837 5	0.790 3	0.746 2	0.705 0	0.666 3	0.630 2	0.596 3	0.564 5
9	7	0.932 7	0.8706	0.813 1	0.759 9	0.710 7	0.665 1	0.622 7	0.583 5	0.547 0	0.513 2
10	8	0.923 5	0.8535	0.789 4	0.730 7	0.676 8	0.627 5	0.582 0	0.540 3	0.501 9	0.466 5
11	9	0.914 3	0.8368	0.766 4	0.702 6	0.644 6	0.591 9	0.543 9	0.500 2	0.460 4	0.424 1
12	10	0.905 3	0.8203	0.744 1	0.675 6	0.613 9	0.558 4	0.508 3	0.463 2	0.422 4	0.385 5

图 3-17　复利现值系数表

（2）选取单元格区域B3:K12，输入公式"=PV(B2:K2/100,A3:A12,,-1)"，或者按照定义输入，然后按【Ctrl+Shift+Enter】组合键，即可得到不同年利率和计息年数下的复利现值系数表，如图3-17所示。在利用PV函数计算的情况下，该函数对话框中参数设置的情况如图3-18所示。

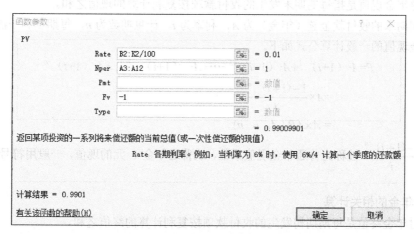

图 3-18　PV 函数对话框的参数设置

（3）选定单元格区域B3:K12，单击工具栏中的【增加小数位数】或【减少小数位数】按钮，调整需要的小数位数。

3.4

年金终值与现值的 Excel 模型

3.4.1　年金终值与现值

年金是指一定时期内每期相等金额的收付款项。在现实经济生活中，计提等额折旧、支付等额租金、分期付款购货、分期偿还借款、发放养老金、每期相等的销售收入等资金流动，都属于年金形式。年金按照每期收付款发生时间的不同，可以划分为后付年金、先付年金、递延年金和永续年金4种。其中，后付年金是现实生活中常见的年金形式，故它又称为普通年金，它强调收付款发生在每期期末的年金；先付年金，顾名思义，是指收付款发生在每期期初的年金，又称即付年金或预付年金；递延年金是指第1次收付款发生在第1期期末以后的某个时点上的年金，即第1次收付款的发生时点可在第2期期末、第3期期末……第 n 期期末，但不能在第1期期初，也不能在第1期期末；永续年金是指收付款无限期发生的年金，即 $n\to\infty$ 时的年金。各年金相应的终值与现值计算方法如下。

1. 普通年金的相关计算

（1）普通年金终值是每期期末发生的收付款项按复利计算的终值之和。

假设每期期末的收付款金额（年金）为 A，利率为 i，计息期数为 n，每期复利一次。普通年金终值 F 可表示为如下形式。

$$F=A+A\cdot(1+i)^1+\cdots+A\cdot(1+i)^{n-4}+A\cdot(1+i)^{n-3}+A\cdot(1+i)^{n-2}+A\cdot(1+i)^{n-1}$$

$$=A\times\frac{(1+i)^n-1}{i}$$

$$=A\times(F/A,\ i,\ n)$$

式中，$\dfrac{(1+i)^n-1}{i}$ 被称为普通年金终值系数，或普通年金1元的终值，用符号 $(F/A,\ i,\ n)$ 表示。

（2）普通年金现值是指每期期末发生的收付款项按复利计算的现值之和。

假设每期期末的收付款金额（年金）为 A，利率为 i，计息期数为 n，每期复利一次。

普通年金现值的一般计算公式如下。

$$P=A\cdot(1+i)^{-1}+A\cdot(1+i)^{-2}+\cdots+A\cdot(1+i)^{-(n-1)}+A\cdot(1+i)^{-n}$$

$$=A\times\frac{1-(1+i)^{-n}}{i}$$

$$=A\times(P/A,\ i,\ n)$$

式中，$\dfrac{1-(1+i)^{-n}}{i}$ 被称为普通年金现值系数，或普通年金1元的现值，一般用符号 $(P/A,\ i,\ n)$ 表示。

2. 先付年金的相关计算

（1）先付年金终值是每期期初发生的收付款项按复利计算的终值之和。

先付年金终值的计算可以按照以下两种思路进行。

第一种思路是将其与普通年金终值对比，在普通年金终值的基础上，先付年金终值系数中的期数加 1，系数值减 1，因此

$$F=A\times[(F/A, i, n+1)-1]$$

第二种思路则是将先付年金终值的计算转化为已知每期期末发生 $A\times(1+i)$ 元年金，求其终值的问题。其计算公式如下。

$$F=A\times(F/A, i, n)\times(1+i)$$

（2）先付年金现值是每期期初发生的收付款项按复利计算的现值之和。与先付年金终值的计算相同，先付年金现值的计算也有两种思路。

第一种思路是按先付年金现值等于每期期初收付款项的复利现值之和推算，其是在普通年金现值的基础上，期数减 1，系数值加 1，公式如下。

$$P=A\times[(P/A, i, n-1)+1]$$

第二种思路则是将先付年金转化为普通年金，再利用普通年金现值的计算公式进行计算。即每期期初发生的先付年金 A 同每期期末发生的普通年金 $A(1+i)$ 的经济效果相同，所以计算预付年金 A 的现值同计算普通年金 $A(1+i)$ 的现值相同。根据普通年金现值的计算公式可得

$$P=A\times(P/A, i, n)\times(1+i)$$

3. 递延年金

递延年金是指第 1 次收付款发生在第一期期末以后的某个时点上的年金。即第 1 次收付款的发生时点可在第 2 期期末、第 3 期期末……第 n 期期末，但不能在第 1 期期初，也不能在第 1 期期末。

递延年金的现值的计算方法较多，常用的有以下 2 种。

（1）假设递延期也有年金收付，先求出（$m+n$）期的年金现值，再扣除实际未收付的递延期（m）的年金现值。其计算公式如下。

$$P=A\times(P/A, i, m+n)-A\times(P/A, i, m)$$

（2）先将递延年金视为普通年金，求出递延期期末的现值，再将此现值调整到第 1 期期初。其计算公式如下。

$$P=A\times(P/A, i, n)(P/F, i, m)$$

4. 永续年金

永续年金没有终止的时间，因此没有终值。永续年金现值的计算公式可以通过普通年金现值的计算公式推导得到：

$$P=A\cdot\lim_{n\to\infty}\frac{1-(1+i)^{-n}}{i}=\frac{A}{i}$$

3.4.2 年金终值与现值的模型设计

年金的 Excel 模型是基于固定利率与等额分期付款方式，返回某项年金的终值与现值的计算。这里，主要用到的函数工具有 FV、PV 函数以及数组公式等。

1. 普通年金终值

【例3-6】 假设从2014年年初开始，X公司在每年年末到某银行存款24 000元，年利率均为4%，到2019年年初时，此存款的本利和为多少？

具体操作步骤如下。

（1）按照题目已知条件先构建图3-19所示的普通年金终值模型。

（2）选定计算此存款的本利和所使用的单元格E2，从列表中选择【FV】函数，弹出图3-20所示的FV函数参数对话框。在对话框中输入年利率（Rate）"B4"、付款期数（Nper）"B3"和每年分期

付款额（Pmt）"-B2"，不输入现值（PV）表示现值为0，不输入年金类型（Type）表示为期末（即年末）存款。

	A	B	C	D	E
1	已知条件			终值的计算	
2	存款金额(元)	24 000		年金终值（元）	129 991.74
3	存款期限（年）	5			
4	年利率	4%			

图 3-19　年金终值的计算

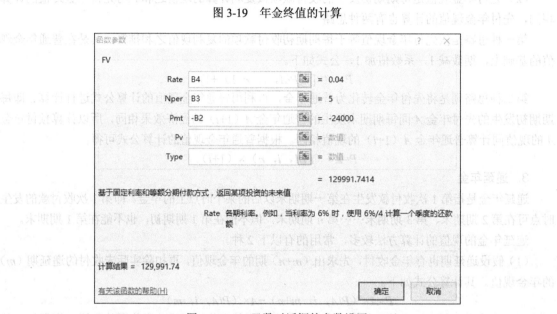

图 3-20　FV 函数对话框的参数设置

（3）单击【确定】按钮，则单元格中显示该项存款5年后的本利和为129 991.74元。

【例3-7】　利用Excel 制作年金终值系数表。

具体操作步骤如下。

（1）设计表格结构，如图3-21所示。

	A	B	C	D	E	F	G	H	I	J	K
1	年金终值系数表										
2	年利率(%)＼年份	1	2	3	4	5	6	7	8	9	10
3	1	1.000 0	1.000 0	1.000 0	1.0000	1.000 0	1.000 0	1.000 0	1.000 0	1.000 0	1.000 0
4	2	2.010 0	2.020 0	2.030 0	2.0400	2.050 0	2.060 0	2.070 0	2.080 0	2.090 0	2.100 0
5	3	3.030 1	3.060 4	3.090 9	3.1216	3.152 5	3.183 6	3.214 9	3.246 4	3.278 1	3.310 0
6	4	4.060 4	4.121 6	4.183 6	4.2465	4.310 1	4.374 6	4.439 9	4.506 1	4.573 1	4.641 0
7	5	5.101 0	5.204 0	5.309 1	5.4163	5.525 6	5.637 1	5.750 7	5.866 6	5.984 7	6.105 1
8	6	6.152 0	6.308 1	6.468 4	6.6330	6.801 9	6.975 3	7.153 3	7.335 9	7.523 3	7.715 6
9	7	7.213 5	7.434 3	7.662 5	7.8983	8.142 0	8.393 8	8.654 0	8.922 8	9.200 4	9.487 2
10	8	8.285 7	8.583 0	8.892 3	9.2142	9.549 1	9.897 5	10.259 8	10.636 6	11.028 5	11.435 9
11	9	9.368 5	9.754 6	10.159 1	10.5828	11.026 6	11.491 3	11.978 0	12.487 6	13.021 0	13.579 5
12	10	10.462 2	10.949 7	11.463 9	12.0061	12.577 9	13.180 8	13.816 4	14.486 6	15.192 9	15.937 4

图 3-21　年金终值系数表

（2）选取单元格区域B3:K12，输入公式"=FV(B2:K2/100,A3:A12,-1)"（数组公式输入），即可

得到利用函数FV制作的年金终值系数表。年金终值系数反映了1元年金的终值，故此处FV函数中参数Pmt的取值为-1，负号表示年金现金流方向与终值方向相反。

如果在输入公式的过程中使用FV函数，则该对话框中有关参数设置的情况如图3-22所示。

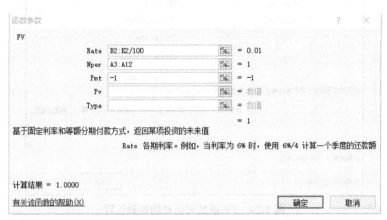

图 3-22　FV 函数对话框中的参数设置

2. 普通年金现值

【例3-8】　某企业打算在今后的4年中每年等额从银行取出50 000元，在银行按4%的年利率复利计息的情况下，现在应一次性存入银行多少钱？如果该企业分别准备在未来的5年、6年、7年、8年、9年、10年等额从银行取出50 000元，则现在应一次性分别存入银行多少钱？

具体操作步骤如下。

（1）设计计算的表格结构，如图3-23所示。

	A	B	C	D	E	F	G	H	I
1	已知条件								
2	普通年金（元）	50 000							
3	年金的期限（年）	4							
4	年利率	4%							
5	计算结果								
6	年金现值（元）	181 494.76							
7									
8	不同期限下的普通年金现值								
9	年金的期限	0	4	5	6	7	8	9	10
10	年金现值（元）	0	181 494.8	222 591.1	262 106.8	300 102.7	336 637.2	371 766.6	405 544.8

图 3-23　普通年金现值的计算

（2）在单元格B6中输入公式"=PV(B4,B3,-B2)"，得到年金现值的计算结果。如果在输入公式的过程中使用PV函数，则该函数对话框中的参数设置情况如图3-24所示。

（3）选取单元格区域B10:I10，输入公式"=PV(B4,B9:I9,-B2)"或者按照定义输入，然后按【Ctrl+Shift+Enter】组合键，即可得到不同期限情况下的年金计算结果，如图3-23所示。在利用PV函数计算的情况下，该函数对话框中参数设置的情况如图3-25所示。

【例3-9】　利用Excel 制作年金现值系数表。

具体分析步骤如下。

（1）设计表格结构，如图3-26所示。

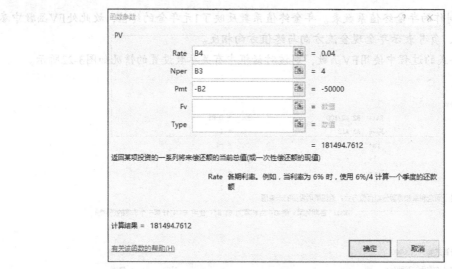

图3-24 PV函数对话框的参数设置

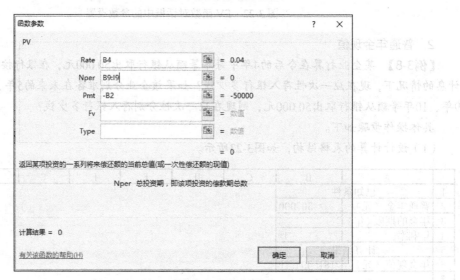

图3-25 PV函数对话框的参数设置

	A	B	C	D	E	F	G	H	I	J	K
1		年金现值系数表									
2	年利率(%) 年份	1	2	3	4	5	6	7	8	9	10
3	1	0.990 1	0.980 4	0.970 9	0.961 5	0.952 4	0.943 4	0.934 6	0.925 9	0.917 4	0.909 1
4	2	1.970 4	1.941 6	1.913 5	1.886 1	1.859 4	1.833 4	1.808 0	1.783 3	1.759 1	1.735 5
5	3	2.941 0	2.883 9	2.828 6	2.775 1	2.723 2	2.673 0	2.624 3	2.577 1	2.531 3	2.486 9
6	4	3.902 0	3.807 7	3.717 1	3.629 9	3.546 0	3.465 1	3.387 2	3.312 1	3.239 7	3.169 9
7	5	4.853 4	4.713 5	4.579 7	4.451 8	4.329 5	4.212 4	4.100 2	3.992 7	3.889 7	3.790 8
8	6	5.795 5	5.601 4	5.417 2	5.242 4	5.075 7	4.917 3	4.766 5	4.622 9	4.485 9	4.355 3
9	7	6.728 2	6.472 0	6.230 3	6.002 1	5.786 4	5.582 4	5.389 3	5.206 4	5.033 0	4.868 4
10	8	7.651 7	7.325 5	7.019 7	6.732 7	6.463 2	6.209 8	5.971 3	5.746 6	5.534 8	5.334 9
11	9	8.566 0	8.162 2	7.786 1	7.435 3	7.107 8	6.801 7	6.515 2	6.246 9	5.995 2	5.759 0
12	10	9.471 3	8.982 6	8.530 2	8.110 9	7.721 7	7.360 1	7.023 6	6.710 1	6.417 7	6.144 6

图3-26 年金现值系数表

（2）在单元格区域B3:K12中输入数组公式"=PV(B2:K2/100,A3:A12,-1)"，即可完成年金现值系数表的制作。年金现值系数反映了1元年金的现值，故此处PV函数的参数Pmt取值为-1，负号表示年金现金流方向与现值方向相反。

3．先付年金的终值与现值

【例3-10】　某人准备在今后的5年中每年年初等额存入银行8 000元钱，如果银行按4%的年利率复利计息，那么到第5年年末，此人可一次性从银行取出多少钱？

计算分析步骤如下。

（1）按题目已知条件，设计表格结构如图3-27所示。

（2）在单元格E2中输入公式"=FV(B3，B4，-B2,，1)"，得到先付年金的终值，即 5 年后此人可一次性从银行取出的金额为45 063.8元。

	A	B	C	D	E
1	已知条件			计算结果	
2	年金（元）	8 000		先付年金终值（元）	45 063.80
3	年利率	4%			
4	期限（年）	5			

图 3-27　先付年金终值的计算

此处，FV函数对话框中的参数设置情况如图3-28所示。这里FV函数的参数Pv省略，Type为1，表示为先付年金。

图 3-28　FV 函数对话框中的参数设置

【例3-11】　某企业准备在今后的5年期限内租用一台设备，按租赁合同的约定每年年初需支付租金80 000元钱，若折现率为10%，那么全部租金的现值是多少？

计算分析步骤如下。

（1）按题目已知条件，设计表格结构如图3-29所示。

	A	B	C	D	E
1	已知条件			计算结果	
2	年金（元）	80 000		先付年金现值（元）	333 589.24
3	年利率	10%			
4	期限（年）	5			

图 3-29　先付年金现值的计算

（2）在单元格E2中直接输入公式"=PV(B3,B4,-B2,,1)"，或者单击E2单元格，单击工具栏中的

【公式】→【插入函数】，弹出PV函数对话框，如图3-30所示，输入各个参数，其中Type参数输入"1"，表示为先付年金。最终，先付年金的现值，即全部租金的现值为333 589.24元。

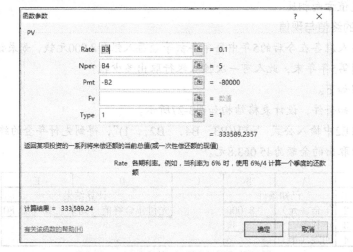

图 3-30　PV 函数对话框中的参数设置

4. 递延年金的终值与现值

【例3-12】　假设王先生希望在8年后，女儿念大学的4年期间，每年能够从银行等额取出10 000元钱，如果银行存款的年率为4%，且复利计息，那么王先生现在应当一次性存入银行多少钱？

计算分析步骤如下。

（1）按照题目已知条件，首先设计递延年金的现值计算模型，如图3-31所示。其中，年金年限在此例中为4年，递延期应为8年。

（2）递延年金的现值计算有两种方法。在单元格D2中输入公式"=PV(B5,B3+B4,-B2)-PV(B5,B4,-B2)"，得到第1种方法下的递延年金现值。

（3）在单元格D3中输入公式"=PV(B5,B3,-B2)/(1+B5)^B4"，得到先付年金在递延期末现值，再将其贴现到现在时点的价值；

（4）方法下的递延年金现值的计算结果是一样的，即此人现在应当一次性存入银行的金额为26 523.29元。

	A	B	C	D
1	已知条件		递延年金的现值计算	
2	年金（元）	10 000	现值（元）	26 523.29
3	年金期限（年）	4	现值（元）	26 523.29
4	递延期（年）	8		
5	年利率	4%		

图 3-31　递延年金现值的计算

3.5 时间价值变量系统的 Excel 模型

3.5.1　年金、期数、利率

在资金时间价值的计算过程中，我们有时需要在已知年金现值、年金终值、利率、期数的情况下，求解年金。其中，如果已知年金终值，求每期期末应收或应付资金的数额，我们称为偿债基金；而为使年金现值达到既定金额，求每期期末应收或应付的资金数额则为求解资本回收额。

偿债基金的计算公式如下。

$$A = F \times \frac{i}{(1+i)^n - 1} = F \times (A/F, i, n)$$

式中，$\frac{i}{(1+i)^n - 1}$ 被称为偿债基金系数，用符号 $(A/F, i, n)$ 表示，显然，它是普通年金终值系数的倒数。

投资回收额的计算公式为：

$$A = P \times \frac{i}{1 - (1+i)^{-n}} = P \times (A/P, i, n)$$

式中，$\frac{i}{1 - (1+i)^{-n}}$ 被称为投资回收系数，用符号 $(A/P, i, n)$ 表示。它是普通年金现值系数的倒数，可根据普通年金现值系数经过处理而得到。

在求解年金的过程中，每年的等额收付款项中，一部分是利息，另一部分是本金，这两部分值很难通过普通运算求得，但通过 Excel 的 PPMT 和 IPMT 函数则可以轻易实现。

除了年金，在求解资金时间价值的过程中，我们经常也会碰到在已知现值、终值、年金、期限等条件下，求解未知利率的业务情境。或者，已知现值、终值、年金、利率等条件下，求解期限的业务情境。利率是资金增值的标准。在理论上，它是资金的增值额与投入本金之比；在实践中，它是预先规定的。期数即计息期数，是资金增值的时间限度，可以以"年"为单位，也可以以"月"为单位，还可以以"天"为单位，常用 n 表示。求解利率与期数也可以通过 Excel 相关函数与工具轻松实现。

3.5.2 时间价值变量系统的模型设计

时间价值变量系统中 Excel 模型的构建主要涉及等额年金、年金中本金与利息部分的计算、利率的计算以及期数的计算。在计算过程中，此处用到的函数有 PMT、PPMT、IPMT、RATE、NPER 等，用到的工具和方法有相对引用、绝对引用、数组公式和单变量求解工具等。

1. 等额还款额的计算

【例3-13】张先生新近贷款买了一套房子，从银行获得了一笔50万元贷款，年利率为7%，贷款期为10年。问：若张先生与银行约定，每月月末等额还款，每期应偿还多少？如果每月月初等额还款，每期应偿还多少？

（1）根据已知条件，首先设计等额还款额的计算模型，如图3-32所示。其中，根据题意，月利率为7%/12，贷款期限为12×10。

（2）在单元格D2中输入公式"=PMT(B3,B4,-B2)"，得到每月月末应等额还款的金额。在单元格D3中输入公式"=PMT(B3,B4,-B2,1)"，得到每月月初应等额还款的金额。

	A	B	C	D
1	已知条件		计算结果	
2	年金现值（元）	500 000	等额年金月末（元）	5 805.42
3	月利率	0.58%	等额年金月初（元）	5 771.76
4	贷款期限（月）	120		

图 3-32 等额年金的计算

其中，在单元格D2中输入的PMT函数对话框中参数的设置情况，如图3-33所示。

图 3-33 PMT 函数参数对话框中的参数设置

（3）因此，由计算结果可知，如果每月月末等额还款，则还款额为5 805.42元，如果每月月初等额还款，则还款额变为5 771.76元。

2. 等额还款额中本金与利息的计算

【例3-14】 在【例3-13】的基础上，请计算张先生在每月月末偿还贷款的条件下，第1年每月偿还的贷款额以及还款额中本金和利息的数额。

具体计算过程如下。

（1）设计表格结构，如图3-34所示。

	A	B	C	D
1		已知条件		
2	贷款额（元）	月利率	期限	
3	500 000	0.58%	120	
4				
5		还本付息计划模型（元）		
6	月	每期等额还款额	支付本金	支付利息
7	1	5 805.42	2 888.76	2 916.67
8	2	5 805.42	2 905.61	2 899.82
9	3	5 805.42	2 922.56	2 882.87
10	4	5 805.42	2 939.61	2 865.82
11	5	5 805.42	2 956.75	2 848.67
12	6	5 805.42	2 974.00	2 831.42
13	7	5 805.42	2 991.35	2 814.07
14	8	5 805.42	3 008.80	2 796.62
15	9	5 805.42	3 026.35	2 779.07
16	10	5 805.42	3 044.00	2 761.42
17	11	5 805.42	3 061.76	2 743.66
18	12	5 805.42	3 079.62	2 725.80

图 3-34 还本付息计划模型

（2）选取单元格区域B7:B18，选择【公式】→【插入函数】，选择插入PMT函数，在PMT函数

对话框中输入相关参数，如图3-35所示，然后按【Ctrl+Shift+Enter】组合键。或直接在单元格区域
B7:B18中输入数组公式"=PMT(B3,C3,−A3)"，即得到各年等额还款的数额。

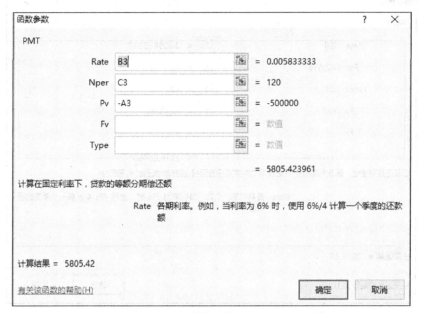

图 3-35　PMT 函数参数对话框中各参数的设置

（3）选取单元格区域C7:C18，插入 PPMT函数，在PPMT函数对话框中输入相关参数，如图3-36
所示，然后按【Ctrl+Shift+Enter】组合键。或直接在单元格区域 C7:C18 中输入公式
"=PPMT(B3,A7:A18,C3,−A3)"。即得到各年的本金支付额。

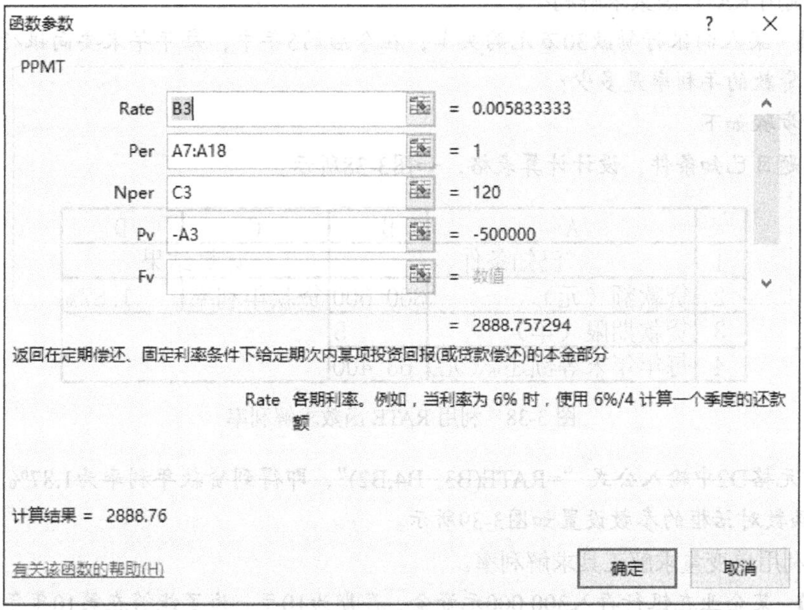

图 3-36　PPMT 函数参数对话框中参数的设置

（4）选取单元格区域D7:D18，在IPMT函数对话框中输入相关参数，如图3-37所示。然后按
【Ctrl+Shift+Enter】组合键，或直接在单元格区域 D7:D18 中输入数组公式"=IPMT(B3,A7:

A18,C3,-A3)",即得到各年的利息偿还额。

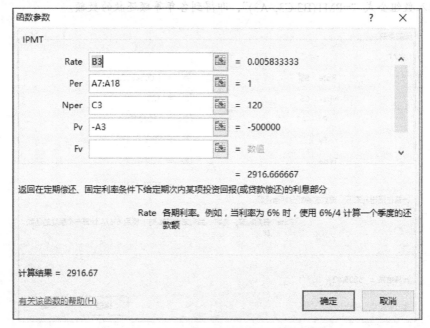

图 3-37　IPMT 函数参数对话框中参数的设置

（5）计算结果如图3-34所示。

3. 利率的计算

利率的计算可以借助 Excel 的有关函数或单变量求解工具来实现。

方法1：利用 RATE 函数求解利率。

【例3-15】　某人向银行贷款30万元购买车，在今后的5年中，每年年末要向银行等额还款6.34万元，问银行贷款的年利率是多少？

计算分析步骤如下。

（1）按照题目已知条件，设计计算表格，如图3-38所示。

	A	B	C	D
1	已知条件		计算结果	
2	贷款额（元）	300 000	贷款年利率	1.87%
3	贷款期限（年）	5		
4	每年年末等额还款(元)	63 400		

图 3-38　利用 RATE 函数求解利率

（2）在单元格D2中输入公式"=RATE(B3,-B4,B2)"，即得到贷款年利率为1.87%。单元格D2中插入的RATE函数对话框的参数设置如图3-39所示。

方法2：利用单变量求解工具求解利率。

【例3-16】　某企业在银行存入300 000元资金，存期为10年。为了能够在第10年年末从银行取出400 000元钱，存款的年利率应该是多少？

具体计算步骤如下。

（1）设计计算表格，如图3-40所示。

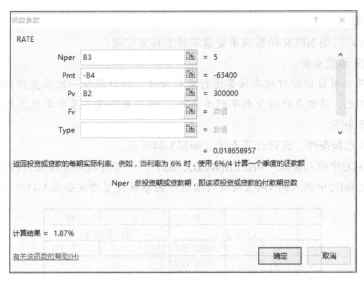

图 3-39　RATE 函数对话框的参数设置

	A	B	C	D
1	已知条件		计算结果	
2	贷款现值（元）	300 000	贷款年利率	
3	贷款期限（年）	10		
4	10年后终值	=FV(D2,B3,,-B2)		

图 3-40　单变量求解工具表格的设计

（2）在单元格B4中输入计算第10年年末本利和的公式"=FV(D2,B3,,-B2)"。

（3）在【数据】功能组单击【模拟分析】→【单变量求解】命令，系统会弹出【单变量求解】对话框，在该对话框的【目标单元格】栏中输入"$B$4"，在【目标值】栏中输入"400 000"，在【可变单元格】栏中输入"$D$2"，如图3-41所示。

（4）单击【确定】按钮，系统会弹出【单变量求解状态】对话框，并在该对话框上显示出目标值和当前解，如图3-42所示。

图 3-41　【单变量求解】对话框中参数的设置

图 3-42　【单变量求解状态】对话框

（5）单击【确定】按钮，单变量求解的结果会显示在可变单元格D2和目标单元格B4中，如图3-43所示。

	A	B	C	D
1	已知条件		计算结果	
2	贷款现值（元）	300 000	贷款年利率	2.92%
3	贷款期限（年）	10		
4	10年后终值	400 000		

图 3-43　单变量求解结果

4. 期数的计算

期数的计算可以借助 NPER 函数或单变量求解工具来实现。

方法1：NPER 函数求解。

【例3-17】 某公司目前拟对现有设备进行更新改造，预计现在一次性支付100万元，可使公司每年成本节约10万元。若现在银行复利年利率为7%，这项更新设备至少要使用几年才合算？

计算分析步骤如下。

（1）根据题目已知条件，设计计算表格，如图3-44所示。

（2）在单元格D2中输入公式"=NPER(B4,B3,-B2)"，即可得到计算结果为17.79年，如图3-44所示。其中，在单元格D2中插入的NPER函数对话框中的参数设置情况如图3-45所示。

	A	B	C	D
1	已知条件		计算结果	
2	现值（元）	1 000 000	期限（年）	17.79
3	年金（元）	100 000		
4	年利率	7%		

图 3-44 利用 NPER 函数求解期限

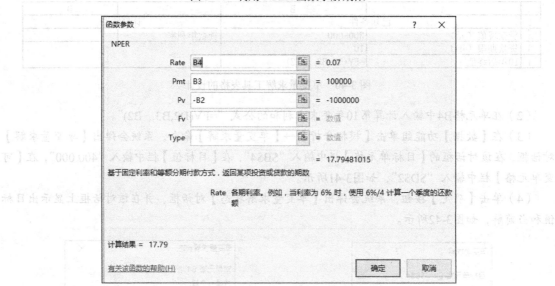

图 3-45 NPER 函数对话框中参数的设置

方法2：利用单变量求解工具求解期限。

【例3-18】 某人准备在未来的若干年内每年年末等额存入银行20 000元，假定存款的年利率为5%，复利计息，如果此人希望到期一次性从银行取出150 000元钱，他至少应连续存几年？

具体计算步骤如下。

（1）如图3-46所示，首先设计单变量求解工具表格。

	A	B	C	D
1	已知条件		计算结果	
2	每年等额存款（元）	20 000	期限（年）	
3	年利率	5%	到期存款（元）	
4	到期存款（元）	150 000		

图 3-46 单变量求解工具表格的设计

（2）在单元格D3中输入公式"=FV(B3,D2,-B2)"，计算到期取款的终值。

（3）单击【数据】→【模拟运算】→【单变量求解】命令，在系统弹出的【单变量求解】对话框中，将目标单元格设置为"$D$3"，将目标值设置为"150 000"，将可变单元格设置为"$D$2"，如图3-47所示。

（4）单击【确定】按钮，系统会弹出【单变量求解状态】对话框，如图3-48所示。

（5）单击【确定】按钮，则在单元格D2中得到求解的结果为至少连续存款6.53年，如图3-49所示。

图 3-47 【单变量求解】对话框

图 3-48 【单变量求解状态】对话框

	A	B	C	D
1	已知条件		计算结果	
2	每年等额存款（元）	20 000	期限（年）	6.53
3	年利率	5%	到期存款（元）	150 000.00
4	到期存款（元）	150 000		

图 3-49 单变量求解结果

实践练习题

1．某人出国3年，请你代付房租，每年年初租金为10 000元，设银行存款利率为10%，他应该现在为你在银行存入多少钱？

2．某人在银行存入50 000元，按利率10%计息，若每年年末从银行取出12 500元，求最后一次取款的时间。

3．你现在有50 000元，打算2年后买入一辆68 500元的车，如果你每年储蓄能赚得9%的收益，并且该汽车价格不变的话，你的钱是否能到期购买该汽车？

4．有一项年金，前3年无流入，后5年每年年末流入500万元，假设年利率为10%，计算其现值。

5．制作年数为1～20年、利率为1%～15%的复利终值系数表。

6．制作年数为1～20年、利率为1%～15%的年金现值系数表。

7．某公司拟购置一处房产，房主提出以下两种付款方案。

（1）从现在起，每年年初支付200 000万元，连续支付10次，共2 000 000万元。

（2）从第5年开始，每年年初支付250 000万元，连续支付10次，共2 500 000万元。

假设公司的资金成本率为10%，你认为公司应该选择哪种方案？

8．某公司2007年1月1日发行面值为1 000元、票面利率为10%的债券，该债券在2017年12

月 31 日到期。

问：（1）2012 年 1 月 1 日，投资者以 1 010 元的价格购买，一次还本付息，单利计息，则市场利率是多少时，该项投资的收益是零？

（2）其他条件同上，分期付息，每年年末付息一次，则市场利率是多少时，该项投资的收益是零？

9．你从银行借款 100 000 元用于购买汽车，期限为 5 年，利率为 9%。如果合同中约定借款人采用等额本金方式偿还贷款，即每期偿还的本金相同，试编制一张分期还款时间表；如果合同中约定借款人采用等额（等本息）方式偿还贷款，试编一张分期还款时间表。

10．某人准备做一笔投资，在今后的 10 年中，每年年末投入 2.5 万元，预计第 10 年年末获得 35 万元。问投资收益率应该为多少？

11．某公司拟购置一套新设备，预计现在一次支付 100 万元，可使公司每年成本节约 15 万元。若现在银行年利率为 5%，则这项新设备至少要使用几年才合算？

财务分析与评价的 Excel 建模

本章提要

财务分析与评价在企业的财务管理工作中具有承上启下的作用，是评价企业财务状况及经营业绩的重要依据。本章，我们将围绕企业财务分析的意义、财务分析与评价的基础报表、财务比率分析（包括偿债能力、营运能力、盈利能力和发展能力等4大比率分析）、财务比较分析以及财务的综合分析评价来进行简要论述，并在此理论基础上，选取XSH公司3大报表，对其进行财务比率分析、财务比较分析、财务综合分析等模型的构建。

学习目标

- 掌握IF函数的应用；
- 掌握ABS函数的应用；
- 掌握财务比率分析模型的构建；
- 掌握财务比较分析模型的构建；
- 掌握杜邦财务分析模型的构建；
- 掌握沃尔比重分析模型的构建。

4.1 财务分析与评价概述

要正确评价一个企业的财务状况及其成因，科学预测企业未来的发展趋势，并为财务预算的编制以及未来的财务管理提供借鉴，财务分析是必不可少的。财务分析以财务报告为基础，日常核算资料只作为财务分析的一种补充资料。财务报告是企业向政府部门、投资者、债权人等与本企业有利害关系的组织或个人提供的，反映企业在一定时期内的财务状况、经营成果以及影响企业未来经营发展的重要经济事项的书面文件。企业的财务会计报告由会计报表、会计报表附注和财务情况说明书组成（不要求编制和提供财务情况说明书的企业除外）。下面，主要介绍财务分析常用的3张基本会计报表：资产负债表、利润表和现金流量表。

1. 资产负债表

资产负债表是反映企业某一定日期（年末、季末、月末）全部资产、负债和所有者权益情况的会计报表。资产负债表中的资产项目显示了企业拥有的各种经济资源及其分布；负债项目显示了企业应承担的债务的不同偿还期限，可据以了解企业面临的财务风险；所有者权益项目显示了企业投资者对本企业资产所持有的权益份额。具体如表4-1所示。

2. 利润表

利润表也称损益表，是反映企业在一定期间生产经营成果的财务报表。利润表是以"利润=收入-费用"这一会计等式为依据编制而成的。利润表中的收入主要包括主营业务收入（产品销售收入）、其他业务收入、投资收益以及营业外收入。利润表中的费用支出主要包括营业成本、销售费用、管理费用、财务费用、税金及附加、其他业务支出、投资损失以及营业外支出等。总收入减去总费用就是利润总额。具体如表 4-2 所示。

表 4-1 　　　　　　　　　　　　　　　　XSH 公司近 3 年的资产负债表 　　　　　　　　　　　　　　单位：万元

项目	2017 年年末	2016 年年末	2015 年年末	项目	2017 年年末	2016 年年末	2015 年年末
货币资金	118 741	80 538	99 575	短期借款	46 178	135 429	56 600
交易性金融资产	0	0	50	应付账款	85 712	48 999	77 541
应收账款净额	30 230	35 589	33 912	预收账款	54 432	17 925	47 771
其他应收款	13 989	12 161	12 394	应付福利费	1 808	1 676	2 878
预付账款	12 842	7 002	1 776	应付股利	12 619	12 619	11 357
存货	597 617	470 862	345 888	应交税金	8 055	9 754	8 192
一年内到期的非流动资产	492	242	294	其他应付款	25 810	22 181	24 922
流动资产合计	773 910	606 393	493 889	一年内到期的非流动负债	77 922	56 084	23 918
长期股权投资	6 453	8 230	9 577	流动负债合计	312 537	304 667	253 179
固定资产原值	50 113	42 186	52 666	长期借款	16 000	26 100	8 000
减：累计折旧	14 727	12 139	14 801	应付债券	151 234	0	0
固定资产减值准备	521	1 215	2 131	其他长期负债	3 695	5 034	4 390
固定资产净值	34 866	28 831	35 734	长期负债合计	170 930	31 134	12 390
在建工程	0	2 162	0	负债合计	483 467	335 801	265 569
固定资产合计	34 866	30 993	35 734	股本	63 097	63 097	63 097
无形资产	6 353	2 675	13 796	资本公积	143 544	143 541	143 541
非流动资产合计	47 672	41 898	59 107	盈余公积	130 247	105 390	82 912
				未分配利润	1 227	462	-2 124
				股东权益合计	338 116	312 490	287 427
资产总计	821 582	648 291	552 996	负债及股东权益总计	821 582	648 291	552 996

表 4-2 　　　　　　　　　　　　　　　　XSH 公司近 3 年的利润表 　　　　　　　　　　　　　　单位：万元

项目	2017 年	2016 年	2015 年
营业总收入	490 436	445 506	378 367
其中：主营业务收入	490 436	445 506	378 367
减：主营营业成本	347 289	343 444	283 993
税金及附加	21 553	17 951	12 858
销售费用	12 660	27 363	29 358
管理费用	25 303	27 312	17 746
财务费用	1 902	1 328	1 040
加：投资收益	-580	19 831	1 213
公允价值变动损益	0	0	0
营业利润	81 149	47 938	34 585
加：营业外收入	774	1 848	2 385
减：营业外支出	1 049	1 150	801
利润总额	80 874	48 636	36 168
减：所得税	20 218	12 159	9 042
净利润	60 655	36 477	27 126
归属于母公司所有者的净利润	60 655	36 477	27 126
少数股东损益			
每股收益	0.61	0.36	0.27

3. 现金流量表

现金流量表是以现金和现金等价物为基础编制的，提供企业在某一特定期间内有关现金和现金等价物的流入和流出信息的报表。其中，现金包括企业的库存现金、银行存款和其他货币资金。现金等价物是指企业持有的期限短、流动性强、易于转换为已知金额现金、价值变动风险小的投资。具体如表 4-3 所示。

表 4-3　　　　　　　　　　　　XSH 公司近 3 年现金流量表　　　　　　　　　　　　　单位：万元

项目	2017 年	2016 年	2015 年
销售商品、提供劳务收到的现金	497 207	434 734	409 410
收到的税费返还	5 492	4 419	24 812
经营活动现金流入小计	502 699	439 153	434 222
购买商品、接收劳务支付的现金	386 968	470 334	331 654
支付给职工以及为职工支付的现金	24 899	24 903	20 249
支付的各项税款	45 302	35 120	43 687
支付的其他与经营活动有关的现金	32 645	29 250	30 027
经营活动现金流出小计	489 814	559 608	425 617
经营活动产生的现金流量净额	12 884	-120 455	8 605
收回投资所收到的现金	0	44 264	3 823
分得股利或利润所收到的现金	114	1 014	168
取得债券利息收入所收到的现金	1 082	750	1 102
处置固定资产、无形资产和其他长期资产收回的现金净额	1 475	698	464
投资活动现金流入小计	2 671	46 727	5 557
构建固定资产、无形资产和其他长期资产所支付的现金	5 181	3 016	6 304
权益性投资所支付的现金	860	8 695	2 900
支付的其他与投资活动有关的现金	0	12 195	0
投资活动现金流出小计	6 041	23 906	9 203
投资活动产生的现金流量净额	-3 370	22 821	-3 646
吸收权益性投资所收到的现金	1 000	200	62 538
发行债券所收到的现金	150 000	0	0
借款所收到的现金	266 300	316 200	185 300
筹资活动现金流入小计	417 300	316 400	247 838
偿还债务所支付的现金	365 730	219 400	215 723
发生筹资费用所支付的现金	3 168	29	111
分配股利或利润所支付的现金	12 619	11 334	9 922
偿付利息所支付的现金	7 090	7 039	4 868
筹资活动现金流出小计	388 608	237 803	230 624
筹资活动产生的现金流量净额	28 692	78 597	17 214
汇率变动对现金的影响	-5	0	-11
现金及现金等价物净增加值	38 207	-19 037	22 173

4.2 财务分析模型的相关函数

1. IF 函数

（1）用途。如果指定条件的计算结果为 TRUE，IF 函数将返回某个值；如果该条件的计算结果为 FALSE，则返回另一个值。例如，如果 A1 大于 10，公式"=IF(A1>10,"大于 10","不大于 10")"将返回"大于 10"，如果 A1 小于等于 10，则返回"不大于 10"。

（2）语法。

IF(logical_test, [value_if_true], [value_if_false])

（3）参数。

① logical_test，必需。计算结果可能为 TRUE 或 FALSE 的任意值或表达式。例如，A10=100 就是一个逻辑表达式；如果单元格 A10 中的值等于 100，表达式的计算结果为 TRUE；否则为 FALSE。此参数可使用任何比较运算符。

② value_if_true，可选。Logical_test 参数的计算结果为 TRUE 时所要返回的值。例如，如果此参数的值为文本字符串"预算内"，并且 logical_test 参数的计算结果为 TRUE，则 IF 函数返回文本"预算内"。如果 logical_test 的计算结果为 TRUE，并且省略 Value_if_true 参数（即 logical_test 参数后仅跟一个逗号），IF 函数将返回 0（零）。若要显示单词 TRUE，请对 Value_if_true 参数使用逻辑值 TRUE。

③ value_if_false，可选。logical_test 参数的计算结果为 FALSE 时所要返回的值。例如，如果此参数的值为文本字符串"超出预算"，并且 Logical_test 参数的计算结果为 FALSE，则 IF 函数返回文本"超出预算"。如果 Logical_test 的计算结果为 FALSE，并且省略 Value_if_false 参数（即 value_if_true 参数后没有逗号），则 IF 函数返回逻辑值 FALSE。如果 Logical_test 的计算结果为 FALSE，并且省略 Value_if_false 参数的值（即在 IF 函数中，Value_if_true 参数后没有逗号），则 IF 函数返回值 0（零）。

（4）说明。

① 最多可以使用 64 个 IF 函数作为 value_if_true 和 value_if_false 参数的嵌套，以构造更详尽的测试。或者，若要测试多个条件，请考虑使用 LOOKUP、VLOOKUP、HLOOKUP 或 CHOOSE 函数。

② 如果 IF 的任意参数为数组，则在执行 IF 语句时，将计算数组的每一个元素。

2. ABS 函数

（1）用途。返回数字的绝对值，绝对值没有符号。

（2）语法。

ABS(number)

（3）参数。number，必需。需要计算其绝对值的实数。

4.3 财务比率分析的 Excel 模型

4.3.1 财务比率分析

财务比率分析是企业财务分析中最基本、最重要的分析方法。在企业财务分析中，需要计算和分析的基本财务比率有偿债能力比率、营运能力比率、盈利能力比率和企业发展能力比率。

1. 偿债能力比率

偿债能力是指企业偿还各种到期债务的能力。偿债能力分析是企业财务分析的一个重要方面，通过这种分析可以揭示企业的财务风险。企业财务管理人员、企业债权人及投资者都十分重视企业的偿债能力分析。偿债能力主要分短期偿债能力和长期偿债能力，具体比率有以下几种。

（1）短期偿债能力比率。

① 流动比率。流动比率是用比率形式反映的流动资产与流动负债之间的对比关系，说明企业的日常支付能力，其计算公式如下。

$$流动比率 = \frac{流动资产}{流动负债}$$

流动资产包括现金、短期投资、应收及预付款项、存货、待摊费用和一年内到期的长期债券投资，一般用资产负债表中的期末流动资产总额表示；流动负债主要包括短期借款、应付及预收款项、各种应交款项、一年内即将到期的长期负债等，通常用资产负债表中的期末流动负债总额表示。

② 速动比率。流动比率虽然可以用来分析流动资产总体的变现能力，但人们还希望能获得比流动比率更进一步反映有关企业变现能力的比率指标。这个指标就是速动比率。速动比率是企业流动资产中速动资产与流动负债的比率，其中，速动资产是流动资产减去存货、预付账款、一年内到期的非流动资产以及其他流动资产后的差额，其计算公式如下。

$$速动比率 = \frac{速动资产}{流动负债}$$

③ 现金比率。为了更稳健起见，我们还经常把有回收风险的应收账款和应收票据从速动资产中剔除，只计算现金及其等价物与流动负债的比率。现金及其等价物包括现金形式的货币资金以及交易性金融资产。这种比率为现金比率，其计算公式如下。

$$现金比率 = \frac{现金+交易性金融资产}{流动负债}$$

（2）长期偿债能力比率。长期偿债能力，是指企业偿付长期负债的能力。长期负债是期限在 1 年或一个营业周期以上的债务，主要有长期借款、长期应付债券、长期应付账款等。企业对长期债务的清偿义务包括两个方面：一是财务本金的偿还；二是债务利息的支付。因此，用于评价长期偿债能力的基本财务指标主要有资产负债率、股东权益比率、权益乘数和利息保障倍数。

① 资产负债率。资产负债率是企业在一定时点（通常为期末）的负债总额与资产总额的比率。资产负债率表示企业资产总额中债权人提供的资金所占的比重以及企业在清算时保护债权人利益的程度，反映了企业的资本结构。其计算公式如下。

$$资产负债率 = \frac{负债总额}{资产总额}$$

② 股东权益比率。股东权益比率是股东权益与资产总额的比率，表示企业资产总额中投资者投入的资金所占的比重。其计算公式如下。

$$股东权益比率 = \frac{股东权益总额}{资产总额}$$

该比率与资产负债率之和为 1。因此，该比率与资产负债率是此消彼长的关系，两者从不同的侧面反映了企业的长期财务状况。该比率越高，资产负债率越低，企业偿还长期债务的能力越强；

反之，企业偿还长期债务的能力越弱。

③ 权益乘数。权益乘数是股东权益比率的倒数，表示企业资产总额与股东权益总额的倍数关系。其计算公式如下。

$$权益乘数=\frac{资产总额}{股东权益总额}$$

④ 产权比率。产权比率是负责总额和股东权益总额的比率。一般来说，产权比率可反映股东所持股权是否过多，或者是否尚不够充分等情况，从另一个侧面表明企业借款经营的程度。其计算公式如下。

$$产权比率=\frac{负债总额}{股东权益总额}$$

⑤ 利息保障倍数。利息保障倍数是指企业息税前利润（Earnings Before Internest and Tax，EBIT）与利息费用的比率。其中，分母的利息费用不仅包括费用化利息，还包括资本化利息。该比率用于衡量企业偿付借款利息的能力，反映获利能力对债务偿付的保障程度，以利润表资料为依据。其计算公式如下。

$$利息保障倍数=\frac{息税前利润}{利息费用}$$

2. 营运能力比率

营运能力比率反映企业的资产管理能力，主要用来分析企业的资产管理水平。存货的积压状况、应收账款的回收天数、资产结构是否合理，都可以通过营运能力比率做出分析判断。在实务中，营运能力主要是计算存货周转率、应收账款周转率、流动资产周转率、固定资产周转率和总资产周转率。

（1）存货周转率。存货是指企业或商家在日常活动中持有以备出售的原料或产品、处在生产过程中的在产品、在生产过程或提供劳务过程中耗用的材料、物料等。存货周转率是企业一定时期的主营业务成本与平均存货之间的比率，也叫存货的周转次数。其计算公式如下。

$$存货周转率=\frac{主营业务成本}{存货平均余额}$$

$$存货平均余额=\frac{期初存货+期末存货^*}{2}$$

（2）应收账款周转率。应收账款是企业销售商品和提供劳务应向接受单位收取的款项。应收账款周转率是企业一定时期赊销收入净额与应收账款平均余额的比率，它反映了企业应收账款的周转速度。其计算公式如下。

$$应收账款周转率=\frac{赊销收入净额}{应收账款平均余额}$$

式中，

$$应收账款平均余额=\frac{期初应收账款+期末应收账款}{2}$$

（3）流动资产周转率。流动资产是指企业可以在一年或者超过一年的一个营业周期内变现或者运用的资产，是企业资产中必不可少的组成部分。流动资产周转率是用于衡量企业流动资产综合营

---

* 以下所有比率中涉及平均余额的，均为（期初余额+期末余额）/2。

运效率和变现能力的财务比率。其计算公式如下。

$$流动资产周转率 = \frac{主营业务收入}{流动资产平均余额}$$

（4）固定资产周转率。固定资产是指企业为生产产品、提供劳务、出租或者经营管理而持有的、使用时间超过 12 个月的、价值达到一定标准的非货币性资产，包括房屋、建筑物、机器、机械、运输工具以及其他与生产经营活动有关的设备、器具、工具等。固定资产周转率，也称固定资产利用率，是企业主营业务收入与固定资产平均余额的比率。其计算公式如下。

$$固定资产周转率 = \frac{主营业务收入}{固定资产平均余额}$$

（5）总资产周转率。总资产是指某一经济实体拥有或控制的、能够带来经济利益的全部资产。总资产由流动资产、长期投资、固定资产、无形资产和递延资产等构成。总资产周转率是指企业在一定时期主营业务收入同平均资产总额余额的比率。其计算公式如下。

$$总资产周转率 = \frac{主营业务收入}{总资产平均余额}$$

3. 盈利能力比率

盈利能力是指企业获取利润的能力，也称为企业的资金或资本增值能力，通常表现为一定时期内企业收益数额的多少及其水平的高低。对盈利能力进行分析时，一般只分析企业正常经营活动的盈利能力，不涉及非正常经营活动。盈利能力的指标主要包括销售毛利率、销售净利率、总资产报酬率、总资产净利率、净资产收益率。

（1）销售毛利率。销售毛利率是毛利润与销售收入的比率，即毛利占收入的百分比，体现了企业生产经营活动最基本的获利能力。毛利是指商业企业商品售价减去商品销售成本后的余额。其计算公式如下。

$$销售毛利率 = \frac{销售收入 - 销售成本}{销售收入}$$

在上市公司财务报表中，我们通常考察企业的主营业务毛利率，主营业务毛利率 =（主营业务收入 - 主营业务成本）/ 主营业务收入。

（2）销售净利率。销售净利率是指企业实现净利润与销售收入的对比关系，用以衡量企业在一定时期销售收入的获取能力，反映每 1 元销售收入带来的净利润的多少，表示销售收入的收益水平。其计算公式如下。

$$销售净利率 = \frac{净利润}{销售收入}$$

在上市公司报表中，主营业务净利率 = 净利润 / 主营业务收入。

（3）总资产报酬率。总资产报酬率又称资产所得率，是指企业一定时期内获得的报酬总额与资产平均总额的比率。它表示企业包括净资产和负债在内的全部资产的总体获利能力，用以评价企业运用全部资产的总体获利能力，是评价企业资产运营效益的重要指标。其计算公式如下。

$$总资产报酬率 =（利润总额 + 利息支出）/ 总资产平均余额$$
$$= 息税前利润 / 总资产平均余额$$

（4）总资产净利率。总资产净利率是企业一定时期内获得的净利润与总资产平均余额的比率。它是反映企业资产综合利用效果的指标，也是衡量企业利用债权人和所有者权益总额所取得盈利的重要指标。其计算公式如下。

$$总资产净利率 = \frac{净利润}{总资产平均余额}$$

（5）净资产收益率。净资产收益率就是从所有者权益的角度分析企业的获利能力，评价企业获利能力的一个重要财务比率。它反映权益资本中每1元所产生的盈利，表明企业股东获取投资报酬的高低。该比率越高，说明企业的获利能力越强。其计算公式如下。

$$净资产收益率 = \frac{净利润}{所有者权益平均余额}$$

4. 企业发展能力比率

企业发展能力是指企业扩大规模、壮大实力的潜在能力。分析发展能力比率主要考察以下5项指标：销售收入增长率、净利润增长率、总资产增长率、资本积累率和资本3年平均增长率。

（1）销售收入增长率。销售收入增长率是企业本年销售收入增长额与上年销售收入总额的比率，它是衡量企业成长状况和发展能力的重要标志。该比率越高，表明增长速度越快，企业的市场前景越好。其计算公式如下。

$$销售收入增长率 = \frac{销售收入增长额}{上年销售收入}$$

其中，销售收入增长额=本年销售收入总额-上年销售收入总额。

在上市公司报表中，我们一般分析主营业务收入增长率，其计算公式如下。

$$主营业务收入增长率 = \frac{主营业务收入增长额}{上年主营业务收入}$$

（2）净利润增长率。净利润增长率是企业本年净利润增长额与上年净利润的比率，该指标反映了企业净利润的增减情况。该比率也是正指标，其计算公式如下。

$$净利润增长率 = \frac{净利润增长额}{上年净利润}$$

其中，净利润增长额=本年净利润-上年净利润。

（3）总资产增长率。总资产增长率是企业本年总资产增长额同年初总资产的比率，反映企业本期资产规模的增长情况。该指标是从资产总量扩张方面衡量企业的发展能力的，表明企业规模增长水平对企业发展后劲的影响。其计算公式如下。

$$总资产增长率 = \frac{本年总资产增长额}{年初总资产}$$

其中，本年总资产增长额=年末总资产-年初总资产。

（4）资本积累率。资本积累率是指企业本年所有者权益增长额同年初所有者权益的比率，反映了企业当年自有资本的积累能力。一般来说，资本积累率越高，表明企业的资本积累越多，企业资本保全性越强，应付风险、持续发展的能力越大。其计算公式如下。

$$资本积累率 = \frac{本年所有者权益增长额}{年初所有者权益}$$

其中，本年所有者权益增长额=年末所有者权益总额-年初所有者权益总额。

（5）资本3年平均增长率。资本3年平均增长率表示企业资本连续3年的积累情况，在一定程度上反映了企业的持续发展水平和发展趋势。其计算公式如下。

$$资本3年平均增长率 = \sqrt[3]{\frac{年末所有者权益总额}{3年前年末所有者权益总额}} - 1$$

资本积累率指标有一定的滞后性，仅反映当期情况；为反映企业资本保全增值的历史发展情况，了解企业的发展趋势，需要计算连续几年的资本积累情况。该指标越高，表明企业所有者权益得到的保障程度越大，企业可以长期使用的资金越充裕，抗风险和连续发展的能力越强。

4.3.2　财务比率分析的模型设计

财务比率分析是在资产负债表、利润表和现金流量表综合起来的基础上，对企业的偿债能力、营运能力、盈利能力与发展能力进行分析，以完成对企业财务状况和经营成果的全面评价。下面我们将介绍如何在 Excel 上建立财务比率分析模型。

首先，在工作簿"财务分析模型.xls"上插入一个名为"财务比率分析模型"的工作表，如图 4-1 所示，设计该表中各项所需计算的内容，各财务比率指标的数值如图 4-1 所示。

	A	B	C	D
1	XSH 公司近3年的财务比率			
2	项目	2017 年	2016 年	2015 年
3	一、偿债能力比率			
4	1　流动比率	2.48	1.99	1.95
5	2　速动比率	0.52	0.42	0.58
6	3　现金比率	0.38	0.26	0.39
7	4　资产负债率	58.85%	51.80%	48.02%
8	5　股东权益比率	0.41	0.48	0.52
9	6　权益乘数	2.43	2.07	1.92
10	7　产权比率	1.43	1.07	0.92
11	8　利息保障倍数	43.51	37.63	35.77
12	二、营运能力比率			
13	1　存货周转率	0.65	0.84	0.82
14	2　应收账款周转率	14.90	12.82	11.16
15	3　流动资产周转率	0.71	0.81	0.77
16	4　固定资产周转率	14.89	13.35	10.59
17	5　总资产周转率	0.67	0.74	0.68
18	三、盈利能力比率			
19	1　主营业务销售毛利率	29.19%	22.91%	24.94%
20	2　主营业务销售净利率	12.37%	8.19%	7.17%
21	3　总资产报酬率	11.26%	8.32%	6.73%
22	4　总资产净利率	8.25%	6.07%	4.91%
23	5　净资产收益率	18.65%	12.16%	9.44%
24	四、发展能力比率			
25	1　主营业务销售收入增长率	10.09%	17.74%	—
26	2　净利润增长率	66.28%	34.47%	—
27	3　总资产增长率	26.73%	17.23%	—
28	4　资本积累率	8.20%	8.72%	—
29	5　资本 3年平均增长率	2.66%	—	—

图 4-1　XSH 公司近 3 年财务比率分析模型

表中各单元格的计算公式如下。

1. 偿债能力比率

偿债能力比率的计算可以采用数组公式来进行，也可以采用公式的相对引用来实现。此处，我们利用公式复制来求解。先输入单元格 B4:B11 中的公式，再将其复制到单元格 C4:C11 和单元格 D4:D11 中，从而计算出 2015～2017 年的各项偿债能力比率。

流动比率，单元格 B4 "=资产负债表!B10/资产负债表!F11"。

速动比率，单元格 B5 "=(资产负债表!B10-资产负债表!B7-资产负债表!B8-资产负债表!B9)/资产负债表!F11"。

现金比率，单元格 B6 "=(资产负债表!B3+资产负债表!B4)/资产负债表!F11"。

资产负债率，单元格 B7 "=资产负债表!F16/资产负债表!B22"。

股东权益比率，单元格 B8 "=资产负债表!F21/资产负债表!B22"。

产权比率，单元格 B10 "=资产负债表!F16/资产负债表!F21"。

权益乘数，单元格 B9= "资产负债表!B22/资产负债表!F21"。

利息保障倍数，单元格 B11 "=IF(利润表!B9<=0,"无意义",(利润表!B9+利润表!B15)/利润表!B9)"。由于利息保障倍数=息税前利润/利息费用，假如此处利息费用为负值，则该公式就无解。因此，这里单元格 B11 中用到了 IF 函数，此函数的意义为，假如利润表中利息费用的单元格 B9 为负值，则利息保障倍数的结果返回无意义，否则利用 "(利润表!B9+利润表!B15)/利润表!B9)" 来进行求解。

2. 营运能力比率

首先，在单元格 B13:B17 中输入下列相关公式，计算 2017 年的有关比率指标。然后将单元格 B13:B17 复制到单元格 C13:C17，从而计算出 2016 年的有关比率指标。当然，此处我们亦可以用数组公式来求解。

存货周转率，单元格 B13 "=利润表!B5/((资产负债表!B8+资产负债表!C8)/2)"。

应收账款周转率，单元格 B14 "=利润表!B3/((资产负债表!B5+资产负债表!C5)/2)"。

流动资产周转率，单元格 B15 "=利润表!B3/((资产负债表!B10+资产负债表!C10)/2)"。

固定资产周转率，单元格 B16 "=利润表!B3/((资产负债表!B17+资产负债表!C17)/2)"。

总资产周转率，单元格 B17 "=利润表!B3/((资产负债表!B22+资产负债表!C22)/2)"。

另外，在计算 2015 年营运能力指标时，由于该年年初数据缺失，因此，这里分母就只采用当年的数据，而不用年初与年末数据的平均值，具体计算公式如下。

存货周转率，单元格 D13 "=利润表!D5/资产负债表!D8"。

应收账款周转率，单元格 D14 "=利润表!D3/资产负债表!D5"。

流动资产周转率，单元格 D15 "=利润表!D3/资产负债表!D10"。

固定资产周转率，单元格 D16 "=利润表!D3/资产负债表!D17"。

总资产周转率，单元格 D17 "=利润表!D3/资产负债表!D22"。

3. 盈利能力比率

首先，在单元格 B19:B23 中输入下列相关公式，计算 2017 年的有关比率指标。然后，将单元格 B19:B23 复制到单元格 C19:C23，从而计算出 2016 年的有关比率指标。同理，将 2016 年的公式复制到单元格 D19:D23，求出 2015 年的有关指标。具体计算公式如下。

主营业务毛利率，单元格 B19 "=(利润表!B4-利润表!B5)/利润表!B4"。

主营业务净利率，单元格 B20 "=利润表!B17/利润表!B3"。

总资产报酬率，单元格 B21 "=(利润表!B15+利润表!B9)/((资产负债表!B22+资产负债表!C22)/2)"。

总资产净利率，单元格 B22 "=利润表!B17/((资产负债表!B22+资产负债表!C22)/2)"。

净资产收益率，单元格 B23 "=利润表!B17/((资产负债表!F21+资产负债表!G21)/2)"。

4. 发展能力比率

首先，在单元格 B25:B28 中输入下列相关公式，计算 2017 年的有关比率指标。然后，将单元格 B25:B28 复制到单元格 C25:C28，从而计算出 2016 年的有关比率指标。由于 2015 年的年初数据缺失，故这里该年的主营业务收入增长率、净利润增长率等无法计算。另外，资本 3 年增长率只有 2017 年可算，2015~2016 年由于数据不足无法计算。

主营业务收入增长率，单元格 B25 "=(利润表!B3-利润表!C3)/利润表!C3"。

净利润增长率，单元格 B26 "=(利润表!B17-利润表!C17)/利润表!C17"。

总资产增长率，单元格 B27 "=(资产负债表!B22-资产负债表!C22)/资产负债表!C22"。

资本积累率，单元格 B28 "=(资产负债表!F21-资产负债表!G21)/资产负债表!G21"。

资本 3 年增长率，单元格 B29 "=(资产负债表!F21/资产负债表!G21)^(1/3)-1"。

5. 财务比率综合分析

通过前述方法，我们得到 XSH 公司近 3 年的财务比率指标。由此，我们可以较为全面地了解该公司的财务状况和经营成果。如图 4-2 所示，该公司的偿债能力比率中，流动比率较高，且控制在 2 左右，比较合理。但速动比率和现金比率都比较低，表明公司的短期偿债能力不容乐观。一般地，资产负债率控制在 60% 以上比较安全，而该公司资产负债率并未达到 60%，说明长期偿债能力也比较弱；在营运能力比率中，应收账款周转率和固定资产周转率较高，且有逐年升高的变动趋势，而存货周转率、流动资产周转率和总资产周转率都很低，且有下降的变动趋势，这反映出该公司存货、流动资产和总资产的周转存在着较大的问题；在盈利能力方面，整体来看，各项比率连续 3 年均呈上升趋势（除毛利率 2016 年较 2015 年稍下降外），说明公司整体盈利情况趋好；在发展能力比率分析中，2017 年和 2016 年的各项发展能力均为正值，说明 XSH 公司 3 年来主营业务收入、净利润、总资产、资本积累均稳步上升，但是 2017 年的增长率明显小于 2016 年，说明虽然有所上升，但是 2017 年的增速较 2016 年有所放缓。从资本 3 年增长率来看，该指标不高，表明企业所有者权益得到的保障程度不高，企业可以长期使用的资金不足，抗风险和连续发展的能力不高。

4.4 财务比较分析的 Excel 模型

4.4.1 财务比较分析

财务比较分析是对不同时期和空间的同质财务指标进行对比，以确定其增减差异，用以评价财务指标状况优劣的方法。比较分析法的主要作用在于揭示客观存在的差异，利用这种差异考察任务的完成情况，显示财务指标的变动趋势，从而评价企业经营管理的工作绩效。通过比较分析法可以找出指标数值之间的差距、描述财务经营的状况、提出所应分析的问题，但不能测定指标数值变动的原因。根据所考察的对象和分析要求，比较分析法可划分为趋势分析法和结构分析法。

1. 趋势分析法

趋势分析是将不同时期同一指标的数值进行对比，以确定时间动态数列（把反映某种经济现象发展的一系列指标数值按时间先后顺序排列而成的数列称为时间动态数列）增减变动趋势的分析方法。利用趋势分析法能从动态上考察指标的发展特征和变化规律，得出上升、下降或稳定不变等结论，从而鉴定企业的管理水平，据以对企业未来变动方向做出预测。

在进行趋势分析时，确定基期方法是首要问题。分析实务中一般有两种选择：一种是以某一选定时期为基期，即固定基期，以后各期数值均以该期数值作为共同基期数值进行比较，这种比较说明了各期累积变化情况，称为定比；另一种是以相邻上期为基期，即移动基期，各期数值分别与前期数值比较，基期不固定而且顺次移动，这种比较说明了各期逐期变化情况，称为环比。

2. 结构分析法

结构分析法是将企业的财务报表中的各指标与某一关键指标进行对比分析，分析各项目所占的比重。结构分析资产负债表时就可将总资产、负债总额、所有者权益总额作列为100%，再计算各项目占总资产、总负债等的比重，从而了解各项目的构成情况。结构分析利润表时，可将营业收入列为100%，然后计算各费用占营业收入的比例。

结构分析法对行业间比较尤为有用，因为不同企业的财务报表用结构分析进行比较（各个企业的规模基数不同，直接比较没有意义），才能反映出企业间的差异。

4.4.2 财务趋势比较分析模型设计

财务趋势比较分析，又称为财务环比分析，该模型是将每年与上一年相应项目的数值进行比较，如2017年与2016年相比增长或降低多少，2016年与2015年相比增长或降低多少。在工作簿"财务分析模型.xls"中插入名为"资产负债表环比分析模型""利润表环比分析模型""现金流量表环比分析模型"的工作表，分别如图4-2～图4-4所示。

项目	2017年较2016		2016年较2015年		项目	2017年较2016		2016年较2015年	
	增减额（万元）	增减百分比	增减额（万元）	增减百分比		增减额（万元）	增减百分比	增减额（万元）	增减百分比
货币资金	38 202	47.43%	-19 036	-19.12%	短期借款	-89 251	-65.90%	78 829	139.27%
短期投资净额	0	—	-50	-100.00%	应付账款	36 713	74.93%	-28 543	-36.81%
应收账款净额	-5 359	-15.06%	1 676	4.94%	预收账款	36 507	203.66%	-29 846	-62.48%
其他应收款	1 828	15.03%	-232	-1.87%	应付福利费	132	7.86%	-1 202	-41.76%
预付账款	5 840	83.41%	5 225	294.15%	应付股利	0	0.00%	1 262	11.11%
存货净额	126 755	26.92%	124 974	36.13%	应交税金	-1 698	-17.41%	1 562	19.06%
一年内到期的非流动资产	250	103.64%	-53	-17.98%	其他应付款	3 630	16.36%	-2 741	-11.00%
流动资产合计	167 517	27.63%	112 504	22.78%	一年内到期的非流动负债	21 839	38.94%	32 166	134.48%
长期股权投资	-1 777	-21.59%	-1 347	-14.07%	流动负债合计	7 870	2.58%	51 488	20.34%
固定资产原值	7 928	18.79%	-10 481	-19.90%	长期借款	-10 100	-38.70%	18 100	226.25%
减：累计折旧	2 588	21.32%	-2 662	-17.99%	应付债券	151 234	—	0	—
固定资产减值准备	-695	-57.16%	-915	-42.95%	其他长期负债	-1 339	-26.59%	644	14.68%
固定资产净值	6 035	20.93%	-6 903	-19.32%	长期负债合计	139 796	449.01%	18 744	151.29%
在建工程	-2 162	-100.00%	2 162	—	负债合计	147 666	43.97%	70 232	26.45%
固定资产合计	3 872	12.49%	-4 741	-13.27%	股本	0	0.00%	0	0.00%
无形资产	3 678	137.50%	-11 121	-80.61%	资本公积	-3	0.00%	0	0.00%
非流动资产合计	5 774	13.78%	-17 209	-29.12%	盈余公积	24 857	23.59%	22 478	27.11%
					未分配利润	765	165.74%	2 585	121.74%
					股东权益合计	25 626	8.20%	25 063	8.72%
资产总计	173 291	26.73%	95 295	17.23%	负债及股东权益总计	173 291	26.73%	95 295	17.23%

图4-2　XSH公司资产负债表环比分析模型

	A	B	C	D	E
1	XSH公司利润表环比分析				
2	项目	2017年较2016年		2016年较2015年	
3		增减额（万元）	增减百分比	增减额（万元）	增减百分比
4	营业总收入	44 929.49	10.09%	67 139.61	17.74%
5	其中：主营业务收入	44 929.49	10.09%	67 139.61	17.74%
6	减：营业成本	3 844.61	1.12%	59 451.18	20.93%
7	税金及附加	3 602.35	20.07%	5 092.74	39.61%
8	销售费用	-14 703.96	-53.74%	-1 994.68	-6.79%
9	管理费用	-2 009.77	-7.36%	9 566.40	53.91%
10	财务费用	574.59	43.27%	287.49	27.63%
11	加：投资收益	-20 410.84	-102.93%	18 617.20	1 534.37%
12	公允价值变动损益	0.00	—	0.00	—
13	营业利润	33 210.83	69.28%	13 353.68	38.61%
14	加：营业外收入	-1 074.07	-58.13%	-537.41	-22.53%
15	减：营业外支出	-100.90	-8.77%	348.67	43.52%
16	利润总额	32 237.66	66.28%	12 467.60	34.47%
17	减：所得税	8 059.41	66.28%	3 116.90	34.47%
18	净利润	24 178.24	66.28%	9 350.70	34.47%
19	归属于母公司所有者的净利润	24 178.24	66.28%	9 350.70	34.47%
20	少数股东损益	0.00	—	0.00	—
21	每股收益	0.24	66.28%	0.09	34.47%

图 4-3　XSH 公司利润表环比分析模型

1. 资产负债表环比分析模型

在如图 4-2 所示的资产负债表环比分析模型中，计算公式如下。

在单元格 B4 中输入公式 "=资产负债表!B3-资产负债表!C3"，并将公式向单元格区域 B5:B23 复制，得到资产负债表各项 2017 年相比于 2016 年的增减额。

在单元格 C4 中输入公式 "=B4/ABS(资产负债表!C3)"，并将公式向单元格区域 C5:C23 复制，得到资产负债表各项 2017 年相比于 2016 年的增减百分比。

同理，D4:D23，E4:E23，G4:G23，H4:H23，I4:I23，J4:J23 也可按照公式相对引用求得。当然，在该模型中，以上单元格区域也可以输入数组公式求得，如可在单元格区域 G4:G23 中输入数组公式 "=资产负债表!F3:F22-资产负债表!G3:G22" 求得增减额。

2. 利润表环比分析模型

在如图 4-3 所示的利润表环比分析模型中，单元格公式（均为数组公式输入）如下。

单元格 B4:B21 "=利润表!B3:C20-利润表!C3:C20"。

单元格 C4:C21 "=B4:B21/ABS(利润表!C3:C20)"。

单元格 D4:D21 "=利润表!C3:C20-利润表!D3:D20"。

单元格 E4:E21 "=D4:D21/ABS(利润表!D3:D20)"。

3. 现金流量表环比分析模型

在如图 4-4 所示的现金流量表环比分析模型中，单元格公式（均为数组公式输入）如下。

单元格 B4:B34 "=现金流量表!B3:B33-现金流量表!C3:C33"。

单元格 C4:C34 "=B4:B34/ABS(现金流量表!C3:C33)"。

单元格 D4:D34 "=现金流量表!C3:C33-现金流量表!D3:D33"。

单元格 E4：E34 "=D4:D34/ABS(现金流量表!D3:D33)"。

	A	B	C	D	E
1	XSH公司现金流量表环比分析				
2	项目	2017年较2016年		2016年较2015年	
3		增减额（万元）	增减百分比	增减额（万元）	增减百分比
4	销售商品，提供劳务收到的现金	62 472.63	14.37%	25 324.07	6.19%
5	收到的税费返还	1 073.22	24.29%	-20 392.95	-82.19%
6	经营活动现金流入小计	63 545.85	14.47%	4 931.12	1.14%
7	购买商品接收劳务支付的现金	-83 365.84	-17.72%	138 680.17	41.81%
8	支付给职工以及为职工支付的现金	-3.85	-0.02%	4 653.47	22.98%
9	支付的各项税款	10 181.44	28.99%	-8 566.25	-19.61%
10	支付的其他与经营活动有关的现金	3 394.84	11.61%	-776.51	-2.59%
11	经营活动现金流出小计	-69 793.42	-12.47%	133 990.89	31.48%
12	经营活动产生的现金流量净额	133 339	110.70%	-129 059.77	-1 499.85%
13	收回投资所收到的现金	-44 264.15	-100.00%	40 441.28	1 057.88%
14	分得股利或利润所收到的现金	-900.55	-88.81%	845.72	502.36%
15	取得债券利息收入所收到的现金	332.26	44.30%	-351.72	-31.93%
16	处置固定资产、无形资产和其他长期资产收回的现金净额	777.12	111.28%	234.03	50.40%
17	投资活动现金流入小计	-44 055.33	-94.28%	41 169.32	740.83%
18	构建固定资产，无形资产和其他长期资产所支付的现金	2 164.44	71.76%	-3 287.50	-52.15%
19	权益性投资所支付的现金	-7 834.86	-90.11%	5 795.25	199.86%
20	支付的其他与投资活动有关的现金	-12 194.68	-100.00%	12 194.68	—
21	投资活动现金流出小计	-17 865.10	-74.73%	14 702.43	159.75%
22	投资活动产生的现金流量净额	-26 190.23	-114.77%	26 466.90	725.88%
23	吸收权益性投资所收到的现金	800.00	400.00%	-62 338.49	-99.68%
24	发行债券所收到的现金	150 000.00	—	0.00	—
25	借款所收到的现金	-49 900.00	-15.78%	130 900.00	70.64%
26	筹资活动现金流入小计	100 900.00	31.89%	68 561.51	27.66%
27	偿还债务所支付的现金	146 330.00	66.70%	3 676.60	1.70%
28	发生筹资费用所支付的现金	3 138.73	10 708.81%	-81.54	-73.56%
29	分配股利或利润所支付的现金	1 285.15	11.34%	1 412.58	14.24%
30	偿付利息所支付的现金	51.13	0.73%	2 170.88	44.59%
31	筹资活动现金流出小计	150 805.00	63.42%	7 178.52	3.11%
32	筹资活动产生的现金流量净额	-49 905.00	-63.49%	61 382.99	356.58%
33	汇率变动对现金的影响	-5.23	-1 071.55%	11.60	104.40%
34	现金及现金等价物净增加值	57 244.04	300.70%	-41 209.88	-185.86%

图 4-4　XSH公司现金流量表环比分析模型

当然，利润表环比分析模型与现金流量表环比分析模型中，以上单元格区域的计算也可根据公式相对引用来求得，此处不再赘述。

另外，在上述公式中，增减百分比的计算公式为：某年与上年相比的增减百分比=某年与上年相比的增减额/ABS（上年数据），这里上年数据要采用绝对值，否则容易引起错误的理解。例如，在现金流量分析表中，2017 年经营活动净额所产生的现金流量为 12 884 万元，2016 年该值为-120 455 万元，2017 年比 2016 年增加 133 339 万元，若直接进行比较计算，即 2017 年与 2016 年相比的增减百分比=133 339/(-120 455)= -110.7%。从百分比看，似乎 2017 年的经营活动净额所产生的现金流量比 2016 年降低了 110.7%，这显然是错误的。因此，正确的计算应为：2017 年与 2016 年相比的增减百分比=133 339/ABS(-120 455) =110.7%，即 2017 年经营活动净额所产生的现金流量比 2016 年增加了 110.7%。

4. 综合分析

由资产负债表的环比分析可以看出，XSH 公司的流动资产和长期负债逐年增加的数额很大，流动资产的增加主要是由于存货增加引起的，而长期负债增加的主要原因是 2017 年公司增发 15 亿多元的应付债券。由此可以看出，该公司流动资产占用了大量的资金，公司以发行债券的方式筹集了巨额资金，希望以此摆脱或缓解资金周转困难。

由利润表的环比分析可以看出，XSH 公司的主营业务收入和各个口径的利润基本上具有逐年上升的趋势，不过营业收入的增长趋势在 2017 年有所放缓，投资收益的波动则很剧烈（先增加 1 534.37%，后又下降 102.93%），对利润的稳定性造成了较大影响。

由现金流量表的环比分析可以看出，2017 年同上年相比，XSH 公司的经营活动现金流量净额有了较大幅度的增长，投资活动的现金流量净额有了较大幅度的下降，表明公司的生产经营活动趋向正常，投资机会有所增加。尽管 2017 年公司发行债券收到了 15 亿元的现金，但由于还款和分配股利等原因，筹资活动的现金流量净额仍有较大幅度的下降。最终，现金及现金等价物比上年净增加 57 244.04 万元，表明公司当年的现金比较充足。

4.4.3 财务结构分析模型设计

结构分析模型是以总量性指标为基数（100%），计算其他各组成项目占总量指标的百分比情况。在工作簿"财务分析模型.xls"中插入名为"XSH 公司资产负债表结构分析模型""XSH 公司利润表结构分析模型""XSH 公司现金流量表结构分析模型"的工作表，分别如图 4-5～图 4-7 所示。

1. 资产负债表结构分析模型

在资产负债表结构分析模型中，首先在单元格 B3:B22 中输入公式"=资产负债表!B3:B22/资产负债表!B22"（数组公式输入），然后分别复制到单元格 C3:C22、单元格 D3:D22、单元格 F3:F22、单元格 G3:G22 和单元格 H3:H22 中，即得各年的资产和负债及股东权益的结构比较分析结果。

2. 利润表结构分析模型

在利润表结构分析模型中，我们以营业收入为计算总量，其他计算利润的各个项目为分量，计算各项目占营业收入的百分比。在单元格 B3:B18 中输入公式"=利润表!B3:B18/利润表!B3"（数组公式输入），然后复制到单元格 C3:C18 和单元格 D3:D18 中。

	A	B	C	D	E	F	G	H
1	XSH公司资产负债表结构分析模型							
2	项目	2017年	2016年	2015年	项目	2017年	2016年	2015年
3	货币资金	14.45%	12.42%	18.01%	短期借款	5.62%	20.89%	10.24%
4	短期投资净额	0.00%	0.00%	0.01%	应付账款	10.43%	7.56%	14.02%
5	应收账款净额	3.68%	5.49%	6.13%	预收账款	6.63%	2.76%	8.64%
6	其他应收款	1.70%	1.88%	2.24%	应付福利费	0.22%	0.26%	0.52%
7	预付账款	1.56%	1.08%	0.32%	应付股利	1.54%	1.95%	2.05%
8	存货	72.74%	72.63%	62.55%	应交税金	0.98%	1.50%	1.48%
9	一年内到期的非流动资产	0.06%	0.04%	0.05%	其他应付款	3.14%	3.42%	4.51%
10	流动资产合计	94.20%	93.54%	89.31%	一年内到期的非流动负债	9.48%	8.65%	4.33%
11	长期股权投资	0.79%	1.27%	1.73%	流动负债合计	38.04%	47.00%	45.78%
12	固定资产原值	6.10%	6.51%	9.52%	长期借款	1.95%	4.03%	1.45%
13	减：累计折旧	1.79%	1.87%	2.68%	应付债券	18.41%	0.00%	0.00%
14	固定资产减值准备	0.06%	0.19%	0.39%	其他长期负债	0.45%	0.78%	0.79%
15	固定资产净值	4.24%	4.45%	6.46%	长期负债合计	20.80%	4.80%	2.24%
16	在建工程	0.00%	0.33%	0.00%	负债合计	58.85%	51.80%	48.02%
17	固定资产合计	4.24%	4.78%	6.46%	股本	7.68%	9.73%	11.41%
18	无形资产	0.77%	0.41%	2.49%	资本公积	17.47%	22.14%	25.96%
19	非流动资产合计	5.80%	6.46%	10.69%	盈余公积	15.85%	16.26%	14.99%
20					未分配利润	0.15%	0.07%	-0.38%
21					股东权益合计	41.15%	48.20%	51.98%
22	资产总计	100.00%	100.00%	100.00%	负债及股东权益总计	100.00%	100.00%	100.00%

图 4-5　XSH 公司资产负债表结构分析模型

	A	B	C	D
1	XSH公司利润表结构分析模型			
2	项目	2017年	2016年	2015年
3	营业总收入	100.00%	100.00%	100.00%
4	其中：主营业务收入	100.00%	100.00%	100.00%
5	减：营业成本	70.81%	77.09%	75.06%
6	税金及附加	4.39%	4.03%	3.40%
7	销售费用	2.58%	6.14%	7.76%
8	管理费用	5.16%	6.13%	4.69%
9	财务费用	0.39%	0.30%	0.27%
10	加：投资收益	-0.12%	4.45%	0.32%
11	公允价值变动损益	0.00%	0.00%	0.00%
12	营业利润	16.55%	10.76%	9.14%
13	加：营业外收入	0.16%	0.41%	0.63%
14	减：营业外支出	0.21%	0.26%	0.21%
15	利润总额	16.49%	10.92%	9.56%
16	减：所得税	4.12%	2.73%	2.39%
17	净利润	12.37%	8.19%	7.17%
18	归属于母公司所有者的净利润	12.37%	8.19%	7.17%
19	少数股东损益			
20	每股收益			

图 4-6　XSH 公司利润表结构分析模型

	A	B	C	D	E	F	G	H	I	J
1	XSH公司现金流量表结构分析模型									
2	项目	现金流入分析表			现金流出分析表			现金净额分析表		
3		2017年	2016年	2015年	2017年	2016年	2015年	2017年	2016年	2015年
4	销售商品、提供劳务收到的现金	53.89%	54.19%	59.54%						
5	收到的税费返还	0.60%	0.55%	3.61%						
6	经营活动现金流入小计	54.48%	54.74%	63.15%						
7	购买商品、接收劳务支付的现金				43.75%	57.27%	49.84%			
8	支付给职工以及为职工支付的现金				2.82%	3.03%	3.04%			
9	支付的各项税款				5.12%	4.28%	6.57%			
10	支付的其他与经营活动有关的现金				3.69%	3.56%	4.51%			
11	经营活动现金流出小计				55.38%	68.14%	63.96%			
12	经营活动产生的现金流量净额							33.72%	632.75%	38.81%
13	收回投资所收到的现金	0.00%	5.52%	0.56%						
14	分得股利或利润所收到的现金	0.01%	0.13%	0.02%						
15	取得债券利息收入所收到的现金	0.12%	0.09%	0.16%						
16	处置固定资产、无形资产和其他长期资产收回的现金净额	0.16%	0.09%	0.07%						
17	投资活动现金流入小计	0.29%	5.82%	0.81%						
18	构建固定资产、无形资产和其他长期资产所支付的现金				0.59%	0.37%	0.95%			
19	权益性投资所支付的现金				0.10%	1.06%	0.44%			
20	支付的其他与投资活动有关的现金				0.00%	1.48%	0.00%			
21	投资活动现金流出小计				0.68%	2.91%	1.38%			
22	投资活动产生的现金流量净额							-8.82%	-119.88%	-16.44%
23	吸收权益性投资所收到的现金	0.11%	0.02%	9.09%						
24	发行债券所收到的现金	16.26%	0.00%	0.00%						
25	借款所收到的现金	28.86%	39.41%	26.95%						
26	筹资活动现金流入小计	45.23%	39.44%	36.04%						
27	偿还债务所支付的现金				41.35%	26.71%	32.42%			
28	发生筹资费用所支付的现金				0.36%	0.00%	0.02%			
29	分配股利或利润所支付的现金				1.43%	1.38%	1.49%			
30	偿付利息所支付的现金				0.80%	0.86%	0.73%			
31	筹资活动现金流出小计				43.94%	28.95%	34.66%			
32	筹资活动产生的现金流量净额							75.10%	-412.87%	77.64%
33	汇率变动对现金的影响									
34	现金及现金等价物净增加值							100.00%	100.00%	100.00%

图 4-7 XSH 公司现金流量表结构分析模型

3. 现金流量表结构分析模型

在现金流量表结构分析模型中，主要有 3 大部分：第 1 部分是现金流入结构表，分析各项现金流入占流入总额的百分比；第 2 部分是现金流出结构表，分析各项现金流出占流出总额的百分比；第 3 部分是现金净额结构表，分析各项现金净额占现金净额总数的百分比。各单元格公式如下。

（1）现金流入结构分析。

单元格 B4:B6 "=现金流量表!B3:B5/(现金流量表!B5+现金流量表!B16+现金流量表!B25)"（数组公式输入）。

单元格 B13:B17 "=现金流量表!B12:B16/(现金流量表!B5+现金流量表!B16+现金流量表!B25)"（数组公式输入）。

单元格 B23:B26 "=现金流量表!B22:B25/(现金流量表!B5+现金流量表!B16+现金流量表!B25)"（数组公式输入）。

然后，将上述单元格分别复制到 2016 年和 2015 年的相应单元格中。

（2）现金流出结构分析。

单元格 E7:E11 "=现金流量表!B6:B10/(现金流量表!B10+现金流量表!B20+现金流量表!B30)"（数

组公式输入）。

单元格 E18:E21 "=现金流量表!B17:B20/(现金流量表!B10+现金流量表!B20+现金流量表!B30)"（数组公式输入）。

单元格 E27:E31 "=现金流量表!B26:B30/(现金流量表!B10+现金流量表!B20+现金流量表!B30)"（数组公式输入）。

然后，将上述单元格分别复制到 2016 年和 2015 年的相应单元格中。

（3）现金净额结构分析。

单元格 H12 "=现金流量表!B11/现金流量表!B33"。

单元格 H22 "=现金流量表!B21/现金流量表!B33"。

单元格 H32 "=现金流量表!B31/现金流量表!B33"。

单元格 H34 "=现金流量表!B33/现金流量表!B33"。

然后，将上述单元格分别复制到 2016 年和 2015 年的相应单元格中。

4．综合分析

由资产负债表的结构分析可以看出，XSH 公司的资产构成中，流动资产的比重均在 90%左右，而流动资产中，存货占有非常大的比重，可见该公司降低存货的资金占用、加速其周转已成为当务之急。另一方面，公司的负债及股东权益中，两年负债合计的比重高达 48%以上，表明公司还应合理调度资金，安排好债务的还本付息，随时注意防范各种可能的风险。

由利润表的结构分析可以看出，2017 年与上年相比，XSH 的主营业务成本、营业费用、管理费用和财务费用占主营业务收入的比重都有所降低，而主营业务利润、营业利润、利润总额和净利润占主营业务收入的比重都有所升高，这反映了一种良好的变动趋势。

由现金流量表的结构分析可以看出，XSH 公司连续 3 年的现金流量构成中，现金流入和现金流出主要是由经营活动和筹资活动形成的，投资活动的现金流量仅占很小的比例，这表明该公司近几年的投资活动不是很活跃。从现金流量的净额构成来看，经营活动、投资活动和筹资活动的净现金流量各自所占的比重没有稳定的变化趋势。经营活动现金流量的经常变化应引起有关各方的足够重视。

4.5 财务综合分析的 Excel 模型

4.5.1 财务综合分析的方法

财务综合分析就是将企业营运能力、偿债能力和盈利能力等方面的分析纳入一个有机的分析系统之中，全面地对企业的财务状况、经营状况进行解剖和分析，从而对企业经济效益做出较为准确的评价与判断。常用的财务综合分析法包括杜邦分析法和沃尔评分法。

1．杜邦财务分析体系

杜邦分析法，亦称杜邦财务分析体系。该分析方法是以净资产收益率为起点，按从综合到具体的逻辑关系层层分解，直到财务报表原始构成要素或项目。杜邦财务分析体系如图 4-8 所示。

从图 4-8 中，我们可以看到，提高净资产收益率的途径有以下 3 个。

（1）提高主营业务净利率。这要求企业一方面要提高产能，扩大销售量，增加营业收入；另一方面要降低成本费用，合理安排成本结构。

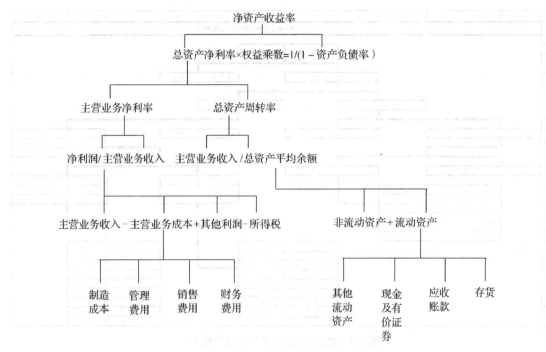

图 4-8　杜邦财务分析体系图

（2）提高总资产周转率。这一方面要扩大销售收入，另一方面要加速企业经营性资产的流动性，减少闲置资金的占用。

（3）提高权益乘数。按杜邦分析法，如果企业总资产的需要量不变，适度开展负债经营，相对减少股东权益所占份额，可使权益乘数提高，从而提高净资产收益率。当然，在这一过程中也要考虑负债的财务风险问题。

2. 沃尔综合评分法

沃尔综合评分法是指将选定的财务比率用线性关系结合起来，并分别给定各自的分数比重，然后通过与标准比率进行比较，确定各项指标的得分及总体指标的累计分数，从而对企业的信用水平做出评价的方法。按照该方法，首先选定若干财务比率，按其重要程度给定一个分值，即重要性权数，其总和为 100 分。其次，确定各个指标的标准值。财务指标的标准值，可以采用行业平均值、企业的历史先进数、国家有关标准或国际公认的基准等。紧接着，计算出各指标的实际值，并与所确定的标准值进行比较，计算一个相对比率，将各项指标的相对比率与其重要性权数相乘，得出各项比率指标的指数。最后，将各项比率指标的指数相加，得出企业的综合指数，即可以判断企业财务状况的优劣。一般而言，综合指数合计数如果为 1 或接近 1，则表明企业的财务状况基本上达到标准要求；如果与 1 有较大差距，则财务状况偏离标准要求较远。在此基础上，还可进一步分析具体原因。

4.5.2　杜邦财务分析体系模型设计

以 XSH 公司 2017 年的财务数据为例，在"财务分析模型"工作簿中插入一个名为"杜邦分析模型"的工作表，如图 4-9 所示。

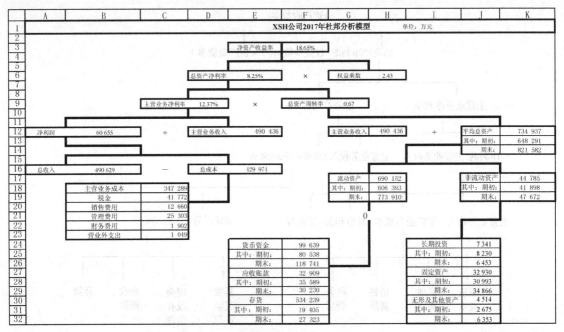

图 4-9　XSH 公司 2017 年杜邦分析图

其中有关公式及数据引用如下。

净资产收益率，单元格 F3 "=财务比率分析模型!B23"。

总资产净利率，单元格 E6 "=财务比率分析模型!B22"。

权益乘数，单元格 H6 "=财务比率分析模型!B9"。

主营业务净利率，单元格 D9 "=财务比率分析模型!B20"。

总资产周转率，单元格 G9 "=财务比率分析模型!B17"。

净利润，单元格 B12 "=利润表!B17"。

主营业务收入，单元格 E12 和单元格 H12 "=利润表!B4"。

总收入，单元格 B16 "=利润表!B3+利润表!B10+利润表!B11+利润表!B13"。

总成本，单元格 E16 "=SUM(利润表!B5:B9)+利润表!B14+利润表!B16"。

主营业务成本，单元格 C18 "=利润表!B5"。

税金，单元格 C19 "=利润表!B6+利润表!B16"。

销售费用，单元格 C20 "=利润表!B7"。

管理费用，单元格 C21 "=利润表!B8"。

财务费用，单元格 C22 "=利润表!B9"。

营业外支出，单元格 C23 "=利润表!B14"。

平均总资产，单元格 K12 "=(K13+K14)/2"；期初，单元格 K13 "=资产负债表!C22"，期末，单元格 K14 "=资产负债表!B22"。

流动资产，单元格 H17 "=(H18+H19)/2"；期初，单元格 H18 "=资产负债表!C10"；期末，单元格 H19 "=资产负债表!B10"。

非流动资产，单元格 K17 "=(K18+K19)/2"；期初，单元格 K18 "=资产负债表!C19"；期末，单元格 K19 "=资产负债表!B19"。

货币资金，单元格 F21 "=(F22+F23)/2"；期初，单元格 F22 "=资产负债表!C3"；期末，单元格 F23 "=资产负债表!B3"。

应收账款，单元格 F24 "=(F25+F26)/2"；期初，单元格 F25 "=资产负债表!C5"；期末，单元格 F26 "=资产负债表!B5"。

存货，单元格 F27 "=(F28+F29)/2"；期初，单元格 F28 "=资产负债表！C8"；期末，单元格 F29 "=资产负债表!B8"。

其他流动资产，单元格 F30 "=(F31+F32)/2"；期初，单元格 F31 "=资产负债表!C4+资产负债表!C6+资产负债表!C7+资产负债表!C9"；期末，单元格 F32 "=资产负债表!B4+资产负债表!B6+资产负债表!B7+资产负债表!B9"。

长期投资，单元格 J24 "=(J25+J26)/2"；期初，单元格 J25 "=资产负债表！C11"；期末，单元格 J26 "=资产负债表！B11"。

固定资产，单元格 J27 "=(J28+J29)/2"；期初，单元格 J28 "=资产负债表！C17"；期末，单元格 J29 "=资产负债表!B17"。

无形及其他资产，单元格 J30 "=(J31+J32)/2"；期初，单元格 J31 "=资产负债表！C18"；期末，单元格 J32 "=资产负债表!B18"。

另外，为使图表更美观，我们将杜邦分析模型中的网格线去掉。具体方法是，在功能区中单击【工作表】选项→【页面设置】，弹出【页面设置】对话框，如图 4-10 所示。单击【工作表】中的【网格线】复选框，去掉其中的"√"，单击【确定】按钮。最终完成的杜邦分析模型如图 4-9 所示。

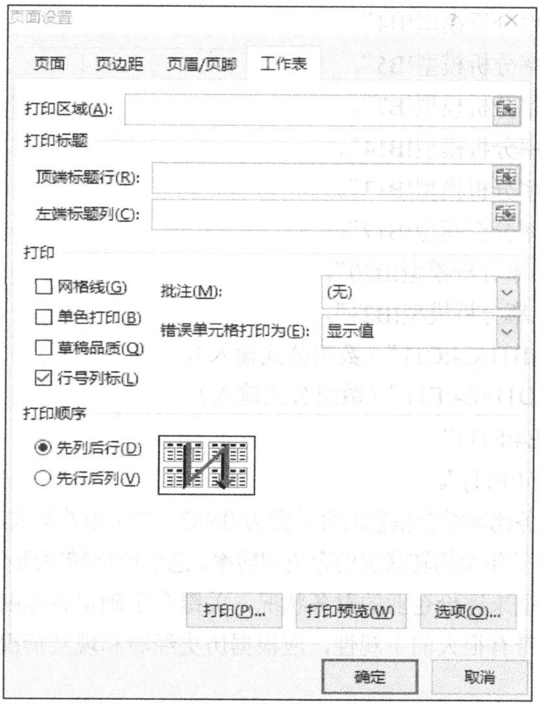

图 4-10　【页面设置】对话框

由此可见，杜邦分析模型将资产负债表和利润及利润表有机地联系起来，通过对净资产收益率指标进行层层分解，可以全面地揭示影响企业财务状况和经营成果的各个因素之间旳相互关系，从而可以找到提高净资产收益率并实现企业理财目标的有效途径。

4.5.3　沃尔综合评分模型设计

以 XSH 公司 2017 年的财务数据为例，选用 8 个财务比率计算编制成综合分析模型，在"财务分析模型"工作簿中插入一个名为"沃尔综合评分模型"的工作表，如图 4-11 所示。

指　标	实际值	标准值	关系比率	重要性系数	综合指数
	A	B	C=A/B	D	E=C*D
流动比率	2.48	2	1.238	0.15	0.186
速动比率	0.52	1	0.521	0.10	0.052
资产负债率	58.85%	60.00%	0.981	0.10	0.098
应收账款周转率	14.90	12	1.242	0.05	0.062
存货周转率	0.65	15	0.043	0.10	0.004
总资产周转率	0.67	1.88	0.355	0.15	0.053
主营业务销售净利率	12.37%	12.00%	1.031	0.15	0.155
净资产收益率	18.65%	10.00%	1.865	0.20	0.373
合计				1.00	0.983

表首行：XSH公司2017年财务比率综合评分模型

图 4-11　沃尔综合评分模型

其中有关公式如下。
单元格 B4"=财务比率分析模型!B4"。
单元格 B5"=财务比率分析模型!B5"。
单元格 B6"=财务比率分析模型!B7"。
单元格 B7"=财务比率分析模型!B14"。
单元格 B8"=财务比率分析模型!B13"。
单元格 B9"=财务比率分析模型!B17"。
单元格 B10"=财务比率分析模型!B20"。
单元格 B11"=财务比率分析模型!B23"。
单元格 D4:D11"=B4:B11/C4:C11"（数组公式输入）。
单元格 F4:F11"=D4:D11*E4:E11"（数组公式输入）。
单元格 E12"=SUM(E4:E11)"。
单元格 F12"=SUM(F4:F11)"。

在图 4-11 中，各项财务比率综合指数的合计数为 0.983，与 1 相差不大，这说明该企业的财务状况基本良好，但应看到反映企业资金周转状况的存货周转率、总资产周转率还不够理想，比率尚可提高等。

采用沃尔综合评分模型来评价企业的财务状况，关键在于确定各项财务比率的重要性系数和标准值。这两项指标的确定带有很大的主观性，应根据历史经验和现实情况合理地判断确定，才能得出正确的结果。

实践练习题

已知 A 公司 2017 年的资产负债表、利润表、现金流量表，请根据本章所学内容制定该公司 2017年的财务分析模型。

资产负债表

编制单位：A 公司			2017 年 12 月 31 日		单位：万元
资产	年末数	年初数	负债及所有者权益	年末数	年初数
流动资产：			流动负债：		
货币资金	2 974	7 733	短期借款	7 570	4 512
交易性金融资产			交易性金融负债		
应收票据	2 583	6 083	应付票据	4 585	1 052
应收账款	1 235	932	应付账款	3 427	1 908
预付账款	2 731	6 600	预收账款	3 629	4 569
应收股利			应付职工薪酬	329	310
应收利息			应交税费	（2 771）	（251）
其他应收款	78	66	应付利息		
存货	10 372	8 701	应付股利		
一年内到期的非流动资产			其他应付款	3 523	2 737
其他流动资金			一年内到期的非流动负债	1 031	5 138
流动资产合计	19 973	30 115	流动负债合计	21 323	19 975
非流动资产：			非流动负债：		
可供出售金融资产	45	271	长期借款	17 565	12 297
持有出售金融资产			应付债券		
长期股权投资	2 262	885	递延所得税负债	47	102
投资性房地产			其他非流动负债	141	146
固定资产	43 252	32 656	非流动负债合计	17 753	12 545
在建工程	12 547	9 985	负债合计	39 076	32 520
工程物资	6 242	7 130	股东权益：		
无形资产	6 761	5 577	实收资本	7 235	7 235
递延所得税资产	1 097	164	资本公积	31 423	31 593
其他非流动资产			盈余公积	3 301	2 992
非流动资产合计	72 206	56 668	未分配利润	11 144	12 443
			归属于母公司的股东权益合计	15 103	54 263
			少数股东权益		
			股东权益合计	53 103	54 263
资产总计	92 179	86 783	负债及所有者权益合计	92 197	86 783

利润表

编制单位：A 公司	2017 年	单位：万元
项目	本期金额	上期金额
一、营业总收入	79 616	65 449
其中：主营业务收入	79 616	65 449
二、营业总成本	75 834	55 119
其中：主营业务成本	66 611	48 346

续表

项目	本期金额	上期金额
税金及附加	948	764
销售费用	1 687	1 598
管理费用	3 788	3 509
财务费用	694	755
资产减值损失	2 106	147
加：公允价值变动收益（损失以"-"号填写）		
投资收益（损失以"-"号填写）	96	81
其中：对联营企业和企业的投资收益	80	77
三、营业利润（亏损以"-"号填写）	**3 878**	**10 461**
加：营业外收入	33	44
减：营业外支出	69	121
其中：非流动资产处置损失	63	119
四、利润总额（亏损总额以"-"号填写）	**3 842**	**10 384**
减：所得税费用	852	2 851
五、净利润（净亏损以"-"号填写）	**2 989**	**7 533**
归属于母公司所有者的净利润	2 989	7 533
少数股东损益		
六、每股收益		
基本每股收益	0.413	1.121
稀释每股收益	0.413	1.121

现金流量表

编制单位：A公司　　　　　　　　2017 年　　　　　　　　单位：万元

项目	年末数	年初数
一、经营活动产生的现金流量		
销售商品、提供劳务收到的现金	92 862	70 531
收到的税费返还		123
收到的其他与经营活动有关的现金	59	6
经营活动现金流入小计	**92 921**	**70 660**
购买商品、接受劳务支付的现金	68 780	52 255
支付给职工以及为职工支付的现金	2 589	2 027
支付的各项税费	8 611	7 384
支付的其他与经营活动有关的现金	1 003	1 088
经营活动现金流出小计	**80 983**	**62 754**
经营活动产生的现金流量净额	**11 983**	**7 906**
二、投资活动产生的现金流量		
收回投资所收到的现金		
取得投资收益所收到的现金	17	4
处置固定资产、无形资产和其他长期资产所收回的现金净额	5	61
处置子公司及其他营业单位收到的现金净额		
收到的其他与投资活动有关的现金	409	405

续表

项目	年末数	年初数
投资活动现金流入小计	431	470
购建固定资产、无形资产和其他长期资产所支付的现金	14 684	18 181
投资所支付的现金	1 301	248
取得子公司及其他营业单位支付的现金净额		
支付的其他与投资活动有关的现金		
投资活动现金流出小计	15 985	18 429
投资活动产生的现金流量净额	（15 554）	（17 959）
三、筹资活动产生的现金流量		
吸收投资收到的现金		19 978
其中：子公司吸收少数股东投资收到的现金		
取得借款收到的现金	16 220	19 122
收到其他与筹资活动有关的现金		
筹资活动现金流入小计	16 220	39 100
偿还债务所支付的现金	11 795	17 917
分配股利、利润或偿付利息支付的现金	5 509	4 797
其中：子公司支付给少数股东的股利、利润		
支付的其他与筹资活动有关的现金	59	57
筹资活动现金流出小计	17 363	22 771
筹资活动产生的现金流量净额	（1 143）	16 329
四、汇率变动对现金及现金等价物的影响		（23）
五、现金及现金等价物净增加额	（4 759）	6 253
加：期初现金及现金等价物余额	7 733	1 480
六、年末现金及现金等价物余额	2 974	7 733
现金及现金等价物的净增加额		

第5章 | 筹资决策的 Excel 建模

本章提要

企业筹资方式和筹资渠道的日趋多样化要求企业财务管理人员掌握现代化的计算机工具来建立筹资管理与决策模型，并分析不同的筹资方式带来的成本和风险，以便选择合理的筹资渠道和最佳的筹资方式。本章我们着重探讨的企业筹资决策模型包括筹资数量预测模型、长期借款筹资决策模型、租赁筹资分析模型、借款筹资与租赁筹资比较选择的决策模型。在筹资决策模型构建的过程中，本章运用到的财务函数及Excel工具和方法，包括期间累计利息函数CUMIPMT、期间累计本金函数CUMPRINC、不规则时间流下的未来值函数FVSCHEDULE、引用函数INDEX及回归分析工具、单变量求解、模拟运算表、建立图形控件等软件工具的使用。

学习目标

- 掌握期间累计本金函数CUMIPMT的应用；
- 掌握期间累计利息函数CUMPRINC的应用；
- 掌握不规则时间流下的未来值函数FVSCHEDULE的应用；
- 掌握引用函数INDEX的应用；
- 掌握回归分析工具、单变量求解、模拟运算表、建立图形控件等软件工具的使用；
- 掌握筹资数量预测模型的设计；
- 掌握长期借款筹资模型的设计；
- 掌握租赁筹资图形控件模型的设计；
- 掌握租赁筹资与借款筹资方案比较分析模型的设计和分析。

5.1 筹资决策模型概述

企业筹集资金，是指企业根据其生产经营、对外投资和调整资金结构的需要，通过筹资渠道和资金市场，运用筹资方式，经济、有效地筹措资金的过程。筹资决策是企业财务管理中的一项重要内容，它是企业开展经营的前提，又在很大程度上影响着企业的投资活动、分配方案等。企业筹资一般分为长期筹资（资金使用期在 1 年以上或超过 1 年的一个营业周期以上）和短期筹资（资金使用期在 1 年以内或超过 1 年的一个营业周期以内）。其中，长期资金决策即资本决策涉及的金额大、期间长，对企业的投资、分配、风险、效益和发展等有着深远的影响，其决策效果对企业有重大的意义。本章我们所探讨的是长期资金的决策。

按照不同的分类标准，企业筹资决策可以分为股权筹资与债权筹资、长期筹资与短期筹资、内部筹资与外部筹资、直接筹资与间接筹资等类型。本章，我们重点探讨债务筹资下的长期借款筹资、债券筹资、融资租赁筹资等几种方式，主要构建的 Excel 模型有以下几种。

1. 筹资数量预测的 Excel 模型

企业在采用何种筹资方式之前，必须先确定筹资的数额。筹资数量预测模型主要是运用 Excel

中的回归分析工具、建立销售百分比法预测模型等来进行筹资数量的预测。

2. 长期借款筹资决策的 Excel 模型

长期借款筹资模型主要是分析企业在取得借款后，如何有效利用 Excel 的财务函数和单（双）变量模拟运算表等工具来进行企业本金、利息、年偿还额等的计算，并分析在不同期数、不同利率情况下企业偿还数额的改变，进而建立企业长期借款的还款计划表。

3. 租赁筹资决策的 Excel 模型

租赁筹资是众多企业尤其是中小企业进行筹资的重要方式之一。在租赁筹资模型中，我们主要探讨在不同支付方式（每期等额支付或不等额支付，期末支付或期初支付）、不同支付租金时间间隔（年、半年、季或月）等的情况下，企业租金支付的差异，并进而编制租金摊销计划表。

4. 借款筹资与租赁筹资比较选择的 Excel 模型

当企业面临需要某项资产或设备时，借款购买设备和向专业租赁公司租赁设备便成为互斥的两个方案。在借款筹资与租赁筹资的比较选择模型中，我们将引入具体案例，利用增量净现值法和成本费用比较法来进行两个互斥方案的选择。

5.2 筹资决策模型的相关函数与工具运用

5.2.1 相关函数

1. CUMIPMT 函数

（1）用途。返回一笔贷款在给定的 start_period 到 end_period 期间累计偿还的利息数额。

（2）语法。

CUMIPMT(rate, nper, pv, start_period, end_period, type)

（3）参数。

① rate，必需。利率。

② nper，必需。总付款期数。

③ pv，必需。现值。

④ start_period，必需。计算中的首期，付款期数从 1 开始计数。

⑤ end_period，必需。计算中的末期。

⑥ type，必需。付款时间类型，类型为时间 0（零）表示期末付款，1 代表期初付款。

（4）说明。

① 应确认所指定的 rate 和 nper 单位的一致性。例如，同样是 4 年期年利率为 10% 的贷款，如果按月支付，rate 应为 10%/12，nper 应为 4×12；如果按年支付，rate 应为 10%，nper 为 4。

② 如果 rate≤0 或 nper≤0 或 pv≤0，函数 CUMIPMT 返回错误值#NUM!。

③ 如果 start_period <1、end_period < 1 或 start_period >end_period，函数 CUMIPMT 返回错误值#NUM!。

④ 如果 type 不是数字 0 或 1，函数 CUMIPMT 返回错误值#NUM!。

2. CUMPRINC 函数

（1）用途。返回一笔贷款在给定的 start_period 到 end_period 期间累计偿还的本金数额。

（2）语法。

CUMPRINC(rate, nper, pv, start_period, end_period, type)。

（3）参数。参数的说明详见 CUMIPMT 函数。

（4）说明。详见 CUMIPMT 函数的说明。

3. FVSCHEDULE 函数

（1）用途。基于一系列复利返回本金的未来值。函数 FVSCHEDULE 用于计算某项投资在变动或可调利率下的未来值。

（2）语法。

FVSCHEDULE (principal, schedule)

（3）参数。

① principal，必需。现值。

② schedule，必需。要应用的利率数组。

（4）说明。schedule 中的值可以是数字或空白单元格；其他任何值都将在函数 FVSCHEDULE 的运算中产生错误值#VALUE!。空白单元格被认为是 0（没有利息）。

4. IF 函数

IF 函数的相关内容参见第 4 章。

5. PPMT 函数

PPMT 函数的相关内容参见第 3 章。

6. IPMT

IPMT 函数的相关内容参见第 3 章。

7. INDEX 函数

INDEX 函数是返回表格或区域中的值或值的引用，它有两种形式：数组形式和引用形式。数组形式是指返回指定单元格或单元格数组的值；引用形式则是指返回指定单元格的引用。

（1）数组形式。

① 用途。返回表格或数组中的元素值，此元素由行号和列号的索引值给定。当函数 INDEX 的第一个参数为数组常量时，使用数组形式。

② 语法。

INDEX(array, row_num, [column_num])

③ 参数。

a. array，必需。单元格区域或数组常量。如果数组只包含一行或一列，则相对应的参数 row_num 或 column_num 为可选参数。如果数组有多行和多列，但只使用 row_num 或 column_num，函数 INDEX 返回数组中的整行或整列，且返回值也为数组。

b. row_num，必需。选择数组中的某行，函数从该行返回数值。如果省略 row_num，则必须有 column_num。

c. column_num，可选。选择数组中的某列，函数从该列返回数值。如果省略 column_num，则必须有 row_num。

④ 说明。

a. 如果同时使用参数 row_num 和 column_num，函数 INDEX 返回 row_num 和 column_num 交

叉处单元格中的值。

b．如果将 row_num 或 column_num 设置为 0（零），函数 INDEX 则分别返回整个列或行的数组数值。

c．若要使用以数组形式返回的值，请将 INDEX 函数以数组公式的形式输入，对于行以水平单元格区域的形式输入，对于列以垂直单元格区域的形式输入。若要输入数组公式，请按【Ctrl+Shift+Enter】组合键。

d．row_num 和 column_num 必须指向数组中的一个单元格；否则，函数 INDEX 返回错误值 #REF!。

例如

	A	B
1	苹果	柠檬
2	香蕉	梨

，公式"=INDEX(A1:B2,2,2)"则说明（结果）位于区域中第二行和第二列交叉处的数值（梨）。

（2）引用形式。

① 用途。返回指定的行与列交叉处的单元格引用。如果引用由不连续的选定区域组成，可以选择某一选定区域。

② 语法。

INDEX (reference, row_num, [column_num], [area_num])

③ 参数。

a．reference，必需。对一个或多个单元格区域的引用。如果引用为输入一个不连续的区域，则必须将其用括号括起来。如果引用中的每个区域只包含一行或一列，则相应的参数 row_num 或 column_num 分别为可选项。例如，对于单行的引用，可以使用函数 INDEX(reference,,column_num)。

b．row_num，必需。引用某行的行号，函数从该行返回一个引用。

c．column_num，可选。引用某列的列标，函数从该列返回一个引用。

d．area_num，可选。选择引用中的一个区域，以从中返回 row_num 和 column_num 的交叉区域。选中或输入的第一个区域序号为 1，第二个为 2，依此类推。如果省略 area_num，则函数 INDEX 使用区域为 1。例如，如果引用描述的单元格为（A1:B4,D1:E4,G1:H4），则 area_num 1 为区域 A1:B4，area_num 2 为区域 D1:E4，而 area_num 3 为区域 G1:H4。

④ 说明。

a．reference 和 area_num 选择了特定的区域后，row_num 和 column_num 将进一步选择特定的单元格：row_num 1 为区域的首行，column_num 1 为首列，以此类推。函数 INDEX 返回的引用即为 row_num 和 column_num 的交叉区域。

b．如果将 row_num 或 column_num 设置为 0，函数 INDEX 分别返回对整列或整行的引用。

c．row_num、column_num 和 area_num 必须指向 reference 中的单元格；否则，函数 INDEX 返回错误值#REF!。

d．如果省略 row_num 和 column_num，函数 INDEX 返回由 area_num 所指定的引用中的区域。

e．函数 INDEX 的结果为一个引用，且在其他公式中也被解释为引用。根据公式的需要，函数 INDEX 的返回值可以作为引用或是数值。例如，公式 CELL("width",INDEX(A1:B2,1,2)) 等价于公式 CELL("width",B1)。CELL 函数将函数 INDEX 的返回值作为单元格引用。而在另一方面，公式 2*INDEX(A1:B2,1,2) 将函数 INDEX 的返回值解释为 B1 单元格中的数字。

5.2.2 工具与方法

1. 数据分析——回归分析

数据分析是数理统计的工具，可以使用数据分析进行数理统计的计算，同时画出各种图形分析数据。Excel 提供了一组数据分析工具，称为【分析工具库】，在建立复杂统计或工程分析时可节省步骤。只需为每一个分析工具提供必要的数据和参数，该工具就会使用适当的统计或工程宏函数，在输出表格中显示相应的结果。其中有些工具在生成输出表格时还能同时生成图表。【分析工具库】包括描述统计、指数平滑、协方差、相关检验、回归分析、协方差、移动平均等工具。若要使用这些工具，需选择【数据分析】菜单命令（Excel 2013：【数据】→【数据分析】）。如无命令，则需要加载【分析工具库】加载项程序，方法是选择【开发工具】→【加载项】，选择【分析工具库】，单击【确定】按钮即可。

回归分析工具通过对一组观察值使用最小二乘法直线拟合来执行线性回归分析。本工具可用来分析单个因变量是如何受一个或几个自变量的影响。

下面结合实例介绍该工具的使用方法。

【例5-1】 关于一般人正常的身高和年龄的数据如图5-1所示，此数据只对预测8岁以内的年龄和身高有效，请预测7岁或8岁一般人的正常身高。

（1）在列及行中，输入经过调查验证的已知数据。本例在A1:B18区域中分别输入年龄和身高的调查访问数据，如图5-1所示。

（2）在单元格D1中输入要预测的项目"年龄（年）"，在D2:D3区域中分别输入"7、8"岁，在单元格E1中输入要预测的项目"预测身高(cm)"，如图5-2所示。

	A	B
1	年龄（年）	身高（cm）
2	1	49
3	1	56
4	1	50
5	2	69
6	2	70
7	2	76
8	3	88
9	3	80
10	3	92
11	4	102
12	4	107
13	5	111
14	5	115
15	5	110
16	6	118
17	6	120
18	6	119

图 5-1 输入预测项目

	D	E
1	年龄（年）	预测身高（cm）
2	7	
3	8	

图 5-2 输入预测项目

（3）选择【数据】→【数据分析】，弹出【数据分析】对话框。单击【回归】选项，单击【确定】按钮，如图5-3所示。

（4）分别选择Y值输入区域和X值输入区域如图5-4所示。由于所选区域含有项目"年龄（年）"和"身高（cm）"标志，所以选中【标志】复选框，同时选择回归结果的输出区域，本例中放在本张工作表的A23位置，然后单击【确定】按钮。

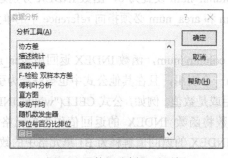

图 5-3 【数据分析】对话框

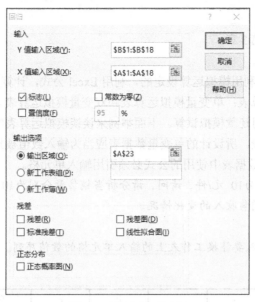

图 5-4 【回归】对话框

（5）在单元格A23开始的区域，显示如图5-5所示的回归结果。

	A	B	C	D	E	F	G	H	I
23	SUMMARY OUTPUT								
24									
25	回归统计								
26	Multiple R	0.976 638 228							
27	R Square	0.953 822 228							
28	Adjusted R Square	0.950 743 71							
29	标准误差	5.550 038 552							
30	观测值	17							
31									
32	方差分析								
33		df	SS	MS	F	Significance F			
34	回归分析	1	9 543.721	9 543.721	309.831 611 1	1.99E-11			
35	残差	15	462.043 9	30.802 93					
36	总计	16	10 005.76						
37									
38		Coefficients	标准误差	t Stat	P-value	Lower 95%	Upper 95%	下限 95.0%	上限 95.0%
39	Intercept	43.206 081 08	2.985 768	14.470 68	3.220 16E-10	36.842 067	49.570 095 21	36.842 067	49.570 1
40	年龄（年）	13.516 891 89	0.767 916	17.602 03	1.990 43E-11	11.880 117	15.153 667 09	11.880 117	15.153 67

图 5-5　显示回归结果

（6）单元格B27显示，年龄和身高的相关系数是"0.9538"，可见相关程度较高，可以据此数据预测7岁或8岁正常人的身高。建立两者的线性回归方程为y=a+bx，这里x表示年龄，y表示身高，系数a的取值为单元格B39中的"43.2061"，系数b的取值为单元格B40中的"13.5169"。

（7）在单元格E2中输入"=$B$39+$B$40*D2"，预测出7岁孩子的身高，并将公式复制到单元格E3，如图5-6所示，则可据此推测，7岁小孩身高为137.82cm，8岁小孩身高为151.34cm。

	D	E
1	年龄（年）	预测身高（cm）
2	7	137.82
3	8	151.34

图 5-6　预测结果

2. 单变量求解

单变量求解内容参见第3章。

3. 模拟运算表

Excel的模拟运算表是利用模拟运算设定的，利用Excel公式，计算显示运算结果。在Excel中主要可以构造两种模拟运算表：单变量模拟运算表和双变量模拟运算表。其常见用途是来假设分析定额存款模拟试算和贷款月还款模拟试算。下面举例来谈谈模拟运算表的使用方法。

（1）单变量模拟运算表。所设计的单变量数据表应当为输入数值被排列在1列中（列方向）或1行中（行方向）。单变量数据表中使用的公式必须引用输入单元格。

【例5-2】 某产品单价为10元/件，请问，请分析当销售量分别为10万件、20万件、30万件、40万件、50万件、60万件时销售收入的变化情况。

计算分析步骤如下。

① 在1列或1行中，输入要替换工作表上的输入单元格的数值序列。本例在C2:H2区域中分别输入各销售量，如图5-7所示。

	A	B	C	D	E	F	G	H
1	单变量模拟运算表							
2	销售量（万件）		10	20	30	40	50	60
3	销售收入（万元）	0						

图5-7 输入数值系列

② 如果数据表为列方向（变量值位于列中），则在变量值上1行且位于值所在的列右边的单元格中键入公式。如果数据表为行方向，则在第1个数值左边1列且位于数值行下方的单元格中键入公式。

本例数据表是行方向的，在单元格B3中输入公式"=B2*10"。

③ 选定包含公式、已知数据和需要被计算的数值的单元格区域，本例中选定B2:H3区域。

④ 选择【数据】→【模拟分析】→【单模拟运算表】，显示设置窗口，如图5-8所示。

⑤ 如果数据表是列方向的，在【输入引用列的单元格】编辑框中，输入单元格引用；如果数据表是行方向的，在【输入引用行的单元格】编辑框中，输入单元格引用。本例中数据表是行方向的，在【输入引用行的单元格】编辑框中输入引用的单元格"$B$2"，如图5-8所示。

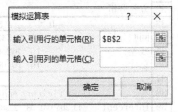

图5-8 【模拟运算表】对话框

⑥ 单击【确定】按钮后，在C3:H3区域中会自动填充相应的销售收入计算结果（见图5-9）。

	A	B	C	D	E	F	G	H
1	单变量模拟运算表							
2	销售量（万件）		10	20	30	40	50	60
3	销售收入（万元）	0	100	200	300	400	500	600

图5-9 销售收入计算结果

（2）双变量模拟运算表。双变量数据表中的两组输入数值使用同一个公式。这个公式必须引用两个不同的输入单元格。

【例5-3】 某企业欲计算产品销售量从10万件到60万件，而价格从1元/件变化到10元/件时各种组合的销售收入。

计算分析步骤如下。

我们首先根据已知条件，设计双变量模拟运算表，如图5-10所示。其中部分单元格设置如下。

	A	B	C	D	E	F	G
1	双变量模拟运算表						
2	销售量（万件）	10					
3	单价（元/件）	1					
4							
5	10	10	20	30	40	50	60
6		1					
7		2					
8		3					
9		4					
10		5					
11		6					
12		7					
13		8					
14		9					
15		10					

图 5-10　该企业销售收入情况

① 在工作表的某个单元格内，输入引用了两个输入单元格的公式。本例中，公式的初始值位于单元格B2和B3中，在单元格A5中输入公式"=B2*B3"。

② 在公式右边的同1行中输入1个变量的一系列输入值。本例中，在B5:G5区域中输入不同的销售量。

③ 在公式下方的同1列中输入另1个变量的一系列输入值。本例中，在A6:A15区域中输入不同的单价。

④ 选定包含公式以及数值行和列的单元格区域。本例中，选定A5:G15区域。

⑤ 选择【数据】→【模拟分析】→【模拟运算表】，显示设置窗口，如图5-11所示。

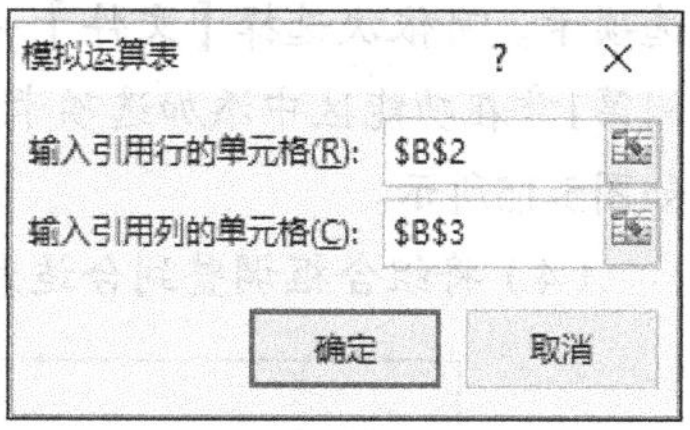

⑥ 在【输入引用行的单元格】编辑框中，输入由行数值替换的变量的单元格的引用。本例中输入单元格"$B$2"。在【输入引用列的单元格】编辑框中，输入由列数值替换的变量的单元格的引用。本例中输入单元格"$B$3"。

图 5-11　【模拟运算表】对话框

⑦ 单击【确定】按钮，显示出模拟的结果，如图5-12所示。

	A	B	C	D	E	F	G
5	10	10	20	30	40	50	60
6	1	10	20	30	40	50	60
7	2	20	40	60	80	100	120
8	3	30	60	90	120	150	180
9	4	40	80	120	160	200	240
10	5	50	100	150	200	250	300
11	6	60	120	180	240	300	360
12	7	70	140	210	280	350	420
13	8	80	160	240	320	400	480
14	9	90	180	270	360	450	540
15	10	100	200	300	400	500	600

图 5-12　模拟运算结果

（3）模拟运算表的删除。Excel 模拟运算表所生成的数据 Excel 是不允许单独修改和删除一个单元格，只能选定整个生成数据的区域（如图 5-12 中的 B6:G15 区域）才能进行删除。

4．在单元格下建立下拉列表框

在使用 Excel 2013 编辑表格的时候，如果我们需要输入很多相同内容，就可以使用单元格的下拉菜单功能，利用数据的有效性来完成方便的操作。接下来，我们以将"政治面貌"设置下拉菜单为例，介绍在单元格下建立下拉式列表框的具体设置方法。

【例5-4】 为图 5-13 所示的"政治面貌"设置下拉菜单。

具体操作步骤如下。

（1）用 Excel 2013 打开要编辑的工作表，可以看到"政治面貌"的选项目前还没有填写。

图 5-13　打开要编辑的工作表　　　　图 5-14　写入"政治面貌"的可能选项

（2）找一个空白处，依次写入政治面貌的可能选项：群众、团员、预备党员、中共党员，本例中，在 C1:C4 单元格区域中输入，如图 5-14 所示。

（3）选定【开发工具】选项卡，单击【插入】，选择插入【表单控件】，如图 5-15 所示。这里需要注意的是，插入表单控件是在【开发工具】选项卡下，该选项卡不是默认主选项卡，需要添加该选项卡。可依次选择【文件】→【选项】→【自定义功能区】，勾选【开发工具】，具体步骤可以参阅第 1 章在功能区中添加选项卡的部分。【表单控件】中有多种控件，这里选择【组合框（窗体控件）】，如图 5-15 所示。

（4）将组合框调整到合适大小，放置于 B1 单元格中，如图 5-16 所示。

图 5-15　插入"组合框（窗体控件）"　　　图 5-16　放置"组合框（窗体控件）"

（5）单击鼠标右键，在快捷菜单中选择【设置控件格式】，在【设置控件格式】对话框中，依次在【数据源区域】中选择 "$C$1:$C$4"，在【单元格链接】中选择 "$B$1"，在【下拉显示项数】中输入 "4"，如图 5-17 所示。

（6）完成"政治面貌"的下拉式列表框的建立，如图 5-18 所示。

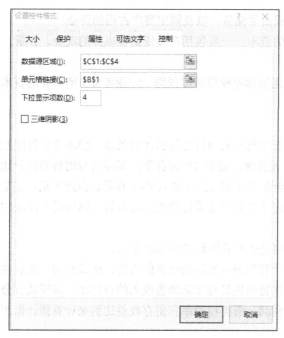

图 5-17 【设置控件格式】对话框

图 5-18 下拉式列表框示意图

5.3 筹资数量预测的 Excel 模型

5.3.1 筹资数量的预测

企业筹资之前，首先要采用科学的方法对企业未来一段时间所需资金数量进行预测，这样才能保证筹集的资本既能满足生产经营的需要，又不会产生资金闲置，造成浪费。预测企业筹资金额的方法很多，一般来说包括因素分析法、线性回归分析法和销售百分比法。

1. 因素分析法

因素分析法又称为分析调整法，是以有关资本项目上年度的实际平均需要量为基础，根据预测年度的生产经营任务和加速资本周转的要求，进行分析调整，来预测资本需要量的一种方法。这种方法的计算公式如下。

$$资本需要量=（上年资本实际平均占用量-不合理平均占用额）$$
$$×（1±预测年度销售增减率）$$
$$×（1±预测期资本周转速度变动率）$$

2. 线性回归分析法

线性回归分析法是假定资本需要量与营业业务量之间存在着线性关系并据此建立数学模型，然后根据历史有关资料，用回归直线方程确定参数预测资金需要量的方法。其预测模型如下。

$$y=a+bx$$

式中，y 为资本需要量；a 为不变资本；b 为单位业务量所需要的变动资本；x 为业务量。

不变资本是指在一定的营业规模内不随业务量增减的资本，主要包括为维持营业而需要的最低数额的现金、原材料的保险储备、必要的成品或商品储备，以及固定资产占用的资金。

变动资本是指随业务量变动而同比例变动的资本，一般包括在最低储备以外的现金、存货、应收账款等所占用的资金。

在利用历史资料确定 *a*、*b* 数值的条件下，运用预测模型即可预测一定业务量 *x* 所需要的资本数是 *y*。

3. 销售百分比法

销售百分比法是根据销售收入与资产负债表和利润表项目之间的比例关系，预测各项目短期资本需要量的方法。例如，某企业每年销售 200 元货物，需有 20 元存货，即存货与销售的百分比是10%（20/200）。若销售增至 400 元，那么，该企业需有 40 元（400×10%）存货。由此可见，在某项目与销售比率既定的前提下，便可预测未来一定销售额下该项目的资本需要量。销售百分比法的基本步骤如下。

（1）计算预测期的销售收入，销售收入预测是企业筹资数量预测的起点。

（2）编制预计利润表，预测留用利润。预计利润表与实际利润表的内容、格式相同。该表格通过分析基期年度利润表资料，计算利润表中成本费用项目与实际销售收入的百分比，按照该百分比与预计销售收入编制预计利润表，再依据预计利润、所得税税率和留存收益比例来计算预计留用利润增加额。

（3）编制预计资产负债表，预测外部筹资额。预计资产负债表与实际资产负债表的内容、格式相同，是运用销售百分比的原理预测外部筹资的一种报表。通过提供的资产负债表，可计算有关资产负债项目与销售额的百分比，利用销售百分比法确定资产、负债和留用利润项目，预测外部筹资数额，编制预计资产负债表。

（4）如果有关资产负债中的敏感项目及其销售百公比变动，则相应地调整外部筹资额。

5.3.2 筹资数量预测模型的设计

企业筹资中资金需求量预测模型的解决方案：首先，要建立原始数据区，整理和输入该模型所需的原始数据；其次，建立求解区域，计算各个指标预测出公司资金的需求量，并将结果保存在相应的位置；最后，预测出外部资金需求量。由于因素分析法预测筹资数量相对简单，本小节我们对该种方法不做举例说明，只举例说明线性回归分析法与销售百分比法的应用。

1. 线性回归分析法预测模型

【例5-5】 某公司产销量和资金需求量的关系如表5-1所示，预计该公司2018年的销售量为745万件。试用回归分析法来预测2018年该公司的资金需要量。

表 5-1　　　　　　　　　　XSH公司产销量与资金需求量的关系

年度	产销量（万件）	资金需要量（万元）
2012	560	500
2013	600	545
2014	550	480
2015	490	460
2016	650	595
2017	710	625

（1）新建"资金需求量预测模型"工作表，如图5-19所示。在B4:D9区域中录入建立回归法预测资金需求量模型的已知数据。

	A	B	C	D
1		已知数据		
2		XSH公司产销量与资金需求量的关系		
3		年度	产销量（万件）	资金需要量（万元）
4		2012	560	500
5	回归法	2013	600	545
6		2014	550	480
7		2015	490	460
8		2016	650	595
9		2017	710	625

图 5-19　录入数据

（2）在G1:K4区域建立回归法预测资金需求量模型的求解区域，如图5-20所示。

	G	H	I	J	K
1	求解区域				
2	回归法预测资金需要量				
3	相关系数	系数a	系数b	2018年预测值（万件）	2018资金需要量预测（万元）
4					

图 5-20　求解区域

（3）选择【数据】→【数据分析工具】菜单命令，弹出【数据分析】对话框。选择【回归】选项，单击【确定】按钮，如图5-21所示。

（4）在【回归】对话框中，分别选择Y值输入区域和X值输入区域，如图5-22所示。由于所选区域含有项目"产销量（万件）"和"资金需求量（万元）"标志，因而选中【标志】复选框，同时选择回归结果的输出区域，本例中放在本张工作表的A12位置，然后单击【确定】按钮。

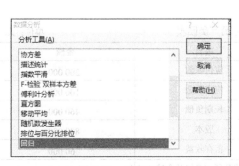

图 5-21　选择回归

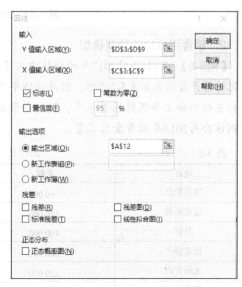

图 5-22　【回归】对话框

（5）在单元格A12开始的区域，显示如图5-23所示的回归结果。

	A	B	C	D	E	F	G	H	I
12	SUMMARY OUTPUT								
13									
14	回归统计								
15	Multiple R	0.982 252 3							
16	R Square	0.964 819 5							
17	Adjusted R Square	0.956 024 4							
18	标准误差	13.805 713							
19	观测值	6							
20									
21	方差分析								
22			df	SS	MS	F	Significance F		
23	回归分析		1	20 908.442 5	20 908.442 5	109.699 3	0.000 469 678		
24	残差		4	762.390 83	190.597 707 4				
25	总计		5	21 670.833 3					
26									
27		Coefficients	标准误差	t Stat	P-value	Lower 95%	Upper 95%	下限 95.0%	上限 95.0%
28	Intercept	43.176 856	47.215 753	0.914 458 695	0.412 213	-87.915 090 47	174.268 8	-87.915 09	174.268 802
29	产销量/万件	0.827 510 9	0.079 008 12	10.473 745 22	0.000 47	0.608 149 21	1.046 872 6	0.608 149 2	1.046 872 62

图 5-23　回归分析结果

（6）在图5-20所示的求解区域中，单元格G4中输入"=B16"，求解两者的相关系数。

（7）在单元格H4中输入"=B28"，求解系数a。

（8）在单元格I4中输入"=B29"，求解系数b。

（9）在单元格J4中输入"745"，这是2018年预测的产销量。

（10）在单元格K4中输入"=H4+I4*J4"，求解2018年预测的资金需求量。解得结果如图5-24所示。

	G	H	I	J	K
1	求解区域				
2	回归法预测资金需要量				
3	相关系数	系数a	系数b	2018年预测值（万件）	2018资金需要量预测（万元）
4	0.964 8	43.176 9	0.827 5	745	659.67

图 5-24　2018 年资金需要量预测

2. 销售百分比法预测模型

【例5-6】　XSH公司2017年的销售收入是2 000 000元，销售净利率是6%，股利支付率是35%，简化的资产负债表如表5-2所示。假设2018年预计销售收入将增至2 760 000元，该公司的销售净利率、股利支付率和上年保持同等水平，2018年该公司的零星资金需求量为34 500元。请用销售百分比法预测该公司2018年的资金需求量。

表5-2　　　　　　　　　　　2017年 XSH 公司简化资产负债表　　　　　　　　　　　单位：元

项目	金额	项目	金额
货币资金	60 000	应付账款	200 000
应收账款	340 000	应交税金	100 000
存货	400 000	长期负债	460 000
固定资产	600 000	股本	800 000
无形资产	220 000	留存收益	60 000
资产总计	1 620 000	负债及所有者权益合计	1 620 000

计算分析步骤如下。

（1）在A1:E8和B10:D15区域建立销售百分比法预测资金需求量模型的已知数据，录入各个已知数据，如图5-25所示。

	A	B	C	D	E
1		2017年XSH公司简化资产负债表　单位：元			
2		项目	金额	项目	金额
3		货币资金	60 000	应付账款	200 000
4	销售百分比法	应收账款	340 000	应交税金	100 000
5		存货	400 000	长期负债	460 000
6		固定资产	600 000	股本	800 000
7		无形资产	220 000	留存收益	60 000
8		资产总计	1 620 000	负债及所有者权益合计	1 620 000
9					
10		其他已知数据			
11			2017		2018
12		销售收入	2 000 000		2 760 000
13		销售净利率	6%		6%
14		股利支付率	35%		35%
15		零星资金需求量			34 500

图 5-25　录入已知数据

（2）在G1:L10区域建立销售百分比法预测资金需求量模型的求解区域，如图5-26所示。

	G	H	I	J	K	L
1	求解区域					
2	2018 年 XSH 公司资金需求量预测　单位：元					
3	项目	是否敏感项目	占基期销售收入百分比	项目		占基期销售收入百分比
4	货币资金			应付账款		
5	应收账款			应交税金		
6	存货			长期负债		
7	固定资产			股本		
8	无形资产			留存收益		
9	资产总计			负债及所有者权益合计		
10	2018 年外部资金需求量预测					

图 5-26　求解区域

（3）在H4:H7区域中输入"是"，在单元格H8中输入"否"；在K4:K5区域中输入"是"，在K6:K8区域中输入"否"，如图5-27所示。

（4）在单元格I4中输入"=IF(H4="是",C3/$C$12,"无意义")"，并将公式一直复制到单元格I8。

（5）在单元格L4中输入"=IF(K4="是",E3/$C$12,"无意义")"，并将公式一直复制到单元格L8。

（6）在单元格I9中输入"=SUM(I4:I8)"。

（7）在单元格L9中输入"=SUM(L4:L8)"。

（8）在单元格J10中输入"=(D12-C12)*(I9-L9)-D12*D13*(1-D14)+D15"，预测2018年外部的资金需求量。

最终结果如图5-27所示，如果2018年销售收入增长至2 760 000元，外部零星资金需求量为34 500元，则该公司需要的外部资金需求量为344 860元。

	G	H	I	J	K	L
1				求解区域		
2			2018年 XSH 公司资金需求量预测	（元）		
3	项目	是否敏感项目	占基期销售收入百分比	项目	占基期销售收入百分比	
4	货币资金	是	0.03	应付账款	是	0.1
5	应收账款	是	0.17	应交税金	是	0.05
6	存货	是	0.2	长期负债	否	无意义
7	固定资产	是	0.3	股本	否	无意义
8	无形资产	否	无意义	留存收益	否	无意义
9	资产总计		0.7	负债及所有者权益合计		0.15
10	2018年外部资金需求量预测			344 860		

图 5-27　XSH 公司资金需求量预测结果

5.4 长期借款筹资决策的 Excel 模型

5.4.1　长期借款筹资决策概述

长期借款是指企业向银行或其他金融机构借入的期限在 1 年以上（不含 1 年）或超过 1 年的一个营业周期以上的各项借款。一般地，长期借款涉及的金额比较大，期限也比较长，因此，企业在取得借款后，往往需要对借款的每期还款额、每期利息、期数与利息变动对借款偿还额的影响、如何偿还等问题做好安排。Excel 中强大的 PMT、PPMT 等财务函数及单（双）变量模拟运算表等工具可以方便地解决这些问题。另外，在偿还问题上，借贷双方往往会在借款合同中事先约定。等额利息法、等额本金法、等额偿还法、一次性偿付法等几种方法均是比较常见的借款偿还方式。其中，等额利息法指的是每期期末按借款利率偿还固定的利息，到期一次还本；等额本金法则是指每年偿还固定的本金及相应的利息，用这种方法每年偿还本金的数额都相等，但每年支付的利息随着年末剩余本金余额的减少而逐年降低；等额偿还法下，则每年偿还的本金和利息总额都是相等的；一次性偿付法，顾名思义，是指最后一期偿还本金和利息（复利计息）。无论企业采用哪种偿还方式，都应计算出每年应支付的利息和偿还本金的数额，进而编制还款计划表。利用 Excel 工具可以方便地完成这些还款计划表的编制。

5.4.2　长期借款筹资决策模型的设计

1. 相关函数的应用

利用长期借款进行筹资，往往要计算每期还款额、每期利息等。这时候，我们会用到一些基本财务函数，包括 PMT、CUMPRINC、CUMIPMT、FVSCHEDULE 等。下面，分别举例说明这些函数的具体应用。

【例5-7】某企业从银行取得20年期长期借款100万元，借款年利率为10%，与银行约定采用等额还款方式每年年末还款。计算公司每年分期等额偿还金额。

针对该案例，我们可以建立简单的长期贷款筹资分析模型，对长期贷款进行还款分析。操作步骤如下。

（1）根据已知条件建立分期等额偿还长期借款基本模型，如图5-28所示。

	A	B
1	长期借款等额还款额模型	
2	借款金额（万元）	
3	借款年利率	
4	借款年限（年）	
5	每年还款期数	
6	还款总期数（次）	
7	分期等额偿还金额（万元）	

图 5-28　分期等额还款基本模型

（2）定义各因素间的钩稽关系。

还款总期数=借款年限×每年还款期数，即B6=B4*B5。

在单元格B7中输入公式"=PMT(B3/B5,B6,-B2)"，即分期等额偿还金额= PMT（借款年利率／每年还款期数，总还款期数，-借款金额）。

（3）根据需要输入借款金额、利率、借款年限、每年还款期数，分析表会进行计算并显示计算结果。此案例的分析结果如图5-29所示。

	A	B
1	长期借款等额还款额模型	
2	借款金额（万元）	100
3	借款年利率	10%
4	借款年限（年）	20
5	每年还款期数	1
6	还款总期数（次）	20
7	分期等额偿还金额（万元）	11.75

图 5-29　分析结果

【例5-8】　某人找银行贷款500 000元，年利率为7%，15年期，分两种方式进行还款：一种方式是每年年初等额分期还款；另一种方式则是每年年末等额还款。请分别计算这两种方式下第10年全年付款本金之和。

（1）根据已知条件，先建立求解全年付款本金之和的基本模型，如图5-30所示。

	A	B	C
1	期间累计本金数额计算模型		
2	贷款现值（元）	500 000	
3	年利率	7%	
4	期限（年）	15	
5	还款方式	年初等额还款	年末等额还款
6	第10年本金之和（元）	-66 138.02	-70 767.68

图 5-30　计算某年本金之和的基本模型

（2）选中单元格B6，单击【公式】→【插入函数】命令，在函数分类中找出【财务】函数中的【CUMPRINC】函数，单击【确定】按钮，弹出如图5-31所示的对话框。

（3）按照图5-31所示输入年利率、总期数、贷款现值、起始期数、终止数和年金类型，单击【确定】按钮，即可得出计算结果。当然，我们也可以在单元格中直接输入公式"=CUMPRINC(B3,B4,B2,9,

10,1)"，确认后，计算结果即显示在输入公式的单元格中，结果是-66 138.02。

图 5-31　CUMPRINC 函数参数对话框

 对于CUMPRINC函数，如果参数Pv≤0，函数CUMIPMT将返回错误值#NUM!，因此，此处我们不再加负号，结果出来为负值，表示需要偿还的累计本金数。

（4）如果该贷款需要每年年末等额偿还，则"type"参数输入0，其他参数与年初等额偿还相同，计算结果是-70 767.68元。

【例5-9】　某人因为购车找银行贷款200 000元，年利率为5%，5年期，每月月末等额分期还款，请计算第3年全年支付的贷款利息。

（1）根据已知条件，先建立求解全年支付贷款利息的基本模型，如图5-32所示。

（2）选中单元格B6，单击【公式】→【插入函数】命令，在函数分类中找出【财务】类函数中的【CUMIPMT】函数，单击【确定】按钮，弹出图5-33所示的对话框。

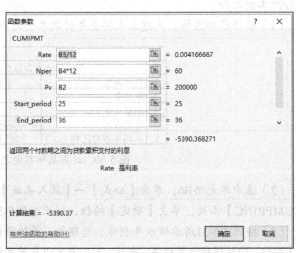

	A	B
1	期间累计利息计算模型	
2	贷款现值（元）	200 000
3	年利率	5%
4	期限（年）	5
5	还款方式	月末等额还款
6	第3年利息之和	-5 390.37

图 5-32　计算某年全年贷款利息的基本模型

图 5-33　CUMIPMT 函数参数对话框

（3）按照图5-33所示输入月利率、计算本金数额的总期数、贷款现值、第3年的起始月份数、第3年的终止月份数和年金类型，由于该项贷款是每月月末等额还款，因此月利率"Rate"要将年利率除以12后取得，即输入"B3/12"，相应的计息期数"Nper"要输入"B4*12"，第3年的起始月份"Star_period"为"25"，第3年的终止月份"End_period"为"36"，月末还款，故"type"参数中填入"0"。单击【确定】按钮，即可得出计算结果。当然，也可以在单元格中直接输入公式"=CUMIPMT(B3/12,B4*12,B2,25,36,0)"，确认后计算结果就显示在输入公式的单元格中，结果是-5 390.37，即该人第3年全年支付的利息总额为5 390.37元。

【例5-10】 某企业存入银行300 000元，利息按复利计算，银行采用浮动利率，第1～5年的利率分别为3%、4%、5%、3.5%、3%，计算该系列存款5年后的终值。

计算步骤如下。

（1）根据已知条件，先建立终值计算模型，如图5-34所示。

（2）选中单元格B5，单击【公式】→【插入函数】命令，在函数分类中找出【财务】类函数中的【FVSCHEDULE】函数，单击【确定】按钮，弹出图5-35所示的对话框。

	A	B	C	D	E	F
1	系列复利后初始本金终值的计算模型					
2	现值（元）	300 000				
3	年份		1	2	3	4	5
4	利率	3.0%	4.0%	5.0%	3.5%	3.0%
5	终值（元）	359 715.1				

图 5-34 系列复利后初始本金终值的计算

图 5-35 FVSCHEDULE 函数参数对话框

（3）按照图5-35所示，在现值参数"Principal"中输入"B2"，在应用的利率组合参数"Schedule"中输入"B4:F4"，单击【确定】按钮，即可得出计算结果。当然，我们也可以在单元格中直接输入公式"=FVSCHEDULE(B2,B4:F4)"，确认后计算结果显示在输入公式的单元格中，结果约为359 715.1元。

（4）需要注意的是，如果Schedule参数采用数组形式，则利率要用小数而不是百分数表示。

2. 运用模拟运算表进行贷款影响因素分析

长期借款中的本金、利率、期数是互相影响的。借款金额不变，借款利率、借款期数的变化都会带来分期偿还金额的改变。财务人员可以通过 Excel 提供的模拟运算表了解借款利率、借款期数等因素的变化对分期偿还金额的影响。

（1）单变量模拟运算表

【例5-11】 沿用【例5-7】，等额分期偿还贷款的条件下，利用模拟运算表分析不同借款利率对还款金额的影响。

分析步骤如下。

① 建立如图5-36所示的单变量模拟运算表，在B2单元格中输入借款金额，在B3单元格中输入借款年限，在B4单元格中输入每年还款期数，在B5单元格中输入公式"=B3*B4"；将可能的借款年利率输入到A列相应的单元格中。本例中可能的借款年利率存放在A9:A19中。

② 在B8单元格中输入公式"=PMT(A8/B4,B5,-B2)"。

③ 选定包含有公式的数据区域A8:B19。

④ 选择【数据】→【模拟分析】→【模拟运算表】，弹出如图5-37所示的对话框。依据图5-37所示，在【输入引用列的单元格】中输入"$A$8"，单击【确定】按钮。

⑤ 计算结果就显示在图5-38所示的工作表中，从该工作表可以看到不同利率水平下等额分期偿还贷款的金额。

⑥ 任意改变A9到A19单元格中的利率水平，相对应的等额分期偿还贷款金额就会自动模拟显示出来。

	A	B
1	单变量模拟运算表	
2	借款金额（万元）	100
3	借款年限（年）	20
4	每年还款期数	1
5	还款总期数	20
6		
7	借款年利率	分期等额偿还金额（万元）
8		
9	5%	
10	6%	
11	7%	
12	8%	
13	9%	
14	10%	
15	11%	
16	12%	
17	13%	
18	14%	
19	15%	

图5-36 单变量模拟运算表

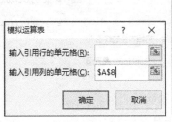

图5-37 【模拟运算表】对话框

	A	B
1	单变量模拟运算表	
2	借款金额（万元）	100
3	借款年限（年）	20
4	每年还款期数	1
5	还款总期数	20
6		
7	借款年利率	分期等额偿还金额（万元）
8		5.00
9	5%	8.02
10	6%	8.72
11	7%	9.44
12	8%	10.19
13	9%	10.95
14	10%	11.75
15	11%	12.56
16	12%	13.39
17	13%	14.24
18	14%	15.10
19	15%	15.98

图5-38 单变量模拟运算结果

（2）双变量模拟运算表的运用

【例5-12】 沿用【例5-11】，在等额分期偿还贷款的条件下，利用模拟运算表分析不同借款利率、不同借款年限对还款金额的影响。

分析步骤如下。

① 建立如图5-39所示的双变量模拟运算表模型，在B2单元格中输入借款金额，在B3单元格中输入借款年限，在B4单元格中输入每年还款期数，在B5单元格中输入借款年利率；将可能的借款年利率和借款年限分别输入A列相应的单元格和7行相应的单元格区域中。本例中可能的借款年利率存放在A8到A18中，可能的借款年限存放在B7到G7中。

② 在A7单元格中输入公式"=PMT(B5,B3,-B2,,0)"。

③ 选定包含有公式的数据区域A7:G18。

	A	B	C	D	E	F	G
1	双变量模拟运算表						
2	借款金额（万元）	100					
3	借款年限（年）	20					
4	每年还款期数	1					
5	借款年利率	10%					
6							
7	11.75	5	6	7	8	9	10
8	5%						
9	6%						
10	7%						
11	8%						
12	9%						
13	10%						
14	11%						
15	12%						
16	13%						
17	14%						
18	15%						

图 5-39 双变量模拟运算表

④ 选择【数据】→【模拟分析】→【模拟运算表】，弹出如图5-40所示对话框。在【输入引用行的单元格】中输入"$B$3"，在【输入引用列的单元格】中输入"$B$5"，单击【确定】按钮。

图 5-40 【模拟运算表】对话框

⑤ 计算结果显示在图5-41所示的工作表中，从该工作表可以看到不同利率水平、不同借款年限下的等额分期偿还贷款的金额。

⑥ 任意改变A8到A18单元格区域中的利率水平和B7到G7单元格区域中的借款年限，相对应的等额分期偿还贷款金额就会自动模拟显示出来。

	A	B	C	D	E	F	G
1	双变量模拟运算表						
2	借款金额（万元）	100					
3	借款年限（年）	20					
4	每年还款期数	1					
5	借款年利率	10%					
6							
7	11.75	5	6	7	8	9	10
8	5%	23.10	19.70	17.28	15.47	14.07	12.95
9	6%	23.74	20.34	17.91	16.10	14.70	13.59
10	7%	24.39	20.98	18.56	16.75	15.35	14.24
11	8%	25.05	21.63	19.21	17.40	16.01	14.90
12	9%	25.71	22.29	19.87	18.07	16.68	15.58
13	10%	26.38	22.96	20.54	18.74	17.36	16.27
14	11%	27.06	23.64	21.22	19.43	18.06	16.98
15	12%	27.74	24.32	21.91	20.13	18.77	17.70
16	13%	28.43	25.02	22.61	20.84	19.49	18.43
17	14%	29.13	25.72	23.32	21.56	20.22	19.17
18	15%	29.83	26.42	24.04	22.29	20.96	19.93

图 5-41 双变量模拟运算结果

因此，利用模拟运算表，财务人员可以直观地比较在不同利率与期数组合情况下企业需要偿还的借款金额。当长期借款方案发生变化时，财务人员只需改变第1因素和第2因素所在的行和列的数值系统就会自动重新计算双因素分析表中的所有值。

3. 长期借款中最佳贷款方案决策模型

企业在充分利用长期借款时，应当结合实际情况，选择适当的付款条件。长期借款的偿还方式一般包括：等额利息法、等额本金法、等额摊还法和到期清偿全部本息法等方式。在这些方式中，等额本金法会提高企业使用贷款的实际利率，到期清偿全部本息法会加大企业到期偿还借款的压力。以下将分别举例说明。

【例5-13】 某工厂需要购置一台新设备，拟向银行贷款5 000 000元，银行年利率为7%，借款期限为5年。有以下几种偿还方式：①等额利息法，每年年末支付利息，到期一次性偿还本金；②等额本金法，即每年年末平均偿还贷款本金和尚未偿还部分的利息；③等额摊还法，每年年末等额偿还；④到期清偿全部本息。请分析哪一种偿还方式对企业最有利，作图说明。

计算分析步骤如下。

（1）建立长期借款决策基本模型，如图5-42所示。

（2）在第1种还款方式下，各单元格的公式输入如下。

① 由于每年年末支付利息，因此在单元格C8，C10，C12，C14均输入公式"=B2*B3"。

② 最后一年支付利息与本金，因此在单元格C16中输入公式"=B2*B3+B2"。

	A	B	C	D	E	F
1	分期还款决策模型（元）					
2	借款金额	5 000 000				
3	借款年利率	7%				
4	借款年限（年）	5				
5	总还款期数	5				
6						
7		还款方式	第1种还款方式	第2种还款方式	第3种还款方式	第4种还款方式
8	第1年	偿还	350 000	1 350 000	1 219 453.47	0
9		尚欠本金	5 000 000	4 000 000	—	5 000 000
10	第2年	偿还	350 000	1 280 000	1 219 453.47	0
11		尚欠本金	5 000 000	3 000 000	—	5 000 000
12	第3年	偿还	350 000	1 210 000	1 219 453.47	0
13		尚欠本金	5000 000	2 000 000	—	5 000 000
14	第4年	偿还	350 000	1 140 000	1 219 453.47	0
15		尚欠本金	5 000 000	1 000 000	—	5 000 000
16	第5年	偿还	5 350 000	1 070 000	1 219 453.47	6 750 000
17		总还款额	6 750 000	6 050 000	6 097 267.36	6 750 000

图 5-42 长期借款决策基本模型

③ 由于各年只支付利息，因此第1～4年年末尚欠本金均为5 000 000元，在单元格C9，C11，C13，C15均输入"=5 000 000"。

④ 在单元格C17中输入公式"=C8+C10+C12+C14+C16"，求出总还款额。

（3）在第2种还款方式下，各单元格的公式输入如下。

① 由于每年年末平均支付本金与尚未偿还本金的利息，因此在单元格D8中输入公式"=B2/B4+B2*B3"。

② 在单元格D9中输入公式"=B2-B2/B4"。

③ 同理，在单元格D10、D12、D14、D16中分别输入公式"=B2/B4+D9*B3""=B2/B4+D11*B3""=B2/B4+D13*B3""=B2/B4+D15*B3"，求出各年偿还的金额。在具体输入过程中，可以采用公式复制的方法来进行输入。

④ 在单元格D11、D13、D15中分别输入公式"=D9-B2/B4""=D11-B2/B4""=D13-B2/B4"，求出各年尚欠本金额。在具体输入过程中，可以采用公式复制的方法来进行输入。

⑤ 在单元格D17中输入公式"=D8+D10+D12+D14+D16"，求出总还款额。

（4）在第3种还款方式下，各单元格的公式输入如下。

① 由于采用等额本息法，因此在单元格E8中输入公式"=PMT($B$3,$B$4,-$B$2)"，并将其复制到单元格E10、E12、E14、E16中，求出各年偿还金额。

② 在该种方式下，由于各年尚欠本金对我们每年的偿还额没有影响，因此，各年尚欠本金暂不计算。

③ 在单元格E17中输入公式"=E8+E10+E12+E14+E16"，求出总还款额。

（5）在第4种还款方式下，各单元格的公式输入如下。

① 由于采用到期一次性支付本金与利息，因此在单元格F16中输入公式"=B2+B2*B3*B5"，此处偿还值即为该种方式下的总还款额，因此，单元格F17中的公式为"=F16"。

② 在单元格F9、F11、F13、F15中输入公式"=B2"，表示每年尚欠本金额。

（6）我们形成图5-42所示的计算结果。可以看出，不同方式下总付款额差异较大，公司应采取恰当的筹资条件。第2种方式总付款额最小，而一次性清偿方式的总付款额最大。当然，我们可以选定单元格区域B7:F7与单元格区域B17:F17，插入图表，形成图5-43所示的各种还款方式下总还款额的对比图，由该图，我们可以更清晰、直观地看出还款额的差异。管理层具体采用哪种偿还方式来进行偿付，可以根据实际情况做出决策。

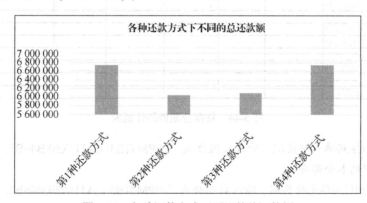

图 5-43　各种还款方式下不同的总还款额

4. 建立复杂的贷款筹资偿还分析模型

企业取得长期贷款后，要定期偿还，为了全面了解偿还情况，财务人员可以利用 Excel 建立贷款筹资偿还分析表，以跟踪和记录借款偿还的详细情况。这里，以分期等额偿还为例，说明该分析表的使用。

【例5-14】 假设某公司为投资一个新项目，2017年3月15日从银行取得贷款5 000 000元，每半年年末等额偿还本息，银行年利率为4%，贷款年限为10年。试设计还款分析表。

（1）根据题目已知条件设计该工作表的基本部分，如图5-44所示。合并第一行单元格区域A1:I1，输入该模型的名称"贷款分期偿还计划表"，并居中。在工作表相应的单元格中输入贷款总额、年利率、贷款年限、每年付款次数、贷款起始日期、额外付款额、计划总应付款、计划付款次数、实际付款次数、提早付款总额和总利息等文字部分；在A8单元格中输入"贷方名称"，在C8单元格中输入"项目投资贷款"。由于该案例假设2017年3月15日借款，每半年年末等额偿还本息，故付款日期分别为2017/9/15、2018/3/15等。

（2）选定D11到D30单元格区域，输入数组公式"=PMT(B3/2,B4*B5,-B2,,0)"，得到每期计划付款额。

	A	B	C	D	E	F	G	H	I
1				贷款分期偿还计划表					
2	贷款总额（元）	5 000 000					计划总应付款（元）		
3	年利率	4.00%					计划付款次数		
4	贷款年限（年）	10					实际付款次数		
5	每年付款次数	2					提早付款总额		
6	贷款起始日期	2017/3/15					总利息（元）		
7	可选的额外付款								
8	贷方名称		项目投资贷款						
9									
10	付款编号	付款日期	期初余额	计划付款	累计总应付款	本金	利息	期末余额	累计利息
11	1	2017/9/15							
12	2	2018/3/15							
13	3	2018/9/15							
14	4	2019/3/15							
15	5	2019/9/15							
16	6	2020/3/15							
17	7	2020/9/15							
18	8	2021/3/15							
19	9	2021/9/15							
20	10	2022/3/15							
21	11	2022/9/15							
22	12	2023/3/15							
23	13	2023/9/15							
24	14	2024/3/15							
25	15	2024/9/15							
26	16	2025/3/15							
27	17	2025/9/15							
28	18	2026/3/15							
29	19	2026/9/15							
30	20	2027/3/15							

图 5-44　贷款分期偿还计划表

（3）选定F11到F30单元格区域，输入数组公式"=PPMT(B3/2,A11:A30,B4*B5,-B2)"，得到每期计划等额付款额中的本金部分。

（4）选定G11到G30单元格区域，输入数组公式"=IPMT(B3/2,A11:A30,B4*B5,-B2)"，得到每期计划等额付款额中的利息部分。

（5）在单元格C11中输入公式"=B2"，在单元格C12中输入公式"=C11-F11"，并将公式向下复制到C30单元格，得到每期期初余额。

（6）在单元格E11中输入公式"=D11"，在单元格E12中输入公式"=D12+E11"并将公式向下复制到E30单元格，得到每期累计总应付款。

（7）由于第1期的期末余额为第2期的期初余额，为求得每期期末余额，可在单元格H11中输入公式"=C12"，并将公式向下复制到H30单元格，即可得到所求。

（8）在单元格I11中输入公式"=G11"，在单元格I12中输入公式"=G12+G11"，并将公式向下复制到I30单元格，得到每期累计利息。

（9）在单元格I2中输入"=E30"，得到该笔贷款10年总计划付款额；在单元格I3、I4中输入"20"，得到计划和实际付款次数均为20次；在单元格I6中输入总利息数"=I30"。

最终，贷款分期偿还计划表的结果如图5-45所示。

	A	B	C	D	E	F	G	H	I
1					贷款分期偿还计划表				
2	贷款总额（元）	5 000 000					计划总应付款（元）		6 115 671.8
3	年利率	4.00%					计划付款次数		20
4	贷款年限（年）	10					实际付款次数		20
5	每年付款次数	2					提早付款总额		0
6	贷款起始日期	2017/3/15					总利息（元）		1 115 671.8
7	可选的额外付款								
8	贷方名称		项目投资贷款						
9									
10	付款编号	付款日期	期初余额	计划付款	累计总应付款	本金	利息	期末余额	累计利息
11	1	2017/9/15	5 000 000.0	305 783.6	305 783.6	205 783.6	100 000.0	4 794 216.4	100 000.0
12	2	2018/3/15	4 794 216.4	305 783.6	611 567.2	209 899.3	95 884.3	4 584 317.1	195 884.3
13	3	2018/9/15	4 584 317.1	305 783.6	917 350.8	214 097.2	91 686.5	4 370 219.9	287 570.7
14	4	2019/3/15	4 370 219.9	305 783.6	1 223 134.4	218 379.2	87 404.4	4 151 840.7	374 975.1
15	5	2019/9/15	4 151 840.7	305 783.6	1 528 918.0	222 746.8	83 036.9	3 929 093.9	458 011.9
16	6	2020/3/15	3 929 093.9	305 783.6	1 834 701.5	227 201.7	78 581.9	3 701 892.2	536 593.8
17	7	2020/9/15	3 701 892.2	305 783.6	2 140 485.1	231 745.7	74 037.8	3 470 146.5	610 631.6
18	8	2021/3/15	3 470 146.5	305 783.6	2 446 268.7	236 380.7	69 402.9	3 233 765.8	680 034.5
19	9	2021/9/15	3 233 765.8	305 783.6	2 752 052.3	241 108.3	64 675.3	2 992 657.5	744 709.9
20	10	2022/3/15	2 992 657.5	305 783.6	3 057 835.9	245 930.4	59 853.2	2 746 727.1	804 563.0
21	11	2022/9/15	2 746 727.1	305 783.6	3 363 619.5	250 849.0	54 934.5	2 495 878.0	859 497.5
22	12	2023/3/15	2 495 878.0	305 783.6	3 669 403.1	255 866.0	49 917.6	2 240 012.0	909 415.1
23	13	2023/9/15	2 240 012.0	305 783.6	3 975 186.7	260 983.4	44 800.2	1 979 028.7	954 215.3
24	14	2024/3/15	1 979 028.7	305 783.6	4 280 970.3	266 203.0	39 580.6	1 712 825.7	993 795.9
25	15	2024/9/15	1 712 825.7	305 783.6	4 586 753.9	271 527.1	34 256.5	1 441 298.6	1 028 052.4
26	16	2025/3/15	1 441 298.6	305 783.6	4 892 537.5	276 957.6	28 826.0	1 164 341.0	1 056 878.4
27	17	2025/9/15	1 164 341.0	305 783.6	5 198 321.0	282 496.8	23 286.8	881 844.2	1 080 165.2
28	18	2026/3/15	881 844.2	305 783.6	5 504 104.6	288 146.7	17 636.9	593 697.5	1 097 802.1
29	19	2026/9/15	593 697.5	305 783.6	5 809 888.2	293 909.6	11 873.9	299 787.8	1 109 676.1
30	20	2027/3/15	299 787.8	305 783.6	6 115 671.8	299 787.8	5 995.8	0.0	1 115 671.8

图 5-45 贷款分期偿还计划表的最终结果

5.5 租赁筹资分析的 Excel 模型

5.5.1 租赁筹资决策概述

现代租赁的种类很多，按其性质划分有经营租赁和融资租赁两种。其中，融资租赁是指由租赁公司按承租单位要求出资购买设备，在较长的契约或合同期内提供给承租单位使用的一种租赁方式。它是一种长期租赁，是企业筹集长期资金的一种重要方式。在租赁筹资方式下，企业要按合同支付给出租公司租金。租金的数额和支付方式直接涉及承租企业的财务状况，承租企业也要考虑是否选择融资租赁，或者采用其他方式筹资购买设备。因此，租金的计算也显得极为重要。

租金的确定方法很多。目前，我国融资租赁业务中，大多数采用平均分摊法和年金法。

1. 平均分摊法

平均分摊法是先以商定的利息率和手续费率计算出租赁期间的利息和手续费，然后连同设备成本按租金支付次数平均计算。这种方法没有充分考虑资金的时间价值因素。每次应付租金的计算公式可列示如下。

$$R = \frac{(C-S)+I+F}{N}$$

式中，R 为每次支付的租金；C 为租赁设备的购置成本；S 为租赁设备预计残值；I 为租赁期间利息；F 为租赁期间手续费；N 为租期。

2. 等额年金法

等额年金法是运用年金现值的计算原理计算每期应付租金的方法。在这种方法下，通常以资本成本作为折现率。

（1）后付租金的计算。后付年金的计算方法已于第2章进行过说明，其计算公式如下。

$$P = A \cdot (P/A,i,n)$$

经推导，可求得后付租金方式下每年年末支付租金数额的计算公式如下。

$$A = P/(P/A,i,n)$$

式中，A 为年金，即每年支付的租金；P 为年金现值，即等额租金现值；$(P/A,i,n)$为年金现值系数；n 为支付租金期数；i 为贴现率，即租费率。

（2）先付租金的计算。先付年金现值的计算公式如下。

$$P = A \cdot [(P/A,i,n-1)+1]$$

经推导，可得出先付等额租金的计算公式如下。

$$A = P/[(P/A,i,n-1)+1]$$

对承租公司而言，租赁尤其是融资租赁是一种特殊的筹资方式。通过租赁，公司不需要预先筹集一笔资金，即可得到需要的设备。因此，与其他筹资方式比较，租赁筹资具有能迅速获得所需资产、租赁筹资限制较少、免遭设备陈旧过时的风险、到期还本负担轻、税收负担轻、保存企业的借款能力等优点。当然，租赁筹资由于租金总额占设备价值的比例一般要高于同期银行贷款的利率，其筹资成本相比于其他筹资方式是较高的。

5.5.2 租赁筹资分析模型的设计

如前所述，租赁筹资中租金如何确定是一项非常重要的内容。融资租赁的租赁合同可以约定采用不同的方式支付，如可以在租赁期内每期等额支付或不等额支付的时间间隔可以确定为年、半年、季或月，每期应付的租金可以在期初支付，也可在期末支付等。平均分摊法相对简单，因此我们不做说明。关于等额年金法，我们可参照上述理论公式来求，但在 Excel 中，更为简便的方法是直接利用 PMT 函数。下面，我们举实例来说明在等额年金法下租赁筹资的分析模型和租金摊销计划表的编制。

1. 租赁筹资分析模型

【例5-15】 假设某企业租赁一套设备，租金总额为100万元，租期5年，按年支付，年利率为10%，请计算不同支付方式与不同次数情况下的租金。

租赁筹资分析模型的建立过程如下。

（1）设计工作表格、内容及结构如图5-46所示。

	A	B	C	D	E	F	G
1	租赁筹资的租金计算分析模型					支付方式	支付次数
2	租赁项目名称	设备A				期初	按年支付
3	租金（万元）	100				期末	按半年支付
4	租金支付方式	期初 ▼					按季支付
5	每年支付次数	按年支付 ▼					按月支付
6	租期（年）	5					按半月支付
7	每年付款次数	1					按天支付
8	租金年利率	10%					
9	每期应付租金（万元）	23.981 6					

图 5-46 租赁筹资分析模型

（2）建立租金支付式图形控件，步骤如下。

① 先在单元格F2和F3中分别输入"期初"和"期末"，表示"期初"和"期末"的租金支付方式；再在单元格G2～G7中分别输入"按年支付""按半年支付""按季支付""按月支付""按半月支付"和"按天支付"。

② 单击【开发工具】→【插入】，选择"组合框（窗体控件）"，详细步骤参见【例5-4】。

③ 在单元格B4中右键单击组合框，选择【设置控件格式】，弹出图5-47所示的对话框。在【数据源区域】文本框中输入"$F$2:$F$3"，在【单元格链接】文本框中输入"$B$4"，在【下拉显示项数】栏中输入"2"。"单元格链接"表示链接单元格，即组合框控件当前被选取项目的返回值（项目内部编号）存入该链接单元格。

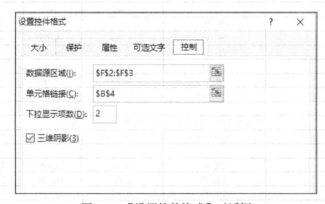

图 5-47 【设置控件格式】对话框

（3）在单元格B9中输入公式"=IF(INDEX(F2:F3,B4)="期末",PMT(B8/B7,B6*B7,–B3),PMT(B8/B7, B6*B7,–B3,,1))"，此处，利用IF函数判断不同租金支付方式下的每期应付租金计算公式，需利用INDEX函数将租金支付方式自动检索出来，并在计算公式中运用。

（4）建立每年支付次数的图形控件，步骤同上，但在【数据源区域】栏中输入"$G$2:$G$7,"在【单元格链接】栏中输入"$B$5"，在【下拉显示项数】栏中输入"6"，表示每年有6种支付次数的可能。

（5）在单元格B7中输入每年付款次数公式"=IF(B5=1,1,IF(B5=2,2,IF(B5=3,4,IF(B5=4,12,IF(B5=5,24, 365)))))"。

这样就建立起了租赁筹资分析模型，选择不同的支付方式及每年支付次数就可以分析计算企业每期应付租金的大小。例如，以图5-46中的数据为例，该企业如选择期初，按年支付，则每期租金为23.981 6万元。

此外，为了防止误操作对单元格F2和F3、单元格G2～G7中数据的改动，可以将F列和G列菜单中的数据进行隐藏，其具体方法是，选定F列和G列，单击【格式】菜单，选择【列】项，单击选择【隐藏】命令，则F列和G列就被隐藏起来了。若要再显示F列和G列，在【列】项的子菜单中选择【取消隐藏】命令即可。

2. 编制租金摊销计划表

在确定了每期应付的租金后，有必要再进一步区分每期应付的租金中应计租费和应还本金各为多少，以加强对融资租赁的核算和管理。

【例5-16】 以【例5-15】中的有关资料为例，如图5-46所示，假设租金支付方式采用每年年末等额支付，则租金摊销计划表如图5-48所示。租金摊销计划表的制作方法同长期借款的等额摊还法是一样的，可参考长期借款的等额摊还法还款计划表的制作方法。需要注意的是，在每年年初支付的情况下，第0年（即第1年初）的应付租息为0（单独填列），其他各项的计算及公式输入方法是相同的。

	A	B	C	D	E
1	租金计算				
2	设备价值（万元）	100			
3	租期（年）	5			
4	租费率	10%			
5	租金支付方式	每年末等额支付	每年初等额支付		
6	租金（万元）	26.38	23.98		
7					
8	租金摊销计划表（每年末等额支付）		（万元）		
9	年末	支付租金	应计租息	本金减少数	未偿还本金
10	0	—	—		100
11	1	26.38	10	16.38	83.62
12	2	26.38	8.36	18.02	65.60
13	3	26.38	6.56	19.82	45.78
14	4	26.38	4.58	21.80	23.98
15	5	26.38	2.40	23.98	0
16	合计	131.90	31.90	100	
17					
18	租金摊销计划表（每年初等额支付）		（万元）		
19	年末	支付租金	应计租息	本金减少数	未偿还本金
20					100
21	0	23.98	0.00	23.98	76.02
22	1	23.98	7.60	16.38	59.64
23	2	23.98	5.96	18.02	41.62
24	3	23.98	4.16	19.82	21.80
25	4	23.98	2.18	21.80	0.00
26	合计	119.91	19.91	100	

图 5-48 租金计算及租金摊销计划表

5.6 借款筹资与租赁筹资比较选择的 Excel 模型

5.6.1 借款筹资与租赁筹资比较选择的方法

在前面，我们论述了借款筹资与租赁筹资两种债务筹资方式，这两种方式各有优缺点，在不同情境下，企业可以根据自己的需要选择一种企业能接受的最佳方案。然而，当企业面临需要购买一项特殊的建筑物或者设备等固定资产的情境下，往往会面临筹资方式的选择问题。借款可以购买资产，租赁也可以获得资产，到底是以租赁方式获得资产还是通过借款来购买资产呢？诚然，租赁设备有可以减少开始阶段的大额资金投入、租金固定不变减少利率波动的风险、保持设备先进性、租金费用可以抵税等优点，但是租赁设备往往租金费较高。因此，此时，我们需要对借款购买与租赁设备两种方法能够给企业带来的收益进行分析。具体地，可以采用增量净现值法与成本费用现值法两种方法来进行分析。

1. 增量净现值法

企业在借款购置设备时，需要支付设备购买价款 P，同时需支付专用设备各年的维修费 M，但可获得各年折旧 D_t 及各年借款利息人的抵税收益 $D_t \cdot T$ 和 $I_t \cdot T$，同时还可获得期满时设备的残值 S。而在租赁设备时，企业不必支付期初的设备购买价款，也省去了专用设备的维修费（假设可由租赁公司负责），但要支付以后各期的租金 L_t（此租金同样有抵税收益 $L_t \cdot T$），且损失了借款购买方式下的借款利息抵税收益以及租赁期末的设备残值。这样，租赁设备相对于借款购买设备来说，各年的增量现金流量如下。

现金流入：①节省的设备购买价款 P；②节省的专用设备税后维修费 $M_t \cdot (1-T)$。

现金流出：①支付的各年税后租金 $L_t \cdot (1-T)$；②放弃的各年折旧抵税收益 $D_t \cdot T$；③放弃的各年借款利息抵税收益 $I_t \cdot T$；④放弃的设备残值 S。

由于租金、借款利息及借款购买设备的折旧是同等风险的，它们需要用借款利率作为贴现率（这里采用借款利率而不是税后的借款利率作为贴现率，因为在计算现金流量时已经将所得税考虑在内，若采用税后借款利率，就会造成重复计算），而专用设备维修费和设备残值与整个项目的经营风险有关，反映的是更高的风险度，应采用项目的必要报酬率（或基准收益率）作为贴现率。从而，租赁设备的增量净现值 NAL（Net Advantage to Leasing）为

$$\text{NAL} = P - \sum_{t=1}^{n} \frac{L_t \cdot (1-T) + (D_t + I_t) \cdot T}{(1+i)^t} + \sum_{t=1}^{n} \frac{M_t \cdot (1-T)}{(1+k)^t} - \frac{S}{(1+k)^n}$$

式中，n 为设备租赁（以及借款还本付息）年限。

当 NAL 大于零时，应租赁设备，否则应购买设备。当 NAL 等于零时，从理论上看两种方案均可，但在实际中需要对两者的风险进行分析后再确定取舍。

2. 成本费用现值法

当借款购买设备时，每年需要还本付息及支付设备修理费，考虑到折旧的抵税收益以及期末的设备残值收益，假设用 B_t 表示借款每年本金，其他字母含义同上，每年的税后成本费用为 $B_t + I_t - I_t \cdot T - D_t \cdot T + M_t \cdot (1-T)$，期末的税后成本费用为 $B_t + I_t - I_t \cdot T - D_t \cdot T - S$，由于每年需要还本付息之和的现值刚好等于设备的购买价款 P，因此，借款购买设备的成本费用现值 NBC 为

$$\text{NBC} = P - \sum_{t=1}^{n} \frac{(D_t + I_t) \cdot T}{(1+i)^t} + \sum_{t=1}^{n} \frac{M_t \cdot (1-T)}{(1+k)^t} - \frac{S}{(1+k)^n}$$

当租赁设备时，每年仅需支付租金费用，则年税后租金费用为 $L_t \cdot (1-T)$，从而租赁设备的成本费用现值 NLC 为

$$\text{NLC} = \sum_{t=1}^{n} \frac{L_t \cdot (1-T)}{(1+i)^t}$$

比较 NBC 和 NLC，当 NBC 大于 NLC 时，应租赁设备；当 NBC 小于 NLC 时，应借款购买设备。

5.6.2 借款筹资与租赁筹资比较选择模型的设计

【例5-17】 XSH公司准备筹资购置一台设备，需要花费人民币300 000元，预计该设备的使用年限为10年，所得税税率为25%，XSH公司面临两种筹资选择。

（1）如果向租赁公司租赁，租期为10年，预计租期满后设备净残值为0，租赁年利率为9%。每年支付一次租金，可选择年初或年末支付。

（2）如果向银行借款来购买设备，则借款年利率为9%，期限10年，如果XSH公司购买该设备，预计10年后报废，采用直线法计提折旧。

根据该已知条件，①分别构建租赁筹资与借款筹资模型；②分析XSH公司应该采用哪种筹资方式。

计算分析步骤如下。

1. 租赁筹资

（1）在工作表中输入材料中的数据，如图5-49所示。其中，各单元格公式的输入如下。

	A	B	C	D
1	基本资料：			
2	租金（元）	300 000		年末支付
3	租金支付方式	年末支付 ▼		年初支付
4	每年支付次数（次）	1		
5	租期（年）	10		
6	总付款次数（次）	10		
7	租赁年利率（%）	9%		
8	所得税税率	25%		
9	每期支付租金（元）	46 746.03		

图 5-49 已知条件

① 分别在D2和D3单元格中输入"年末支付"和"年初支付"，为后面设置组合框控件做准备。

② 单击标题栏中的【开发工具】→【插入】→【表单控件】，选择【组合框（窗体控件）】按钮，将鼠标指针移至B3单元格，按住鼠标左键，拖至合适的尺寸，形成"组合框"控件。右键单击此控件，单击【设置控件格式】命令，弹出【设置控件格式】对话框。选择【控制】，在【数据源区域】文本框中输入"$D$2:$D$3"，在【单元格链接】文本框中输入"$B$3"，在【下拉显示项数】文本框中输入"2"。单击【确定】按钮，至此完成了组合框控件格式的设置。

③ 设置逻辑判断公式，在单元格B9中输入"=IF($B$3=1,PMT(B7,B6,-B2),PMT(B7,B6,-B2,,1))"，计算出每期应付的租金。该公式的含义为如果B3单元格选择1，则为年末支付，其每期应付租金公式为PMT(B7,B6,-B2)。如果选择2，则为年初支付，公式相应变更为PMT(B7,B6,-B2,,1)。

（2）设计XSH公司年末支付的租赁筹资摊销分析表，如图5-50所示，表中各单元格公式的输入如下。

① 将B9单元格中的数值（后付）复制到B14:B23单元格。

② 选取单元格区域C14:C23，输入公式"=IPMT(B7,A14:A23,B6,-B2)"，按【Ctrl+Shift+Enter】组合键，自动生成应付租息。

③ 选取单元格区域D14:D23，输入公式"=PPMT(B7,A14:A23,B6,-B2)"，按【Ctrl+Shift+Enter】组合键，自动生成每期的本金偿付额。

	A	B	C	D	E
11	XSH公司租赁筹资摊销分析表（年末支付）（元）				
12	年末	支付租金	应付租息	本金偿付额	未偿还本金
13	0				300 000.00
14	1	46 746.03	27 000.00	19 746.03	280 253.97
15	2	46 746.03	25 222.86	21 523.17	258 730.80
16	3	46 746.03	23 285.77	23 460.25	235 270.55
17	4	46 746.03	21 174.35	25 571.68	209 698.87
18	5	46 746.03	18 872.90	27 873.13	181 825.74
19	6	46 746.03	16 364.32	30 381.71	151 444.03
20	7	46 746.03	13 629.96	33 116.06	118 327.97
21	8	46 746.03	10 649.52	36 096.51	82 231.46
22	9	46 746.03	7 400.83	39 345.20	42 886.26
23	10	46 746.03	3 859.76	42 886.26	0.00
24	合计	467 460.27	167 460.27	300 000.00	

图 5-50　XSH 公司租赁摊销分析表

④ 在单元格E13中输入"=B2"，在单元格E14中输入"=E13−D14"，并将E14单元格中的公式向下复制到E23，则E14:E23将自动生成每期未偿还本金金额。

⑤ 分别选中B24，C24，D24，自动求和。

（3）同理，我们可以绘制XSH公司年初支付的租赁筹资摊销分析表，如图5-51所示。

	A	B	C	D	E
26	XSH公司租赁筹资摊销分析表（年初支付）（元）				
27	年末	支付租金	应付租息	本金偿付额	未偿还本金
28					300 000.00
29	0	42 886.26	0.00	42 886.26	257 113.74
30	1	42 886.26	27 000.00	19 746.03	237 367.71
31	2	42 886.26	25 222.86	21 523.17	215 844.54
32	3	42 886.26	23 285.77	23 460.25	192 384.29
33	4	42 886.26	21 174.35	25 571.68	166 812.61
34	5	42 886.26	18 872.90	27 873.13	138 939.48
35	6	42 886.26	16 364.32	30 381.71	108 557.77
36	7	42 886.26	13 629.96	33 116.06	75 441.71
37	8	42 886.26	10 649.52	36 096.51	39 345.20
38	9	42 886.26	7 400.83	39 345.20	0.00
39	合计	428 862.63	163 600.51	300 000.00	

图 5-51　XSH 公司年初支付的租赁筹资摊销分析表

2. 借款筹资

（1）在工作表中输入材料中的数据，如图5-52所示。该表格中单元格B8中应输入公式"=PMT(B4，B5，−B3)"，由此计算出每期应还款金额。

（2）编制XSH公司分期偿还借款分析表，如图5-53所示。各单元格中的数据公式输入如下。

① 将B8单元格中的数据复制到B12:B21，求出各年末的还款额，并利用自动求和，求出B22单元格中的每年还款合计值。

	A	B	C	D
1	XSH公司分期偿还借款分析模型			
2	借款用途	购买设备	所得税税率	25%
3	借款金额（元）	300 000	预计净残值	0
4	借款年利率	9%		
5	借款年限（年）	10		
6	每年还款次数（期）	1		
7	总还款次数（期）	10		
8	每期应还款金额（元）	46 746.03		

图 5-52　已知条件

② 在单元格区域C12:C21中输入"=PPMT(B4,A12:A21,B5,−B3)"，按【Ctrl+Shift+Enter】组合键，自动生成每年偿还本金。并利用自动求和，求出C22单元格的每年偿还本金合计值。

③ 在单元格区域D12:D21中输入公式"=IPMT(B4,A12:A21,B5,−B3)"，按【Ctrl+Shift+Enter】组合键，自动生成每年偿还利息额，并利用自动求和，求出D22单元格的每年偿还本金合计值。

④ 在单元格E12中输入公式"=B3"，在单元格E13中输入公式"=E12−C12"，并向下依次填充，得到历年期初所欠本金。

	A	B	C	D	E
1	已知条件				
2	借款用途	购买设备	所得税税率	25%	
3	借款金额（元）	300 000	预计净残值	0	
4	借款年利率	9%			
5	借款年限（年）	10			
6	每年还款次数（期）	1			
7	总还款次数（期）	10			
8	每期应还款金额（元）	46 746.03			
9					
10	XSH公司分期偿还借款分析模型（元）				
11	年末	还款额	本期偿还本金	偿还利息	期初所欠本金
12	1	46 746.03	19 746.03	27 000.00	300 000.00
13	2	46 746.03	21 523.17	25 222.86	280 253.97
14	3	46 746.03	23 460.25	23 285.77	258 730.80
15	4	46 746.03	25 571.68	21 174.35	235 270.55
16	5	46 746.03	27 873.13	18 872.90	209 698.87
17	6	46 746.03	30 381.71	16 364.32	181 825.74
18	7	46 746.03	33 116.06	13 629.96	151 444.03
19	8	46 746.03	36 096.51	10 649.52	118 327.97
20	9	46 746.03	39 345.20	7 400.83	82 231.46
21	10	46 746.03	42 886.26	3 859.76	42 886.26
22	合计	467 460.27	300 000.00	167 460.27	

图 5-53　XSH 公司分期偿还借款分析表

3．租赁筹资与借款筹资的比较分析

（1）假设XSH公司选择的是年末等额支付租金，在工作表中输入相关数据，如图5-54所示。

	A	B	C	D	E
1	设备租赁			借款购买	
2	设备价款（元）	300 000		借款额（元）	300 000
3	租期（年）	10		期限（年）	10
4	每年租金（元）	46 746.03		年利率（%）	9%
5	支付方式	年末支付		设备残值（元）	0
6	设备残值（元）	0		所得税税率	25%
7	租赁年利率（%）	9%			

图 5-54　已知条件

（2）使用增量净现值法，构建图5-55所示的模型。

	A	B
11	设备租赁与购买决策	
12	增量现值法	
13	借款购买年折旧（元）	30 000.00
14	年税后租金（元）	35 059.52
15	借款购买的年折旧抵税额（元）	7 500.00
16	年借款利息抵税额（元）	6 750.00
17	租赁设备的增量净现值 NAL（元）	−16 451.62
18	结论：	借款购买

图 5-55　增量现值法下的设备租赁与购买决策模型

其中，图5-55中各单元格中的公式输入如下。

① 在单元格B13中，利用SLN函数，输入公式"=SLN(B2,B6,B3)"，计算出借款购买的年折旧额。

② 在单元格B14中，输入"=B4*(1-E6)"，求得年税后租金。

③ 在单元格B15中，输入"=B13*E6"，求得借款购买的年折旧抵税额。

④ 在单元格B16中，输入"=E2*E4*E6"，求得年借款利息抵税额。

⑤ 在单元格B17中，输入"=E2-PV(E4,E3,-SUM(B14:B16))"，计算出租赁设备的增量净现值NAL。

⑥ 在单元格B18中，输入"=IF(B17>0,"租赁设备","借款购买")"，由于求解出来的NAL值小于零，根据前述理论，此时自动选择借款购买。

（3）使用成本费用现值法，构建如图5-56所示模型。

	D	E	F
11	设备租赁与购买决策		
12	成本费用现值法		
13		设备租赁	借款购买
14	成本费用现值（元）	261 279.32	246 708.964
15	结论：	借款购买	

图 5-56　成本费用现值法下的设备租赁与购买决策模型

① 在单元格E14中输入公式"=PV(B7,B3,-B14)"，求出设备租赁情况下的成本费用现值；

② 在单元格F14中输入公式"=E2-PV(E4,E3,-(B15+B16))"，求出借款购买情况下的成本费用

现值;

③ 在单元格E15单元格中，输入公式"=IF(E14>F14,"借款购买","租赁设备")"，很明显，由于设备租赁现值之和大于借款购买的成本费用现值，因此，此时自动选择借款购买决策。

可见，不论是采用增量净现值法还是成本费用现值法，结论都表明采用借款购买设备的筹资方案更可行。

综上所述，利用 Excel 建立筹资决策分析表可以将复杂问题简单化，且便于比较不同方案下的数据。财务人员则可根据此分析表直观地观察结果，从而做出有效决策。

实践练习题

1. 光华公司 2017 年 12 月 31 日的简要资产负债表如下表所示。假定光华公司 2017 年的销售额为 10 000 万元，销售净利率为 10%，利润留存率为 40%。2018 年销售额预计增长 20%，公司有足够的生产能力，无须追加固定资产投资。在下表中，N 表示不变动，是指该项目不随销售的变化而变化。

光华公司资产负债分析表（2017 年 12 月 31 日）   单位：万元

资产	金额	与销售的关系（%）	负债与权益	金额	与销售的关系（%）
			短期借款	2 400	N
现金	400	4	应付账款	1 000	10
应收账款	1 400	14	预提费用	400	4
存货	3 000	30	公司债券	1 000	N
固定资产	3 000	N	实收资本	2 000	N
			留存收益	1 000	N
合计	8 000	40	合计	8 000	14

要求：（1）确定有关项目（敏感性资产、敏感性负债）与销售额的关系百分比。

（2）确定需要增加的资金量。

（3）确定内部融资数量。

（4）确定外部融资需求的数量。

2. 某企业 2012～2017 年历年产销量和资金变化情况如下表所示，2018 年预计销售量为 1 400 万件，试利用回归分析法预计 2018 年资金需求量。

产销量与资金变化情况表

年度	产销量（X：万件）	资金占用（Y：万元）
2012	1 200	1 000
2013	1 100	940
2014	1 000	900
2015	1 200	1 000
2016	1 300	1 040
2017	1 400	1 100

3. 某公司贷款 4 000 万元，年利率为 10%，每年年末支付 500 万元，则需要还款的年数为多少？

4. 某公司银行贷款 4 000 万元，年利率为 10%，还款期为 4 年，偿还条件为每月月初等额偿还。

则第 8 个月的利息支付额为多少?

5. 一项贷款现值 40 000 元, 年利率为 10%, 5 年期, 每月月末等额分期付款, 则第 3 年付款本金之和为多少?

6. 某公司存入银行 10 万元, 利息按复利来计算, 银行贷款第 1、2、3 年的利率分别为 4%、6%、8%, 计算银行贷款 3 年后的终值。

7. 某公司需要为一项目向银行贷款 90 000 元, 银行年利率为 10%, 借款期限为 3 年。有以下几种偿还方式: ①每年年末支付利息, 到期一次性偿还本金; ②每年年末等额偿还; ③每年年末偿还 30 000 元和尚未偿还部分的利息; ④到期清偿全部本息; ⑤每年年末偿还 10 000 元和尚未偿还部分的利息, 到期清偿剩余部分。分析哪一种偿还方式最有利。

8. 某公司准备筹资购置一台设备, 需要花费人民币 500 000 元, 预计该设备的使用年限为 15 年, 所得税税率为 25%, 该公司可以选择向银行贷款, 银行提出借款年利率为 12%, 期限为 15 年, 直线法折旧, 期满后残值为 50 000 元; 而如果向租赁公司租赁, 则租期为 15 年, 预计期末设备净残值为 0, 租赁年利率为 15%, 每年支付一次租金, 年末支付。问: 该公司应该选择何种筹资方式。

第6章 | 资本结构决策的 Excel 建模

本章提要

资本成本是财务管理中一个非常重要的概念，是企业进行筹资决策和投资决策时必须考虑的一项重要指标，了解资本成本进而研究企业的资本结构是企业合理选择资金来源的重要步骤。在本章，我们简要概述了企业的各种筹资渠道资本成本的计算，包括长期借款、长期债券、优先股和普通股，并以此为基础探讨了经营杠杆、财务杠杆、总杠杆等杠杆作用，简要分析了资本成本比较法、每股收益无差别点法和公司价值比较法这3种资本结构决策方法。在此基础上，我们分析了资本成本计算的Excel模型、杠杆作用分析的Excel模型以及最优资本结构分析的Excel模型。

学习目标

- 掌握条件求和函数SUMPRODUCT的应用；
- 掌握内部收益率函数IRR的应用；
- 掌握最大值函数MAX、最小值函数MIN和匹配函数MATCH的应用；
- 掌握资本成本计算分析模型的建立；
- 掌握杠杆作用分析模型的建立；
- 掌握最优资本结构分析模型的建立。

6.1 | 资本结构决策模型概述

资本结构决策是企业财务决策的核心内容之一。资本结构是指在企业资本总额（资金总额）中各种资本的构成比例，尤其是指长期资金的构成和比例关系，又称资金结构。在资本结构决策过程中，要考虑不同筹资方式下的资本成本问题以及债务性筹资的杠杆作用问题。因此，本章所分析的资本结构决策模型包括以下几种。

1. 资本成本计算的 Excel 模型

资本成本计算分析模型主要从权益类和债务类两大类资本筹资方式的个别资本成本计算出发，分析其在 Excel 中的计算以及综合资本成本的考量。用到的方法有公式直接输入法和 Excel 函数求解法。

2. 杠杆作用分析的 Excel 模型

财务管理中的杠杆效应是指由于特定费用（如固定成本或固定财务费用）的存在，某一财务变量以较小幅度变动时，另一相关财务变量会以较大幅度变动。合理运用杠杆原理，有助于企业合理规避风险，提高资金营运效率。杠杆作用分析的 Excel 模型介绍了在 Excel 分析工具下企业经营杠杆作用、财务杠杆作用和总杠杆作用。

3. 最优资本结构分析的 Excel 模型

最优资本结构分析是企业财务决策的核心内容之一。最优资本结构分析的 Excel 模型设计主要从资本成本比较法、每股收益无差别点法和公司价值比较法的角度来探讨其在 Excel 下的分析决策问题。

6.2 | 资本结构决策模型的相关函数与工具运用

资本结构决策模型所运用的工具主要为单变量求解，该工具已在第 3 章进行过详细阐述，因此，本节不再赘述。资本结构决策模型的相关函数主要包括以下几个。

1. SUMPRODUCT 函数

（1）用途。在给定的几组数组中，将数组间对应的元素相乘，并返回乘积之和。

（2）语法。

SUMPRODUCT(array1, [array2], [array3], …)

（3）参数。

① array1，必需，其相应元素为需要进行相乘并求和的第一个数组参数。

② array2，array3，…可选，为第 2～255 个数组参数，其相应元素需要进行相乘并求和。

（4）说明。

① 数组参数必须具有相同的维数，否则，函数 SUMPRODUCT 将返回#VALUE!错误值#REF!。

② 函数 SUMPRODUCT 将非数值型的数组元素作为 0 处理。

2. IRR 函数

（1）用途。返回连续期间的现金流量的内含报酬率。

（2）语法。

IRR(values, guess)

（3）参数。

① values 为数组或含有数值的单元格引用。其中，现金流入用正数表示，现金流出用负数表示。本参数要求 values 必须包含至少一个正值和一个负值，否则无法计算内含报酬率；另外，函数 IRR 是根据 values 参数的顺序来解释现金流量顺序的，因此应按需要的顺序输入现金流入量和现金流出量，而且这些现金流必须是按固定的间隔发生的，如按月或按年。values 参数中的数组和文本、逻辑被忽略不计。

② guess 是对函数 IRR 计算结果的估计值。Excel 使用迭代法计算函数 IRR。从 guess 开始，函数 IRR 被不断反复计算，直至计算结果的误差率小于 0.000 010 10。如果经过 20 次计算，仍未找到结果，则系统返回错误值#NUM!。在大多数情况下，并不需要提供参数 guess 值。如果省略 guess 值，则系统自动假设它为 0.1(10 010)。如果函数 IRR 返回错误值#NUM!，或结果没有靠近期望值，可以换一个 guess 值重新计算。

3. MAX 函数

（1）用途。返回一组值中的最大值。

（2）语法。

MAX(number1, [number2], …)

（3）参数。number1 是必需的，后续数值是可选的。这些是要从中找出最大值的 1～255 个数字。

（4）说明。

① 参数可以是数字，也可以是包含数字的名称、数组或引用。

② 逻辑值和直接键入到参数列表中代表数字的文本被计算在内。

③ 如果参数为数组或引用，则只使用该数组或引用中的数字。数组或引用中的空白单元格、逻辑值或文本将被忽略。

④ 如果参数中不包含数字，则函数 MAX 返回 0。

⑤ 如果参数为错误值或为不能转换为数字的文本，将会导致错误。

⑥ 如果要使计算包括引用中的逻辑值和代表数字的文本，请使用 MAXA 函数。

4．MIN 函数

（1）用途。返回一组值中的最小值。

（2）语法。

MIN(number1, [number2], …)

（3）参数。number1 是必需的，后续数值是可选的。这些是要从中查找最小值的 1~255 个数字。

（4）说明。MIN 函数的说明请参照 MAX 函数。

5．MATCH 函数

（1）用途。MATCH 函数可在单元格区域中搜索指定项，然后返回该项在单元格区域中的相对位置。例如，如果单元格区域 A1:A3 包含值 5、25 和 38，则公式"=MATCH(25,A1:A3,0)"会返回数字 2，因为值 25 是单元格区域中的第 2 项。如果需要获得单元格区域中某个项目的位置而不是项目本身，则应该使用 MATCH 函数而不是某个 LOOKUP 函数。例如，可以使用 MATCH 函数为 INDEX 函数的 Row_num 参数提供值。

（2）语法。

MATCH(lookup value, lookup array, [match type])

（3）参数。

① lookup value，必需，为需要在 lookup array 中查找的值。例如，如果要在电话簿中查找某人的电话号码，则应该将姓名作为查找值，但实际上需要的是电话号码。lookup value 可以为值（数字、文本或逻辑值），也可以为对数字、文本或逻辑值的单元格引用。

② lookup array，必需，为要搜索的单元格区域。

③ match type，可选，为数字-1、0 或 1。match type 参数指定 Excel 如何在 lookup array 中查找 lookup value 的值。此参数的默认值为 1。

表 6-1 介绍了 MATCH 函数如何根据 match type 参数的设置查找值。

表 6-1   match type 参数的意义

match type 参数	行为
1 或省略	MATCH 函数会查找小于或等于 lookup value 的最大值。lookup array 参数中的值必须按升序排列，如…-2，-1, 0, 1, 2, …, A-Z, FALSE, TRUE
0	MATCH 函数会查找等于 lookup value 的第一个值。lookup array 参数中的值可以按任意顺序排列
-1	MATCH 函数会查找大于或等于 lookup value 的最小值。lookup array 参数中的值必须按降序排列，如 TRUE，FALSE, Z-A, …, 2, 1, 0, -1, -2, …

（4）说明。

① MATCH 函数会返回 lookup array 中匹配值的位置而不是匹配值本身。例如，MATCH("b",

{"a","b","c"},0) 会返回 2，即"b"在数组{"a","b","c"}中的相对位置。

② 查找文本值时，MATCH 函数不区分大小写字母。

③ 如果 MATCH 函数查找匹配项不成功，它会返回错误值#N/A。

④ 如果 match type 为 0 且 lookup value 为文本字符串，可以在 lookup value 参数中使用通配符［问号（?）和星号（*）］。问号匹配任意单个字符，星号匹配任意一串字符。如果要查找实际的问号或星号，请在该字符前键入波形符（~）。

6.3 资本成本分析的 Excel 模型

6.3.1 资本成本分析

资本成本包括筹资费用和用资费用两部分内容。筹资费用是指企业在筹措资本过程中为获取资本而付出的花费，主要指发行债券、股票的费用，向非银行金融机构借款的手续费用等。用资费用是指企业在生产经营、投资过程中因使用资本而付出的费用，如股票筹资发放的股利、公司债券或银行贷款的利息等。资本成本是企业筹资管理的主要依据，也是企业投资管理的重要标准。研究企业资本成本，做好资本结构决策分析对于企业筹资管理乃至整个财务管理活动都是意义重大的。

资本成本既可以用绝对数表示，也可以用相对数表示。用绝对数表示的，如借入长期资金的资本成本即指筹资费用和用资费用；在财务管理中，资本成本率一般用相对数表示，即资本成本率等于用资费用与实际筹得的资金之间的比率。

1. 债务资本成本

债务资本成本主要有长期借款资本成本和债券资本成本。长期债务的利息一般允许在企业所得税前支付，具有抵税作用。这样，融资企业实际上可以少缴一部分税收，其资本成本更低。此时，融资企业实际负担的利息为"利息×（1-所得税率）"。

（1）长期借款资本成本。企业长期借款的成本可按下列公式计算。

$$K_t = \frac{I_t(1-T)}{L(1-F_t)} = \frac{R_t(1-T)}{1-F_t}$$

式中，K_t 为长期借款资本成本；I_t 为长期借款年利息；T 为企业所得税税率；L 为长期借款筹资额，即借款本金；F_t 为长期借款筹资费用率；R_t 为长期借款年利率。

（2）公司债券资本成本。公司债券资本成本中的利息亦在所得税前列支，但发行债券的筹资费用一般较高，应予全面考虑。债券的筹资费用即债券的发行费用，包括申请发行债券的手续费、债券注册费、印刷费、上市费及推销费用等。

从发行价格来看，债券的发行价格有等价、溢价、折价 3 种。为了更准确地计算公司债券资本成本，债券利息按面值（即本金）和票面利率确定，但债券的筹资额应按发行价格计算。所以，公司债券资本成本的计算公式如下。

$$K_b = \frac{I_b(1-T)}{B(1-F_b)}$$

式中，K_b 为公司债券资本成本；I_b 为债券年利息；T 为企业所得税税率；B 为债券筹资额，按发行价格确定；F_b 为债券筹资费用率。

上述方法强调不考虑资金时间价值情况下的债务资本成本的计算，是静态方法。而动态方法则强调考虑资金时间价值因素。使用这种方法时，在忽略了筹资费用且不考虑债券利息抵税效应的情况下，债券的税前资本成本率就是债券持有人要求得到的总资产报酬率，而债券持有人要求得到的资产报酬率就是债券估价过程中用来作为折现率的市场利率，因此，债券的资本可借助债券估价公式求得。在考虑筹资费用和债券利息抵税作用的情况下，筹资费用应从筹资总额中扣减，利息抵税作用应从每年的利息费用中扣减。由于债券的期限较长，故在计算债券的资本成本时，一般应考虑资金的时间价值。以每年计息一次、到期一次还本的债券为例，其税后资本成本为使得债券发行价格计算公式，即 $B(1-F_b) = \sum_t^n \dfrac{I_b(1-T)}{(1+K_b)^t} + \dfrac{M}{(1+K_b)^n}$ 成立的 K_b 值。其中，M 代表债券面值，其他各符号的含义同前。

2. 权益资本成本

权益资本成本主要有优先股资本成本、普通股资本成本、留存收益资本成本等。本小节，我们对留存收益成本不做介绍。各种权益资本的红利是以税后净利润支付的，不会减少企业应缴的所得税。因此，权益资本成本一般高于长期债务资本成本。

（1）优先股资本成本。公司发行优先股筹资需支付发行费用，优先股股利一般是固定的。优先股筹资额应按优先股的发行价格确定。优先股资本成本可按下列公式计算。

$$K_p = \frac{D_p}{P_p(1-F_p)}$$

式中，K_p 为优先股资本成本；D_p 为优先股年股利；P_p 为优先股筹资额；F_p 为优先股筹资费用率。

（2）普通股资本成本。普通股资本成本的确定方法与优先股资本成本基本相同。但是，普通股的股利一般不是固定的，它随着公司的经营状况、股利分配政策和相关法律等的改变而改变。因此，普通股资本的计算比较困难。目前，其主要有以下 3 种方法。

① 股利增长模型。股利增长模型假设普通股股利是逐年增长的，以此来计算普通股资本成本。如果普通股股利每年以固定比率 G 增长，第一年股利为 D_c，则第二年为 $D_c(1+G)$，第三年为 $D_c(1+G)^2$，……，第 n 年为 $D_c(1+G)^{n-1}$，则普通股资本成本的计算公式如下。

$$K_c = \frac{D_c}{P_c(1-F_c)} + G$$

式中，K_c 为普通股资本成本；D_c 为普通股第 1 年年股利；P_c 为普通股筹资额；F_c 为普通股筹资费用率；G 为普通股股利年增长率。

② 资本资产定价模型。根据资本资产定价模型来估算普通股资本成本时，普通股的资本成本等于无风险报酬率加上风险报酬率。其计算公式如下。

$$K_c = R_F + \beta（R_M - R_F）$$

式中，R_F 为无风险报酬率；β 为该股票的贝塔系数；R_M 为股票市场的平均报酬率。

③ 风险溢价模型。根据"风险越大，要求的报酬率越高"的原理，普通股的风险大于公司债券，因此股票的报酬率应该在债券报酬率之上再加一定的风险溢价。而由于风险溢价没有直接的计算公式，确定起来比较困难，一般凭借经验估计，因此，这种测算方法比较简单，但主观判断色彩比较浓厚。

3. 综合资本成本

在实际中，企业不可能只采用一种筹资方式筹集生产经营需要的资金，往往是通过多种筹资方式融通资金。因此，当企业采用多种筹资方式时，就应当计算综合资本成本。综合资本成本是指企业全部长期资本的总成本，通常是以各种资本占全部资本的比重为权数，对个别资本成本进行加权平均后确定的，故亦称加权平均资本成本。综合资本成本是由个别本金成本和加权平均权数两个因素决定的，其计算公式如下。

$$K_w = \sum K_j W_j$$

式中，K_w 为综合资本成本，即加权平均资本成本；K_j 为第 j 种个别资本成本；W_j 为第 j 种个别资本成本占全部资本成本的比重，即权数，$\sum_{j=1}^{n} W_j = 1$。

6.3.2　资本成本分析模型的设计

1. 长期借款资本成本计算模型

【例6-1】 XSH公司取得10年期长期借款200万元，年利率为7%，每年付息一次，到期一次还本，筹资费用率为0.5%，企业的所得税税率为25%。

利用Excel计算该项长期借款资本成本的步骤如下。

（1）在Excel工作表中输入借款的相关数据，如图6-1所示，分别在单元格B2、B3、B4、B5、B6中输入长期借款金额、年利率、利息支付次数、筹资费用率和所得税税率。

（2）在计算资本成本数据的单元格B7中输入公式"=B3*(1-B6)/(1-B5)"，可计算出该项借款的资本成本率为5.28%。

	A	B
1	资本成本计算	
2	长期借款金额（万元）	200
3	年利率	7%
4	利息支付次数（次）	10
5	筹资费用率	0.5%
6	所得税税率	25%
7	长期借款资本成本率	5.28%

图6-1　长期借款资本成本

2. 债券筹资资本成本计算模型

【例6-2】 某公司欲等价发行总面额为200万元的6年期债券，票面利率为6%，发行费用率为2%，公司的所得税税率为25%，试分别用静态和动态两种方法来计算该债券的筹资资本成本。

（1）用静态方法计算该债券筹资资本成本的步骤如下。

① 在Excel工作表中输入债券筹资的相关数据，如图6-2所示，分别在单元格B2、B3、B4、B5、B6中输入债券面值（万元）、债券发行价格（万元）、债券利率、筹资费用率和企业所得税税率。

② 在计算资本成本数据的单元格B7中输入公式"=B2*B4*(1-B6)/(B3*(1-B5))"，即可计算出等价发行债券的资本成本为4.59%。

（2）用动态方法计算该债券筹资资本成本的步骤如下。

在Excel工作表中输入数据，如图6-3所示。

① 在单元格区域B2:B7中分别输入债券面值（元）、债券发行总额（元）、债券利率、债券期限（年）、利息支付次数（次）、发行费率、所得税税率等已知数据。

② 在"债券各期"列中输入0到10，如图6-3所示。

	A	B
1	债券资本成本	
2	债券面值（元）	2 000 000
3	债券发行总额（元）	2 000 000
4	债券利率	6%
5	债券期限（年）	10
6	利息支付次数（次）	10
7	发行费率	2%
8	所得税税率	25%
9	债券各期	现金流量（元）
10	0	1 960 000
11	1	−120 000
12	2	−120 000
13	3	−120 000
14	4	−120 000
15	5	−120 000
16	6	−120 000
17	7	−120 000
18	8	−120 000
19	9	−120 000
20	10	−2 120 000
21	债券税前资本成本	6.28%
22	债券税后资本成本	4.71%

	A	B
1	债券筹资资本成本	
2	债券面值（万元）	200
3	债券发行价格（万元）	200
4	债券利率	6%
5	筹资费用率	2%
6	企业的所得税税率	25%
7	债券筹资资本成本	4.59%

图 6-2　债券筹资资本成本　　　　　　　　　图 6-3　利用 IRR 函数计算债券资本成本

③ 计算现金流量时，在B10单元格中输入公式"=B3*(1-B7)"。

④ 在B11单元格中输入公式"=-$B$2*$B$4"。因为这里计算的是现金流出，所以应为负号。为了方便后面的单元格复制该单元格公式，此处采用绝对引用$B$2和$B$4。

⑤ 将B11单元格的计算结果复制到B12到B19单元格中。

⑥ 在B20单元格中输入公式"=B19-B2"，该数值也为现金流出，因此应输入负号。

⑦ 在计算税前资本成本时，可以借助IRR函数。将鼠标指针移到B21单元格内，单击工具栏中的【公式】按钮，单击【插入函数】，单击选择"IRR"函数，则弹出IRR函数参数对话框，如图6-4所示。

⑧ 在【Values】栏中输入"B10:B20"，在【Guess】栏中输入10%或省略，如图6-4所示。然后单击【确定】按钮，则计算结果会显示在B21单元格中，如图6-3所示。

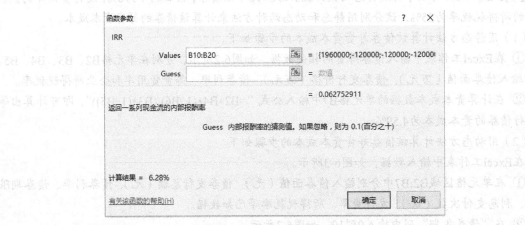

图 6-4　IRR 函数参数对话框

⑨ 由于债券筹资资本成本有抵税作用，故此处我们还需要计算税后债券筹资资本成本，在单元格B22中输入公式"=B21*(1-B8)"，则可以求得税后债券筹资资本成本。

3. 权益资本成本计算模型

企业选择发行普通股、优先股或者留存收益等方式进行筹资时，则为权益资本筹资。下面，我们通过具体案例来分析权益资本成本的计算方法。

【例6-3】 根据下列资料求权益资本成本。

（1）X公司以210元/股的价格发行面值为200元/股的优先股，筹资费率为3%，预计年股息率为6%，求优先股的资本成本。

（2）S公司以30元/股的价格发行一批普通股，筹资费率为4%，企业当年股利为1.2元/股，以后每年股利将以5%的比率稳定增长，求该普通股的资本成本。

（3）H公司股票无风险利率为5%，市场投资组合的风险报酬率为10%，H公司普通股的β系数为1.35，求该普通股的资本成本。

计算步骤如下。

（1）根据已知条件，建立各种方式下的资本成本计算模型，如图6-5所示。

	A	B	C	D	E	F
1	（1） X公司		（2） S公司		（3） H公司	
2	优先股面值（元/股）	200	股票发行价格（元/股）	30	无风险利率	5%
3	发行价格（元/股）	210	筹资费率	4%	市场投资风险报酬率	10%
4	筹资费率	3%	第0年股利（元/股）	1.2	H公司股票的β系数	1.35
5	年股息率	6%	股利增长率	5%		
6	优先股资本成本	5.89%	普通股资本成本	9.38%	普通股资本成本	18.50%

图 6-5 权益资本成本计算

（2）在单元格B6中输入公式"=B2*B5/(B3*(1-B4))"，得到X公司优先股的资本成本。

在单元格D6中输入公式"=D4* (1+D5)/(D2*(1-D3))+D5"，得到S公司普通股的资本成本。

在单元格F6中输入公式"=F2+F4*F3"，得到H公司普通股的资本成本。

具体计算结果如图6-5所示。

6.4 杠杆作用分析的 Excel 模型

6.4.1 杠杆作用分析

财务管理中的杠杆效应是指由于特定费用（如固定成本或固定财务费用）的存在，某一财务变量以较小幅度变动时，另一相关财务变量会以较大幅度变动。合理运用杠杆原理，有助于企业合理规避风险，提高资金营运效率。杠杆作用包括经营杠杆、财务杠杆和总杠杆。

1. 经营杠杆

经营杠杆又称营业杠杆或营运杠杆，反映息税前利润和销售收入的杠杆关系，指在企业生产经营中由于存在固定成本而使利润变动率大于产销量变动率的现象。我们用经营杠杆系数来评价这种反映程度，即息税前利润的变动率与销售收入（营业收入）变动率之比，它可反映经营杠杆的作用程度，估计营业杠杆利益的大小，评价营业风险的高低。其计算公式如下。

$$DOL = \frac{\Delta EBIT / EBIT}{\Delta S / S}$$

式中，DOL 为经营杠杆系数；EBIT 为息税前利润；ΔEBIT 为息税前利润变动额；S 为销售收入；ΔS 为销售收入变动额。

为了便于计算，根据息税前利润和销售收入的计算原理，可将上式变换如下。

$$DOL = \frac{Q(P-V)}{Q(P-V) - F}$$

式中，Q 为销售量；P 为销售单价；V 为单位变动成本；F 为固定成本总额。

2. 财务杠杆

一般来讲，企业在经营中总会发生接入资金。企业负责经营，不论利润多少，债务利息总是要按期支付，这样就产生了财务杠杆效应。财务杠杆又叫筹资杠杆或融资杠杆，是指由于固定资本成本（如长期银行贷款、公司债券利息和优先股股利）的存在而导致普通股每股利润变动幅度大于息税前利润变动幅度的现象。无论企业息税前利润是多少，固定性资本成本都是固定不变的。当企业息税前利润增加，每 1 元盈余所负担的固定财务费用就会相应减少，每 1 普通股分得的利润就会增加，这样就产生了财务杠杆效应。

财务杠杆系数，是指普通股每股利润的变动率相当于息税前利润变动率的倍数。它反映着财务杠杆作用的大小，表示息税前利润变动 1%所引起的普通股每股收益变动的百分比。其计算公式如下。

$$DFL = \frac{\Delta EPS / EPS}{\Delta EBIT / EBIT}$$

式中，DFL 为财务杠杆系数；EPS 为普通股每股收益；ΔEPS 为普通股每股收益变动额；EBIT 为息税前利润；ΔEBIT 为息税前利润变动额。

根据普通股每股收益和息税前利润的计算原理，可将上式转化如下。

$$DFL = \frac{EBIT}{EBIT - I - PD / (1-T)}$$

式中，I 为债务年利息；PD 为优先股股利。

3. 总杠杆

经营杠杆和财务杠杆可以独自发挥作用，也可以综合发挥作用，总杠杆是用来反映两者之间共同作用结果的。

只要企业同时存在固定性经营成本和固定性资本成本，就存在总杠杆效应。衡量总杠杆效应的主要指标是总杠杆系数。总杠杆系数是经营杠杆系数和财务杠杆系数的乘积，是普通股每股收益变动率与销售收入变动率的比率。其计算公式如下。

$$DTL = DOL \times DFL$$
$$= \frac{\Delta EBIT / EBIT}{\Delta S / S} \times \frac{\Delta EPS / EPS}{\Delta EBIT / EBIT}$$
$$= \frac{\Delta EPS / EPS}{\Delta S / S}$$

综合杠杆系数反映了经营杠杆和财务杠杆之间的关系，用来评价企业的整体风险水平，对公司管理层具有十分重要的意义。

6.4.2　杠杆作用分析模型的设计

1．经营杠杆模型设计

【例6-4】　某企业产销一种产品，该产品的销售单价为10元/件，单位变动成本为2元/件，每月固定经营成本为5 000元，试建立该企业产销量与经营杠杆系数关系模型。

计算分析步骤如下。

（1）按照已知条件，建立产销量与经营杠杆系数关系模型，如图6-6所示。

	A	B	C	D	E	F	G	H
1	已知条件							
2	产品单价（元/件）	10						
3	单位变动成本（元/件）	2						
4	固定成本（元）	5 000						
5								
6	盈亏平衡点销售量（件）		产销量与经营杠杆系数关系模型					
7	625		产销量（件）	0	1 000	2 000	3 000	4 000	5 000
8			经营杠杆系数	0.00	2.67	1.45	1.26	1.19	1.14

图 6-6　经营杠杆系数的计算与分析

（2）利用填充序列的方法在单元格区域C7:H7中输入数值序列0，1 000，2 000，…，5 000。

（3）在单元格C8中输入公式"=C7*($B$2-$B$3)/(C7*($B$2-$B$3)-$B$4)"，并将该公式拖动复制到D8:H8，得到不同产销量下的经营杠杆系数。

（4）在单元格A7中输入公式"=B4/(B2-B3)"，得到该企业在盈亏平衡点处的销售量。

（5）选定单元格区域B7:H8，插入推荐的柱形图，并对图表进行编辑，添加数据点、坐标轴标题等，结果如图6-7所示。

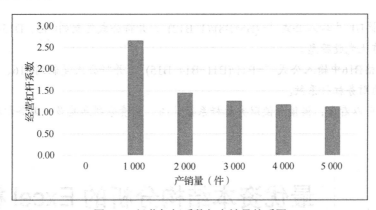

图 6-7　经营杠杆系数与产销量关系图

最终，由计算结果可以看出，产销量等于盈亏平衡点销售量时，$DOL=625×(10-2)/[625×(10-2)-5\,000)]$，分母为零，经营杠杆系数为无穷大。当产销量超过盈亏平衡点后，随着产销量的增大，经营杠杆系数逐渐趋近于1。因此，在固定经营成本一定的条件下，企业通过充分发挥现有的生产能力，扩大销售量，可以降低经营杠杆系数，从而降低销售利润对销售量变动的敏感程度，降低经营风险。

2．财务杠杆模型设计

【例6-5】　已知A、B、C 3家公司某期的息税前利润均为48万元，总资本均为400万元，所得税税率均为25%，但3家公司的资本结构不同：A公司有100万元优先股权益，有10万股普通股，每股面值10元，有债务资本200万元；B公司同样有10万股普通股，300万元的债务资本，但无优先股；C公司400万元的资本全为债务资本。以上3家公司的债务利率均为10%。试求3家公司的普通股每股利润和财务杠杆系数分别是多少。

具体计算步骤如下。

（1）根据题目已知条件录入相关数据，如图6-8所示。

	A	B	C	D
1	财务杠杆系数计算与分析			
2	公司名称	A公司	B公司	C公司
3	已知数据			
4	全部资本（元）	4 000 000	4 000 000	4 000 000
5	优先股股东权益（元）	1 000 000	0	0
6	普通股股东权益（元）	1 000 000	1 000 000	0
7	债务资本（元）	2 000 000	3 000 000	4 000 000
8	优先股股息率	2%	2%	2%
9	债务利率（%）	10%	10%	10%
10	普通股股数（股）	100 000	100 000	0
11	息税前利润（元）	480 000	480 000	480 000
12	所得税税率	25%	25%	25%
13	计算分析			
14	债务利息（元）	200 000	300 000	400 000
15	税前优先股股息（元）	26 667	0	0
16	财务杠杆系数	1.89	2.67	6.00

图6-8 财务杠杆系数的计算与分析

（2）在单元格B14中输入公式"=B7*B9"，并将公式复制到C14、D14单元格，分别求得3家公司的债务利息。

（3）在单元格B15中输入公式"=(B5*B8)/(1-B12)"，并将公式复制到C15、D15单元格，分别求得3家公司的税前优先股股息。

（4）在单元格B16中输入公式"=B11/(B11-B14-B15)"，并将公式复制到C16、D16单元格，分别求得3家公司的财务杠杆系数。

由计算结果可以看出，借债会使财务杠杆系数升高，且债务利息越多，财务杠杆系数越大，财务风险也越大。

6.5 最优资本结构分析的 Excel 模型

6.5.1 最优资本结构分析

企业的最优资本结构分析应结合企业的有关情况，分析有关因素的影响，运用一定的方法确定最优资本结构。从理论上讲，最优资本结构是指企业在适度财务风险的条件下，使其预期的综合资本成本率最低，同时企业价值最大的资本结构。目前，确定最优资本结构常用的定量分析法包括资本成本比较法、每股收益无差别点法和公司价值比较法等。下面我们将具体介绍这3种方法。

1. 资本成本比较法

资本成本比较法是计算不同资本结构（或筹资方案）的加权平均资本成本，并以此进行相互比较，进而进行资本结构决策的方法。企业在做出融资决策之前，先拟定若干备选融资方案，并计算各方案的综合资本成本，以其中综合资本成本最低的融资方案所确定的资本结构为最佳的资本结构。在这种方法中，能使综合资本成本最低的资本结构就是合理的，反之就是不合理的。

2. 每股收益无差别点法

每股收益无差别点法即每股收益分析法，是财务管理中常用的分析资本结构并进行融资决策的方法。它通过分析负债融资与每股收益之间的关系，为确定最佳资本结构提供依据。对股份有限公司来讲，财务管理的目的就是要不断提高普通股的每股收益。因此，资本结构合理性的评价也离不开对每股收益的测定。

每股收益无差别点是指两种筹资方式下普通股每股利润相等时的息税前利润点，即息税前利润平衡点。根据每股收益无差别点，可以分析判断在什么情况下运用债务筹资来安排和调整资本结构。

每股收益无差别点的计算公式如下。

$$\frac{(\overline{EBIT}-I_1)(1-T)-D_{p1}}{N_1}=\frac{(\overline{EBIT}-I_2)(1-T)-D_{p2}}{N_2}$$

式中，$\overline{EBIT}$ 为息税前利润平衡点，即每股收益无差别点；I_1，I_2 为两种筹资方式下的年利息；D_{p1}，D_{p2} 为两种筹资方式下的年优先股股利；N_1，N_2 为两种筹资方式下普通股股份数；T 为所得税税率。

在每股收益无差别点上，无论是采用负债融资，还是采用普通股融资或优先股融资，每股收益都是相等的。

3. 公司价值比较法

公司价值比较法是在充分反映公司财务风险的前提下，以公司价值的大小为标准，经过测算确定公司最佳资本结构的方法。

与资本成本比较法和每股收益分析法相比，公司价值比较法充分考虑了公司的财务风险和资本成本等因素的影响，进行资本结构的决策时以公司价值最大为标准，更符合公司价值最大化的财务目标；但其测算原理及测算过程较为复杂，通常用于资本规模较大的上市公司。

一个公司的价值是指该公司目前值多少钱。关于公司价值的内容和测算方法，目前主要有 3 种观点：一是认为公司价值等于其未来净收益（或现金流量，下同）按照一定折现率折现的价值，即公司未来净收益的现值；二是认为公司价值是其股票的现行市场价值；三是认为公司价值等于其长期债务和股票的折现价值之和。与前两种观点相比，第 3 种观点中价值测算方法有如下优点：从公司价值的内容来看，它不仅包括了公司股票的价值，还包括了公司长期债务的价值；从公司净收益的归属来看，它属于公司的所有者，即属于股东。因此，在测算公司价值时，我们往往采用第 3 种观点。这种观点中的测算方法可用如下公式表示。

$$V=B+S$$

式中，V 表示公司的总价值，即公司总的折现价值；B 表示公司长期债务的折现价值；S 表示公司股票的折现价值。

其中，为简化测算，设长期债务（含长期借款和长期债券）的现值等于其面值（或本金）；股票的现值按公司未来净收益的折现值测算，其测算公式如下。

$$S=\frac{(EBIT-I)(1-T)}{K_s}$$

式中，S 表示公司股票的折现价值；$EBIT$ 表示公司未来的年息税前利润；I 表示公司长期债务年利息；T 表示公司所得税税率；K_S 表示公司股票资本成本率。

在公司价值测算的基础上，如果公司的全部长期资本由长期债务和普通股组成，则公司的全部资本成本率即综合资本成本率可按下式测算。

$$K_w = K_B \cdot \frac{B}{V}(1-T) + K_S \cdot \frac{S}{V}$$

式中，K_w 表示公司综合资本成本率；K_B 表示公司长期债务税前资本成本率，可按长期债务年利率计算；K_S 表示公司普通股资本成本率，为了考虑公司筹资风险的影响，普通股资本成本率可运用资本资产定价模型来测算。

6.5.2 资本结构决策模型的设计

1. 资本成本比较法

运用资本成本比较法进行筹资决策时，首先应计算出各个备选方案的综合资本成本，然后进行比较，选择综合资本成本最低的方案作为最优方案。

【例6-6】XSH公司为满足投资计划的需求，拟再筹资500万元的资本，现有A、B两个备选方案，其中A方案拟长期借款200万元，借款利率为5%，发行优先股和普通股筹资均为150万元，资本成本率分别为11%和14.5%；B方案则拟发行债券300万元，发行普通股200万元，资本成本率分别为6.5%和15%。试分析该公司应选择哪个方案。

计算步骤如下。

（1）根据已知条件设计资本成本比较分析模型，如图6-9所示。

	A	B	C	D	E
1	资本成本比较分析模型				
2	筹资方式	方案A		方案B	
3		金额(万元)	资本成本	金额(万元)	资本成本
4	长期借款	200	5%	0	
5	公司债券	0		300	6.5%
6	优先股	150	11%	0	
7	普通股	150	14.5%	200	15%
8	合计	500	9.65%	500	9.90%
9	结论：	选择方案A			

图6-9 资本成本比较分析模型

（2）在单元格C8中输入公式"=SUMPRODUCT(B4:B7/B8,C4:C7)"（数组公式输入），并将此公式复制到单元格E8中，则可以分别求得A方案与B方案的综合资本成本。

（3）在单元格B9中输入公式"=IF(C8>E8,"选择方案B","选择方案A")"，即可得出结论：由于A方案的综合资本成本较小，故选择方案A。

2. 每股收益无差别点法

运用每股收益无差别点法做筹资决策时，首先应根据所给的条件，确定各个备选方案中普通股每股利润与预计息税前利润之间的关系，建立方程；然后求出普通股每股利润无差别点，也就是使两个备选的筹资方案中普通股每股利润相等时的息税前利润；最后，以普通股每股利润最大为目标，根据无差别点做出筹资决策。

【例6-7】　某公司原有资本1 000万元，均为流通在外的普通股，有100万股。为了扩大生产，需要追加融资500万元，有以下3种可能的融资方式：①全部举借长期债务，债务年利率为10%；②全部发行优先股，年股利率为12%；③全部发行普通股，售价为每股10元，增发50万股。假设该公司所得税税率为25%。该公司应选择哪个筹资方案？

具体计算分析步骤如下。

首先，将已知条件整理到有关的Excel表格中，如图6-10所示。

其次，根据已知条件，构建每股利润与息税前利润的关系模型，如图6-11所示。

图6-11中各单元格公式的输入如下。

（1）单元格区域B15:G15中的计算公式为"=((B14:G14-C9*D9)*(1-B5))/C4"（数组公式输入），由此求得不同息税前利润下的每股收益，即每股收益=[（息税前利润-利息）×（1-所得税税率）-优先股股利]/普通股股数，在方案1中，由于新增投资为发行长期债券，因此，分子部分的利息要扣除新增债券利息。

	A	B	C	D	E
1			原有方案		
2	资本	金额（万元）	股份（万股）		
3	普通股	1 000	100		
4	合计	1 000	100		
5	所得税税率	25%			
6					
7			备选筹资方案		
8		资本	金额（万元）	利率（或股息率）	股价（元/股）
9	方案 1	长期债券	500	10%	
10	方案 2	优先股	500	12%	
11	方案 3	普通股	500		10

图 6-10　已知资料

	A	B	C	D	E	F	G
13			每股利润与息税前利润的关系				
14	息税前利润	20	60	100	140	180	220
15	方案1	-0.225	0.075	0.375	0.675	0.975	1.275
16	方案2	-0.450	-0.150	0.150	0.450	0.750	1.050
17	方案3	0.100	0.300	0.500	0.700	0.900	1.100
18	方案1与方案3交点处的息税前利润：		150.000	0			

图 6-11　每股利润与息税前利润的关系表

（2）单元格区域B16:G16中的计算公式为"=(B14:G14*(1-B5)-C10*D10)/C4"（数组公式输入），由此求得不同息税前利润下方案2的每股收益。在方案2中，由于新增投资为发行优先股，因此分子要额外扣除新增的优先股股利。

（3）单元格区域B17:G17中的计算公式为"=(B14:G14*(1-B5))/(C4+C11/E11)"（数组公式输入），由此求得不同息税前利润下方案3的每股收益。在方案3中，由于新增投资是采用发行普通股取得的，因此分母股数要增加。

（4）将各个方案中的每股利润与息税前利润的关系绘制成图表，并进行编辑，如图6-12所示。具体步骤请参阅第2章。

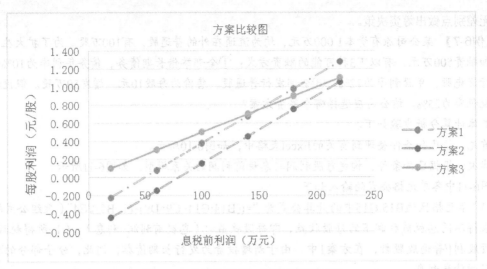

图6-12　息税前利润与每股利润关系图

　　由图6-12可知，方案1与方案3相交于某点，则当公司追加筹资后预计的息税前利润不超过此点时，应采用方案3即发行普通股筹资；当公司预计的息税前利润超过此点时，应采用方案1即发行长期债券筹资。由于方案1与方案2是两条平行线，且方案1的普通股每股利润永远大于方案2，所以该公司正常情况下都不应采用发行优先股的方案筹资。

　　此外，方案1与方案3交点处的息税前利润可以采用单变量求解方法计算，即在单元格E18中输入公式"=((D18-C9*D9)*(1-B5))/C3-D18*(1-B5)/(C4+C11/E11)"，将其作为目标函数（也就是方案1每股利润与方案3每股利润的差），且目标值设为0，单元格D18中存放方案1与方案3的交点处的息税前利润，且设该单元格为可变单元格，则可以求得此点为150万元。也就是说，当公司追加筹资后预计的息税前利润不超过150万元时，应采用方案3即发行普通股筹资；当公司追加筹资后预计的息税前利润超过150万元时，则应该采用方案1即发行长期债券筹资。

　　3. 公司价值比较法

　　运用公司价值比较法做筹资决策时，认为公司价值等于其债务和股票的现值之和。计算各个备选方案所对应的公司价值并进行比较，选择使公司价值达到最大的筹资方案作为最优方案。但由于股票的现值比较难以估计，所以这种方法往往只能在某些比较理想的条件下才能使用。

　　【例6-8】 XSH公司目前没有负债和优先股，现有资本账面价值1 000万元，全部为普通股。预计该公司每年的息税前利润$EBIT$为200万元，且保持稳定不变，公司的所得税税率为25%，公司的税后净利润将全部作为股利发放，股利增长率为零。公司的财务管理人员计划改变现有的资本结构，增加负债，利用财务杠杆使企业价值提高，拟提出6个方案，将债务由原有的无债务，分别增加到100万元、200万元、300万元、400万元和500万元，且债务利率分别为0、6%、8%、10%、12%和15%，普通股贝塔值测算分别为1.1、1.2、1.25、1.48、1.85和2.2。假设债务的现值等于面值，同时已知证券市场的数据为：无风险利率K_F=8%，市场投资组合期望报酬率K_m=14%，试测算该公司的最优资本结构。

　　计算分析步骤如下。

　　（1）根据已知条件，设计不同债务规模情况下的公司价值计算分析模型，如图6-13所示。

　　（2）在单元格区域B12:B17中输入公式"=B3:B8"（数组公式输入），从已知条件中复制公司的债务价值，此处债务价值直接等于其面值。

	A	B	C	D	E	F	G
1	不同债务规模下的债务利率和普通股 β 值及其他有关资料						
2	方案	债务 D（万元）	债务利率 K_d	普通股 β 值	息税前利润 EBIT（万元）	200	
3	1	0		1.1	所得税税率 T	25%	
4	2	100	6%	1.2	无风险利率 K_F	8%	
5	3	200	8%	1.25	市场投资组合期望报酬率K_m	14%	
6	4	300	10%	1.48			
7	5	400	12%	1.85			
8	6	500	15%	2.2			
9							
10	不同债务规模下的公司价值和综合资本成本计算						
11	方案	D（万元）	K_d（%）	K_s（%）	S（万元）	V（万元）	K_w（%）
12	1	0	0%	14.60%	1 027.40	1 027.40	14.60%
13	2	100	6%	15.20%	957.24	1 057.24	14.19%
14	3	200	8%	15.50%	890.32	1 090.32	13.76%
15	4	300	10%	16.88%	755.33	1 055.33	14.21%
16	5	400	12%	19.10%	596.86	996.86	15.05%
17	6	500	15%	21.20%	442.22	942.22	15.92%
18		最大公司价值	1 090.32	对应方案	3		
19		最小综合资本成本	13.76%	对应方案	3		

图 6-13　不同债务规模下的公司价值与综合成本计算模型

（3）在单元格区域C12:C17中输入公式"=C3:C8"（数组公式输入），从已知条件中复制公司的债务资本成本率。

（4）在单元格区域D12:D17中输入公式"=F4+D3:D8*(F5-F4)"（数组公式输入），此处根据资本资产定价模型，计算求得不同方案下的权益资本成本率。

（5）在单元格区域E12:E17中输入公式"=(F2−C12:C17*B12:B17)*(1-F3)/D12:D17"（数组公式输入），此处利用前述计算股票市场价值公式，即"股票市场价值=税后净利润/权益资本成本率"来求得不同方案下的股票价值。

（6）在单元格区域F12:F17中输入公式"=E12:E17+B12:B17"（数组公式输入），此处利用前述"市场价值=股票价值+债务价值"，计算求得不同方案下的公司价值。

（7）在单元格区域G12:G17中输入公式"=B12:B17/F12:F17*C12:C17*(1-F3)+E12:E17/F12:F17*D12:D17"（数组公式输入），此处利用前述综合资本成本等于股票资本成本率与债务部分的资本成本率的加权值，计算求得不同方案下的公司综合资本成本率。

（8）在单元格C18中输入公式"=MAX(F12:F17)"，求得最大公司价值为1 090.32万元，并在单元格E18中输入公式"=MATCH(C18,F12:F17)"，求得该最大值对应的方案为方案3。

（9）在单元格C19中输入公式"=MIN(G12:G17)"，求得最小综合资本成本为13.76%，并在单元格E19中输入公式"=MATCH(C19,G12:G17)"，求得该最小综合成本对应的方案为方案3。

最终计算结果如图6-13所示。从结果图中可以看出，没有负债时，XSH公司的价值等于其普通股的价值。随着债务的增加，公司的价值开始逐渐增加。当债务增加到200万元时，公司的价值达到最大。此后，随着债务的增加，公司的价值开始下降。从公司综合资本成本的变化上也可以看出，债务规模为200万元时，综合资本成本也达到最低。因此，公司债务为200万元时的资本结构为最优资本结构。

（10）为进一步验证上述结论，我们按住【Ctrl】键，分别选定单元格区域A11:A17、F11:F17、G11:G17，插入图表，形成如图6-14所示的不同债务规模下公司价值与综合资本成本对比图。从该图中，我们也可以清晰、直观地得出方案3为最佳选择方案的结论。

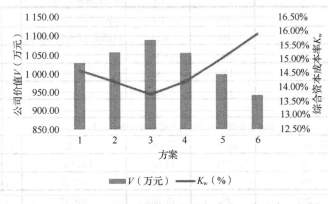

图6-14　不同债务规模下的公司价值与综合资本成本对比图

实践练习题

1．某公司发行总面值为 500 万元的债券 1 100 张，总价格为 600 万元，期限为 5 年，利息每年支付一次，本金到期一次偿还。票面利率为 12%，发行费用占发行价格的 6%，公司所得税税率为 25%。利用 IRR 计算该债券的资本成本。

2．某企业向银行借款，年利率为 10.8%，期限为 8 年，每年付息一次，到期一次还本。筹措这笔借款的费用率为 0.3%，企业所得税税率为 25%。试计算这笔借款的成本率。

3．三通公司等价发行期限为 5 年，利率为 12%的债券一批，发行价格为 250 万元，发行费率为 3.25%，该公司所得税税率为 25%，计算公司的债券成本。

4．某公司普通股发行市价为每股 20 元，现增发新股 80 000 股，预计筹资费用率为 6%，第一年每股发放股利 2 元，股利增长率为 5%，试计算该公司普通股的资本成本率。

5．某股票的风险报酬率为 16%，贝塔系数为 1.5，无风险报酬率为 10%，求该普通股的资本成本。

6．某公司全年销售净额为 560 万元，固定成本为 64 万元，变动成本率为 40%。计算该公司的营业杠杆系数。

7．某公司 2017 年销售产品 100 万件，单价为 60 元，单位变动成本为 40 元，固定成本总额为 1 000 万元，公司资产总额为 1 000 万元，资产负债率为 50%，负债平均年利息率为 10%，所得税税率为 25%。求该公司 2017 年营业杠杆系数和财务杠杆系数。

8．某公司拟筹集资本 1 000 万元，现有甲、乙、丙 3 个备选方案。甲方案：按面值发行长期债券 500 万元，票面利率为 10%，筹资费用率为 1%；发行普通股 500 万元，筹资费用率为 5%，预计第一年股利率为 10%，以后每年按 4%递增。乙方案：发行优先股 800 万元，股利率为 15%，筹资费用率为 2%；向银行借款 200 万元，年利率为 5%。丙方案：发行普通股 400 万元，筹资费用率为 4%，预计第一年股利率为 12%，以后每年按 5%递增；利用公司留存收益筹资 600 万元，该公司所得税税率为 25%。

要求：确定该公司的最佳资本结构。

9．某公司目前拥有资金 10 000 万元，其中长期借款 2 000 万元，年利率为 6%；普通股 8 000 万元，上年支付的每股股利为 1.5 元，预计股利增长率为 6%，发行价格为 10 元，目前价格也是 10 元。该公司计划筹集资金 6 000 万元，企业所得税税率为 25%。有以下两种筹资方案。

方案 1：增加长期借款 6 000 万元，借款利率为 8%，其他条件不变。

方案 2：增发普通股 400 万股，普通股每股市价为 15 元。

要求：（1）计算该公司筹资前加权平均资本成本率。

（2）用资本成本比较法确定该公司最佳的资本结构。

10．某公司现有普通股 600 万股，股本总额 6 000 万元，公司债券 3 600 万元。公司拟扩大筹资规模，有两个备选方案：一是增发普通股 300 万股，每股发行价格 15 元；二是平价发行公司债券 4 500 万元。公司债券年利率为 8%，所得税税率为 25%。

要求：（1）计算两种筹资方案的每股收益无差别点。

（2）如果该公司预计息税前利润为 1 800 万元，对两种筹资方案做出择优决策。

第7章 投资决策的 Excel 建模

本章提要

投资决策是企业资金管理的重要过程，在市场经济中，企业能否把筹集到的资金投放到报酬高、回收快、风险小的项目上，对于企业的生存和发展十分重要。在本章，我们将从企业对内的固定资产投资入手，分析固定资产折旧的几类方法、投资现金流量的计算，阐述如何评价独立方案和互斥方案，概述固定资产的更新决策问题以及对投资过程中的风险进行分析。在此基础上，分别分析项目投资决策函数的应用，建立折旧及其对比分析、独立投资方案、互斥方案比较、固定资产更新决策以及投资风险分析的Excel模型。在Excel软件操作要点上，本章要求掌握净现值类函数（NPV、XNPV等）、内含报酬率函数、折旧类函数的操作以及如何在单元格中设置下拉式列表框。

学习目标

- 掌握净现值类函数NPV、XNPV等的应用；
- 掌握内含报酬率函数IRR、MIRR、XIRR等的应用；
- 掌握折旧类函数SLN、DDB、VDB、SYD等的应用；
- 掌握独立方案的Excel模型的构建；
- 掌握互斥方案比较的Excel模型的构建；
- 掌握固定资产更新投资决策的Excel模型的构建；
- 掌握投资风险分析的Excel模型的构建。

7.1 投资决策模型概述

企业投资有不同的分类。按照投资方向的不同，企业投资可分为对内投资和对外投资两大类，对内投资主要指企业的固定资产投资，对外投资则主要指购买股票、债券等。本章所论述的投资决策侧重于固定资产投资。投资过程中首先要注意投资决策问题。投资决策是指投资者为了实现其预期的投资目标，运用一定的科学理论、方法和手段，通过一定的程序对投资的必要性、投资目标、投资规模、投资方向、投资结构、投资成本与收益等经济活动中的重大问题所进行的分析、判断和方案选择。

为掌握投资决策的指标、方法和关键模型的设计思路，本章在对投资决策模型的介绍中安排了投资指标分析模型、折旧函数及其对比分析模型、独立方案投资决策模型、互斥方案投资决策模型、固定资产更新模型、投资风险分析模型等，具体如下。

投资指标分析模型可应用贴现现金流量指标——净现值、内含报酬率、修正内含报酬率等，对各种投资方案进行分析，做出要进行哪个项目的投资决策。

折旧函数及其对比分析模型可用于分析不同折旧方法对固定资产折旧的影响，以便使管理者在进行固定资产投资分析时选择适当的折旧方法，做出相应的决策。

独立方案投资决策模型可运用各种投资决策指标对某一项投资方案的可行性做出评价。

在互斥方案投资决策模型设计中，由于企业每年都会面临复杂的投资项目选择问题，其中每一个净现值大于零的备选项目，从财务角度看作为单一项目都可以上马。但是在现实情况下，一方面公司面临多个投资项目；另一方面，投资项目会受到各种条件的限制，如资本供应量的限制，互斥方案投资决策模型可评述从多个方案中选择一个最优方案的建模方法。

在固定资产更新模型中，通过改变固定资产基本数据，就可以得到新旧设备的分析结果：是继续使用旧资产还是更新资产？选择什么样的资产更新旧设备？这可为固定资产的更新决策提供支持。

在投资风险分析模型中，我们利用风险调整贴现率法对投资项目中的风险进行衡量。

7.2 投资决策模型的相关函数与工具运用

本章中所运用到的工具主要为在单元格中设置下拉式列表框，该工具已在第 5 章中详细阐述过，本节不再赘述。本章运用的相关函数包括以下几种。

1. NPV 函数

（1）用途。通过使用贴现率以及一系列未来支出（负值）和收入（正值），返回一项投资的净现值。

（2）语法。

NPV (rate,value1,[value2],…)

（3）参数。

① rate，必需，代表某一期间的贴现率。

② value1，value2 等。value1 是必需的，后续值是可选的。这些是代表支出及收入的 1～254 个参数。value1，value2 等。在时间上必须具有相等间隔，并且都应发生在期末。

③ NPV 使用 value1，value2，…的顺序来解释现金流的顺序，所以务必保证支出和收入的数额按正确的顺序输入。

④ 忽略以下类型的参数：空白单元格、逻辑值、用文本形式表示的数字、错误值或不能转化为数值的文本。如果参数是一个数组或引用，则只计算其中的数字。数组或引用中的空白单元格、逻辑值、文本或错误值将被忽略。

（4）说明。

① 函数 NPV 假定投资开始于 value1 现金流所在日期的前一期,结束于最后一笔现金流的当期。函数 NPV 依据未来的现金流来进行计算。如果第一笔现金流发生在第一个周期的期初，则第一笔现金流必须添加到函数 NPV 的结果中，而不应包含在 value 参数中。

② 函数 NPV 与函数 PV（现值）相似。PV 与 NPV 之间的主要差别在于：函数 PV 允许现金流在期初或期末开始。与可变的 NPV 现金流数值不同，PV 的每一笔现金流在整个投资中必须是固定的。有关年金与财务函数的详细信息，请参阅函数 PV。

③ 函数 NPV 与函数 IRR（内部收益率）也有关，函数 IRR 是使 NPV 等于零的比率：NPV(IRR(…), …) = 0。

2. XNPV 函数

（1）用途。返回一组现金流的净现值，这些现金流不一定定期发生。若要计算一组定期发生现金流的净现值，请使用函数 NPV。

（2）语法。

XNPV(rate, values, dates)

（3）参数。

① rate，必需，应用于现金流的贴现率。

② values，必需，与 dates 中的支付时间相对应的一系列现金流。首期支付是可选的，并与投资开始时的成本或支付有关。如果第一个值是成本或支付，则它必须是负值，所有后续支付都基于365 天/年贴现。数值系列必须至少包含一个正数和一个负数。

③ dates，必需，与现金流支付相对应的支付日期，第一个支付日期代表支付的开始日期，其他所有日期应迟于该日期，但可按任意顺序排列。

（4）说明。

① 如果任一参数为非数值型，则函数 XNPV 返回错误值#VALUE！。

② 如果 dates 中的任一数值不是合法日期，则函数 XNPV 返回错误值#VALUE。

③ 如果 dates 中的任一数值先于开始日期，则函数 XNPV 返回错误值#NUM！。

④ 如果 values 和 dates 所含数值的数目不同，则函数 XNPV 返回错误值#NUM！。

3. IRR 函数

IRR 函数的相关内容详见第 6 章。

4. MIRR 函数

（1）用途。返回某一连续期间内现金流的修正内部收益率。函数 MIRR 同时考虑了投资的成本和现金再投资的收益率。

（2）语法。

MIRR(values, finance_rate, reinvest_rate)

（3）参数。

① values，必需，一个数组或对包含数字的单元格的引用。这些数值代表各期的一系列支出（负值）及收入（正值）。参数 values 中必须至少包含一个正值和一个负值，才能计算修正后的内部收益率，否则函数 MIRR 会返回错误值#DIV/0!。如果数组或引用参数中包含文本、逻辑值或空白单元格，则这些值将被忽略，但包含零值的单元格将被计算在内。

② finance_rate，必需，现金流中使用的资金支付的利率。

③ reinvest_rate，必需，将现金流再投资的收益率。

（4）说明。

① 函数 MIRR 根据输入值的次序来解释现金流的次序。所以，务必按照实际的顺序输入支出和收入数额，并使用正确的正负号（现金流入用正值，现金流出用负值）。

② 如果现金流的次序为 n，finance_rate 为 frater，而 reinvest_rate 为 rrater。

5. XIRR 函数

（1）用途。返回一组不一定定期发生的现金流的内部收益率。若要计算一组定期发生的现金流的内部收益率，请使用函数 IRR。

（2）语法。

XIRR(values, dates, [guess])

（3）参数。

① values，必需，与 dates 中的支付时间相对应的一系列现金流。首期支付是可选的，并与投资开始时的成本或支付有关。如果第一个值是成本或支付，则它必须是负值。所有后续支付都基于365 天/年贴现。值系列中必须至少包含一个正值和一个负值。

② dates，必需，与现金流支付相对应的支付日期。日期可按任意顺序排列。应使用 DATE 函

数输入日期，或者将日期作为其他公式或函数的结果输入。例如，可使用函数DATE(2017,5,23)输入2017年5月23日。如果日期以文本形式输入，则会出现问题。

③ guess，可选，对函数XIRR计算结果的估计值。

（4）说明。

① 函数XIRR的注意点可以参阅XNPV函数，这两个函数密切相关，函数XIRR计算的收益率即为函数XNPV=0时的利率。Excel使用迭代法计算函数XIRR。通过改变收益率（从guess开始），不断修正计算结果，直至其精度小于0.000 001%。如果函数XIRR运算100次仍未找到结果，则返回错误值#NUM!。

② 函数XIRR中的values参数要求至少有一个正现金流和一个负现金流，否则函数XIRR返回错误值#NUM!。

6. COUNTIF函数

（1）用途。COUNTIF函数用于对区域中满足单个指定条件的单元格进行计数。例如，可以对以某一字母开头的所有单元格进行计数，也可以对大于或小于某一指定数字的所有单元格进行计数。假设有一个工作表在列A中包含一列任务，在列B中包含分配了每项任务的人员的名字，则可以使用COUNTIF函数计算某人员的名字在列B中的显示次数，这样便可确定分配给该人员的任务数，例如"=COUNTIF (B2:B25,"Nancy")"。

（2）语法。

COUNTIF(range, criteria)

（3）参数。

① range，必需，要对其进行计数的一个或多个单元格，其中包括数字或名称、数组或包含数字的引用，空值和文本值将被忽略。

② criteria，必需，用于定义将对哪些单元格进行计数的数字、表达式、单元格引用或文本字符串。例如，条件可以表示为32、">32"、B4、"苹果"或"32"。

（4）说明。

① 在criteria参数中可以使用通配符，即问号（?）和星号（*）。问号匹配任意单个字符，星号匹配任意一系列字符。若要查找实际的问号或星号，请在该字符前键入波形符（~）。条件不区分大小写，例如，字符串"apples"和字符串"APPLES"将匹配相同的单元格。

② 若要根据多个条件对单元格进行计数，请参阅COUNTIFS函数。

7. VLOOKUP函数

（1）用途。可以使用VLOOKUP函数搜索某个单元格区域的第1列，然后返回该区域相同行任意单元格中的值。例如，图7-1中区域A2:C10中为雇员列表，雇员的ID号存储在该区域的第一列。

	A	B	C
1	员工ID	部门	姓名
2	35	销售	张颖
3	36	生产	王伟
4	37	销售	李芳
5	38	运营	郑建杰
6	39	销售	赵军
7	40	生产	孙林
8	41	销售	金士鹏
9	42	运营	刘英玫
10	43	生产	张雪眉

图7-1 雇员列表

　　如果知道雇员的 ID 号，则可以使用 VLOOKUP 函数返回该雇员所在的部门或其姓名。若要获取 38 号雇员的姓名，可以使用公式 "=VLOOKUP(38, A2:C10, 3, FALSE)"。使用此公式时，将搜索区域 A2:C10 第一列中的值 38，然后返回该区域同一行中第三列中的值（"郑建杰"）。VLOOKUP 中的 V 表示垂直方向。当比较值位于所需查找的数据的左边一列时，应使用 VLOOKUP，而不是 HLOOKUP。

　　（2）语法。

VLOOKUP(lookup_value, table_array, col_index_num, [range_lookup])

　　（3）参数。

　　① lookup_value，必需，指要在表格或区域的第一列中搜索的值。lookup_value 参数可以是值或引用，如果赋予的 lookup_value 参数的值小于 table_array 参数第一列中的最小值，则 VLOOKUP 将返回错误值#N/A。

　　② table_array，必需，指包含数据的单元格区域，可以使用对区域（如 A2:D8）或区域名称的引用。table_array 第一列中的值是由 lookup_value 搜索的值，这些值可以是文本、数字或逻辑值，文本不区分大小写。

　　③ col_index_num，必需，table_array 参数中必须返回的匹配值的列号。col_index_num 参数为 1 时，返回 table_array 第一列中的值；col_index_num 参数为 2 时，返回 table_array 第二列中的值，以此类推。如果 col_index_num 小于 1，则 VLOOKUP 返回错误值#VALUE!；如果 col_index_num 大于 table_array 的列数，则 VLOOKUP 返回错误值#REF!。

　　④ range_lookup，可选，一个逻辑值，指定希望 VLOOKUP 查找精确匹配值还是近似匹配值。如果 range_lookup 为 TRUE 或被省略，则返回精确匹配值或近似匹配值；如果找不到精确匹配值，则返回小于 lookup_value 的最大值。另外，必须按升序排列 table_array 第一列中的值，否则，VLOOKUP 可能无法返回正确的值。

　　如果 range_lookup 为 FALSE，则 VLOOKUP 将只查找精确匹配值，同时不需要对 table_array 第一列中的值进行排序。

　　如果 table_array 的第一列中有两个或更多值与 lookup_value 相匹配，则使用第一个找到的值。如果找不到精确匹配值，则返回错误值#N/A。

　　（4）说明。

　　① 在 table_array 的第 1 列中搜索文本值时，请确保 table_array 第 1 列中的数据不包含前导空格、尾部空格、非打印字符或者未使用不一致的直引号与双引号（'或"），否则，VLOOKUP 可能返回不正确或意外的值。

　　② 在搜索数字或日期值时，请确保 table_array 第 1 列中的数据未存储为文本值。否则，VLOOKUP 可能返回不正确或意外的值。

　　③ 如果 range_lookup 为 FALSE 且 lookup_value 为文本，则可以在 lookup_value 中使用通配符——问号（?）和星号（*）。

　　8. SLN 函数

　　（1）用途。返回某项资产在一个期间中的线性折旧值。

　　（2）语法。

SLN(cost, salvage, life)

　　（3）参数。

　　① cost，必需，指资产原值。

② salvage，必需，指资产在折旧期末的价值（有时也称为资产残值）。

③ life，必需，指资产的折旧期数（有时也称为资产的使用寿命）。

9. DDB 函数

（1）用途。使用双倍余额递减法或其他指定方法，计算一笔资产在给定期间内的折旧值。

（2）语法。

DDB(cost, salvage, life, period, [factor])

（3）参数。

① period，必需，指需要计算折旧值的期间。period 必须使用与 life 相同的单位。

② factor，可选，余额递减速率。如果 factor 被省略，则假设为 2（双倍余额递减法）。

③ 该函数中的 "cost" "salvage" "life" 参数说明请参阅 SLN 函数。

（4）说明。

① DDB 的 5 个参数都必须为正数。

② 双倍余额递减法以加速的比率计算折旧。折旧在第一阶段是最高的，在后继阶段中会减少。

③ 如果不想使用双倍余额递减法，则更改余额递减速率。

④ 当折旧大于余额递减计算值时，如果希望转换到直线余额递减法，请使用 SLN 函数。

10. VDB 函数

（1）用途。使用双倍余额递减法或其他指定的方法，返回指定的任何期间内（包括部分期间）的资产折旧值。

（2）语法。

VDB(cost, salvage, life, start_period, end_period, [factor], [no_switch])

（3）参数。

① start_period，必需，进行折旧计算的起始期间。start_period 必须使用与 life 相同的单位。

② end_period，必需，进行折旧计算的截止期间。end_period 必须使用与 life 相同的单位。

③ no_switch，可选，逻辑值，指定当折旧值大于余额递减计算值时，是否转用直线折旧法。如果 no_switch 为 TRUE，则即使折旧值大于余额递减计算值，Excel 也不转用直线折旧法；如果 no_switch 为 FALSE 或被忽略，且折旧值大于余额递减计算值，则 Excel 将转用直线折旧法。

④ 该函数中的 "cost" "salvage" "life" "factor" 参数说明请参阅 SLN 和 DDB 函数。

（4）说明。除 no_switch 外的所有参数必须为正数。

11. SYD 函数

（1）用途。返回某项资产按年限总和折旧法计算的指定期间的折旧值。

（2）语法。

SYD(cost, salvage, life, per)

（3）参数。

① per，必需，期间，其单位与 life 相同。

② 该函数中的 "cost" "salvage" "life " 参数说明请参阅 SLN 函数。

12. SUMSQ 函数

（1）用途。计算一组数值的平方和。

（2）语法。SUMSQ (number1，number2，…)。

（3）参数。

Number1，number2，…，表示要计算平方和的数值。

（4）说明。

① 参数值可以是数值、逻辑值或数组，也可以是用双引号引起来的文本形式的值。

② 参数值为数组时，两个数组的数值个数要相等。

③ 函数在计算中，将忽略空白单元格和其他非数值形式的单元格。

7.3 项目投资决策函数的应用

7.3.1 项目投资决策指标分析

1. 现金流量分析

项目各年现金流量的计算，是后续进行项目投资决策的重要基础。现金流量指的是在投资活动过程中，某一个项目引起的现金支出或现金收入的数量。现金流量是西方财务管理中的重要概念。应用现金流量概念时应当注意的是，这里的现金指的是项目发生的所有货币资金和项目需要投入的企业拥有的非货币资源的变现价值。

现金流量的构成按现金流的方向，可以分为现金流入和现金流出。此外，按现金流量发生的时间序列，现金流量可以分为初始现金流量、营业期间现金流量和项目终止现金流量。

初始现金流量是指项目开始投资时发生的现金流量，有时也称初始投资。一般项目开始投资时发生的现金流量，只有现金流出量，没有现金流入量，所以项目初始现金净流量可以用公式表示为：

初始现金净流量=-（投资在固定资产上的资金+投资在流动资产上的资金）

营业现金流量是指投资项目完成并投入使用后，在寿命期间内由于正常生产经营而引起的现金流量。这种现金流量一般以"年"为单位进行计算。

营业现金净流量=税后经营净利润+折旧=税后收入-税后付现成本+折旧抵税

=收入×（1-税率）-付现成本×（1-税率）+折旧×税率

项目终止现金流量包括固定资产的残值收入和收回原投入的流动资金。在投资决策中，一般假设当项目终止时，将项目初期投入在流动资产上的资金全部收回。

项目终止现金净流量 = 实际固定资产残值收入 + 原投入的流动资金 -（实际残值收入-预计残值）×税率

2. 项目投资决策评价指标

当计算完一个项目的现金流量后，我们可以进一步从财务评价的角度，对项目的投资决策进行分析。投资决策评价指标主要包括净现值、获利指数、内部收益率、平均报酬率、静态投资回收期、动态投资回收期。其中，静态投资回收期、平均报酬率由于没有考虑时间价值，又称为静态指标；净现值、获利指数、内部收益率和动态投资回收期由于考虑了资金时间价值，又称为动态指标。

（1）净现值。净现值是一项投资所产生的未来现金流的折现值与项目投资成本之间的差值。净现值法是评价投资方案的一种方法。该方法利用净现金效益量的总现值与净现金投资量算出净现值，然后根据净现值的大小来评价投资方案。净现值为正值，投资方案可以接受；净现值为负值，投资方案不可接受。净现值越大，投资方案越好。净现值法是一种比较科学也比较简便的投资方案评价方法，其计算公式如下。

$$NPV = \sum_{t=1}^{n} \frac{NCF_t}{(1+i)^t} - A_0$$

式中，n 表示项目的实施运行时间（年份）；NCF_t 表示项目实施第 t 年时的净现金流量；i 是预定的贴现率；A_0 为原始总投资的现值；t 表示年数（$t=1, 2, \cdots, n$）。

（2）获利指数。获利指数是指投资方案未来现金净流量现值与原始投资额现值的比值。用获利指数指标评价方案时，首先要计算未来现金流入量的现值之和与未来原始投资额现值之和，然后计算两者的比值（即获利指数）。在采纳与否的决策中，若获利指数大于或等于 1，表明该项目的报酬率大于或等于预定的投资报酬率，方案可取；反之，则方案不可取。

获利指数的计算公式如下。

$$PI = \sum_{t=1}^{n} \frac{NCF_t}{(1+i)^t} \div A_0$$

式中，NCF_t 表示在项目实施第 t 年时的净现金流入量；A_0、n、t 和 i 的含义与净现值公式中的相同。

（3）内部收益率。内部收益率法是用内部收益率来评价项目投资财务效益的方法。所谓内部收益率，就是指资金流入现值总额与资金流出现值总额相等、净现值等于零时的折现率。如果不使用电子计算机，内部收益率要用若干个折现率进行试算，直至找到净现值等于零或接近于零的那个折现率，即能使投资项目净现值等于零时的贴现率。用公式表示时，则为方程 $\sum_{t=1}^{n} \frac{NCF_t}{(1+i)^t} - A_0 = 0$ 时的 i。

（4）平均报酬率。平均报酬率（Average Rate of Return，ARR）也叫投资回收率或平均投资利润率，它表示年平均利润占总投资的百分率。平均报酬率以相对数的形式反映投资的回报率，通过比较各方案的平均报酬率，可选择最优投资方案。平均报酬率的计算公式如下。

$$ARR = （年平均利润 \div 投资总额）\times 100\%$$

（5）静态投资回收期。静态投资回收期（简称回收期），是指以投资项目经营净现金流量抵偿原始投资所需要的全部时间。它有"包括建设期的投资回收期"和"不包括建设期的投资回收期"两种形式。回收期在具体计算时有两种方法，即公式法和列表法。

公式法适用于某一项目的投资集中发生在建设期内，投产后一定期间内每年经营净现金流量相等，且其合计大于或等于原始投资额的情况。可按以下简化公式直接求出不包括建设期的投资回收期。

不包括建设期的投资回收期（PP）=原始投资合计/投产后若干年每年相等的净现金流量

包括建设期的投资回收期（PP）=不包括建设期的投资回收期+建设期

列表法是指通过列表计算累计净现金流量的方式，来确定包括建设期的投资回收期，进而推算出不包括建设期的投资回收期的方法。因为不论在什么情况下，都可以通过这种方法来确定静态投资回收期，所以此法又称为一般方法。

（6）动态投资回收期。如果把投资项目各年的净现金流量按基准收益率折成现值之后，再来推算投资回收期，则此时计算出来的回收期为动态投资回收期，是使得净现金流量累计现值等于零时的年份。它与静态投资回收期的根本区别在于是否考虑资金的时间价值。动态投资回收期也可以应用公式法和列表法来求解。

在公式法下，动态投资回收期=（累计净现金流量现值出现正值的年数-1）+上一年累计净现金流量现值的绝对值/出现正值年份净现金流量的现值。如果动态投资回收期小于等于基准投资回收期，则说明项目（或方案）能在要求的时间内收回投资，项目是可行的；如果大于基准投资回收期，则项目（或方案）不可行，应予以拒绝。

列表法下的求解同静态投资回收期，只是此时的累计现金流量要计算累计现金流量的现值。

7.3.2 项目投资决策函数的应用

由于获利指数指标可在净现值的基础上进行求解，平均报酬率指标的求解可以直接利用定义来进行计算，因此，本小节对前述两类指标不再赘述，仅对净现值、内部收益率、投资回收期三类指标中用到的函数进行分析。

1. 净现值类函数

（1）NPV函数。Excel提供了NPV和XNPV两个计算项目净现值的函数，下面我们通过实例来分析这两个函数的具体应用。

【例7-1】 假设XSH公司2017年新上一个项目，该项目需要在年末一次性投入2 000 000元，未来5年各年年末预计能产生收益300 000元、500 000元、650 000元、450 000元、670 000元。如果每年的贴现率是8%，计算该项目的净现值。

计算步骤如下。

① 根据题目已知条件，先设计净现值计算模型，如图7-2所示。

② 单击【公式】→【插入函数】，选择命令下的NPV函数，弹出图7-3所示的对话框。

	A	B	C
1	年份	期数	现金流量（元）
2	2017年年初	0	
3	2017年年末	1	−2 000 000
4	2018年年末	2	300 000
5	2019年年末	3	500 000
6	2020年年末	4	650 000
7	2021年年末	5	450 000
8	2022年年末	6	670 000
9	贴现率	8%	
10	NPV（元）	8 511	

图 7-2　项目净现值计算　　　　　　　　　　图 7-3　NPV 函数参数对话框

③ 按照图7-3所示输入各参数，【Rate】中输入"B9"，【Value1】中输入"C3:C8"，单击【确定】按钮，即可得出计算结果，该投资的净现值NPV(B9, C3:C8)≈8 511（元）。该净现值大于0，说明该项目可行。

另外，本例中，因为付款发生在第一期期末，因此将开始时投资的2 000 000元作为value参数的一部分。假如该项投资的投资时点是2017年年初，且从2018年年末开始产生收益，则2 000 000元不应包括在value参数中，而应放在函数后，作为函数值的减项，此时的净现值为

NPV=NPV(B9,C4:C8)+C2 NPV(8%,300 000,500 000,650 000,450 000,670 000)−2 000 000=2 009 192.37−2 000 000=9 192.37（元）。

具体模型设计和计算如图7-4所示。

	A	B	C
1	年份	期数	现金流量（元）
2	2017年年初	0	−2 000 000
3	2017年年末	1	
4	2018年年末	2	300 000
5	2019年年末	3	500 000
6	2020年年末	4	650 000
7	2021年年末	5	450 000
8	2022年年末	6	670 000
9	贴现率	8%	
10	NPV（元）	=NPV(B9,C4:C8)+C2	

图 7-4　投资时点在年初的 NPV 计算

（2）XNPV 函数。

【例7-2】　假设某项投资要求在2017年1月1日支付现金10 000元，2017年3月1日回收3 750元，2018年1月30日回收2 250元，2018年9月15日回收5 250元，2018年12月1日回收2 750元。假设贴现率为9%，计算该项投资的净现值。

计算步骤如下。

① 根据题目已知条件，先设计净现值计算模型，如图7-5所示。

② 因为现金流量的发生是不定期的，因此利用XNPV函数来计算项目净现值。单击【公式】→【插入函数】，选择命令下的XNPV函数，弹出图7-6所示的对话框。

	A	B
1		现金流量（元）
2	2017/1/1	−10 000
3	2017/3/1	3 750
4	2018/1/30	2 250
5	2018/9/15	5 250
6	2018/12/1	2 750
7	贴现率	9%
8	净现值	2 612.827

图 7-5　非定期现金流的 XNPV 计算

图 7-6　XNPV 函数参数对话框

③ 按图7-6输入各参数，即可得到该非定期现金流的净现值为2 612.827元。

当然，我们在XNPV函数的输入中，不在工具栏中输入，直接在单元格B8中输入公式"=XNPV(B7,B2:B6,A2:A6)"也可以。

2. 内含报酬率类函数

（1）IRR函数。

【例7-3】 假设要创办一家餐饮店，初始投资资金为800 000元，预计未来5年的净收益为220 000元、150 000元、190 000元、210 000元和260 000元，计算该项目的内含报酬率。

计算分析步骤如下。

① 根据题目已知条件，先设计内含报酬率计算模型，如图7-7所示。

② 单击【公式】→【插入函数】，选择命令下的IRR函数，弹出图7-8所示的对话框。

	A	B
1		现金流量（元）
2	0	−800 000
3	1	220 000
4	2	150 000
5	3	190 000
6	4	210 000
7	5	260 000
8	IRR	8.65%

图7-7 IRR计算模型

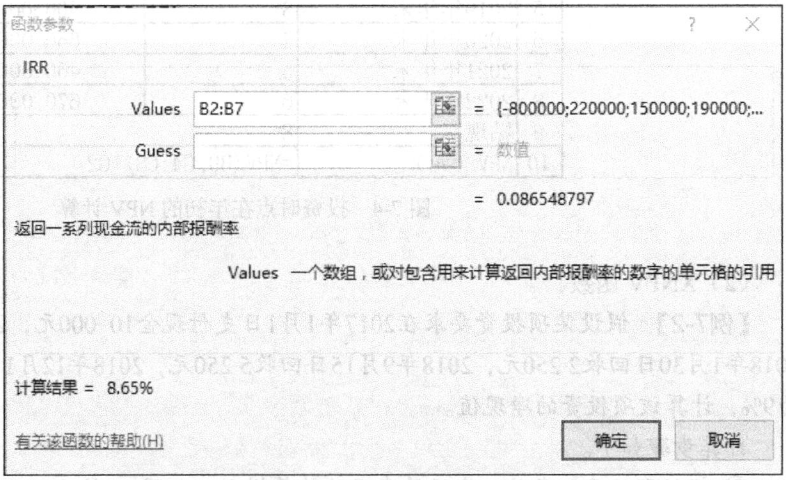

图7-8 IRR函数参数对话框

③ 输入如图7-8所示的各项参数，单击【确定】按钮，即可得到结果为8.65%。

（2）MIRR函数。

【例7-4】 假设某企业5年前以年利率10%从银行借款120 000元投资一个项目，这5年间该项目每年的净收入分别为39 000元、30 000元、21 000元、37 000元和46 000元。期间又将所获利润用于重新投资，每年的再投资报酬率为12%。

要求：①计算修正内含报酬率；②如果每年的再投资报酬率为14%，计算修正内含收益率。

计算分析步骤如下。

① 根据题目已知条件，先设计修正内含报酬率计算模型，如图7-9所示，输入现金流量、年利率、再投资报酬率等。

② 单击【公式】→【插入函数】，选择命令下的MIRR函数，弹出图7-10所示的对话框。

③ 如图7-10所示，在【Values】中输入"B2:B7"，在【Finance_rate】中输入"B8"，在【Reinvest_rate】中输入"B9"。得到计算结果为12.61%。

④ 如果每年的再投资报酬率为14%，则5年后，修正内含报酬率= MIRR(B2:B7,10%,14%)=13.48%。

（3）XIRR函数。

【例7-5】 根据【例7-2】中的资料，计算该项目的内含报酬率。

计算分析步骤如下。

① 根据题目已知条件，先设计求解内含报酬率的计算模型。由于现金流量的发生是不定期的，因此利用XIRR来计算非周期流量内含报酬率，如图7-11所示。输入现金流量、现金流量的发生日

期等。

② 单击【公式】→【插入函数】，选择命令下的XIRR函数，弹出图7-12所示的对话框。

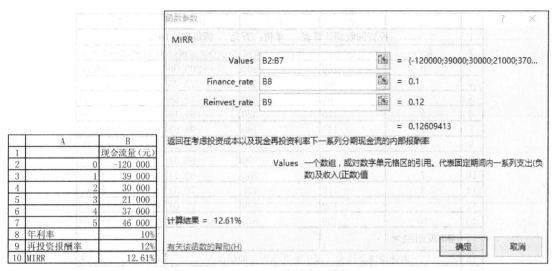

	A	B
1		现金流量（元）
2	0	-120 000
3	1	39 000
4	2	30 000
5	3	21 000
6	4	37 000
7	5	46 000
8	年利率	10%
9	再投资报酬率	12%
10	MIRR	12.61%

图 7-9　修正内含报酬率的计算　　　　　　图 7-10　MIRR 函数参数对话框

	A	B
1		现金流量（元）
2	2017/1/1	-10 000
3	2017/3/1	3 750
4	2018/1/30	2 250
5	2018/9/15	5 250
6	2018/12/1	2 750
7	X IRR	33.70%

图 7-11　非周期现金流量内含报酬率的计算　　　图 7-12　XIRR 函数参数对话框

③ 如图7-12所示，在【Values】中输入"B2:B6"，在【Dates】中输入"A2:A6"，得到计算结果33.7%。

3. 静态与动态投资回收期

在很多情况下，企业需要了解多长时间可以收回全部投资，即需要计算投资回收期。当各年的净现金流量相同时，可以导出投资回收期的计算公式并进行计算（可以采用 NPER 函数来进行求解，此函数的详细应用可以参阅第 3 章的内容），但当各年的净现金流量不等时（实际中也是这样的），则无法直接利用公式计算，Excel 中也没有专门的投资回收期计算函数。此时，我们可以通过列出该项目的现金流量，利用 COUNTIF 函数和 VLOOKUP 函数计算投资回收期。

【例7-6】 某企业某投资项目的净现金流量分布如图7-13所示，请计算静态与动态投资回收期。

	A	B	C	D	E
1	投资回收期计算表 单位：万元 折现率：10%				
2	年份	净现金流量	累计净现金流量	净现金流量现值	累计净现金流量现值
3	0	-200	-200	-200.00	-200.00
4	1	-300	-500	-272.73	-472.73
5	2	60	-440	49.59	-423.14
6	3	120	-320	90.16	-332.98
7	4	140	-180	95.62	-237.36
8	5	110	-70	68.30	-169.06
9	6	160	90	90.32	-78.74
10	7	160	250	82.11	3.36
11	8	170	420	79.31	82.67
12	9	150	570	63.61	146.28
13	10	100	670	38.55	184.84
14	静态投资回收 ▼		1		
15	累计净现金流量（现值）开始为正的年份				6
16	投资回收期(年)				5.44

图7-13 静态与动态投资回收期的计算

具体操作步骤如下。

① 依照已知条件，设计如图7-13所示的投资回收期计算表。此题目要求分别计算静态与动态投资回收期，因此，我们可以在单元格A14中插入【组合框（窗体控件）】进行不同情况下的控制，【组合框（窗体控件）】的设置可以参阅第5章"单元格中设置下拉式列表框"部分的阐述，此处不再赘述。

② 在单元格C3中输入公式"=B3"，在单元格C4中输入公式"=C3+B4"，并将公式复制到C5～C13中，则可以得到历年的累计净现金流量。

③ 在单元格区域D3:D13中输入数组公式"=PV(10%,A3:A13,,-B3:B13)"，则可以得到历年净现金流量的现值。

④ 在单元格E3中输入公式"=D3"，在单元格E4中输入公式"=E3+D4"，并将公式复制到D5～D13中，则可以得到历年的累计净现金流量现值。

⑤ 在单元格E15中输入计算公式"=IF(B14=1,COUNTIF(C3:C13,"<=0"),COUNTIF(E3:E13,"<=0"))"，此处用到了IF函数，解释为如果控制单元格B14为1，即计算静态投资回收期的情况下，净现金流量开始出现正值的年份的计算公式为COUNTIF(C3:C13,"<=0")；若要计算动态投资回收期，此时计算公式则为COUNTIF(E3:E13,"<=0")。

⑥ 在单元格E16中输入计算公式"=IF(B14=1,E15-1+ABS(VLOOKUP(E15-1,A3:E13,3)/VLOOKUP(E15,A3:E13,2)),E15-1+ABS(VLOOKUP(E15-1,A3:E13,5)/VLOOKUP(E15,A3:E13,4)))"。此处同样用到了IF函数，解释为如果控制单元格B14为1，即计算静态投资回收期的情况下，投资回收期的公式为"E15-1+ABS(VLOOKUP(E15-1,A3:E13,3)/VLOOKUP(E15,A3:E13,2))"，即计算公式=净现金流量开始出现正值的年份数-1+上年净现金流量累计出现正值的绝对值/当年净现金流量。倘若控制单元格B14为2，则计算动态投资回收期的公式为"E15-1+ABS(VLOOKUP(E15-1,A3:E13,5)/VLOOKUP(E15,A3:E13,4)"。最终计算结果如图7-13所示。

7.4 | 折旧函数及其对比分析的 Excel 模型

7.4.1 固定资产折旧及其方法

固定资产在使用过程中价值逐渐转移到所生产的产品上去，以折旧费的形式构成产品成本和费用的一部分，通过产品销售的实现，从产品销售收入中得到补偿。固定资产因损耗而转移到产品上去的那部分价值，称为固定资产折旧。

实务中，固定资产计提折旧的方法有平均年限法、工作量法、双倍余额递减法、余额递减法和年限总和法。

1. 平均年限法

平均年限法也称使用年限法，它是按照固定资产的预计使用年限平均分摊固定资产折旧额的方法。用这种方法计算的折旧额在各个使用年（月）份都是相等的，根据折旧的累计额所绘出的图线是直线，因此这种方法也称为直线法。其计算公式如下。

$$固定资产折旧额 = \frac{固定资产原值 - (残值 - 清理费用)}{预计使用年限}$$

2. 工作量法

工作量法就是按照固定资产的预计工作量平均分摊固定资产折旧额的方法。这种方法适用于各类专业设备。固定资产的工作量可以用行驶里程、工作小时、台班等表示，单位工作量折旧额的计算有以下两种方法。

（1）行驶里程法。它是用固定资产折旧总额除以预计使用期内可以完成的总行驶里程，求得每行驶里程折旧额的方法。使用这种方法时，每行驶里程的折旧额是相同的。根据各个时期完成的行驶里程，即可计算出该时期应计提的折旧额。计算公式如下。

$$单位行驶里程折旧额 = \frac{固定资产原值 - 预计净残值}{规定的总行驶里程}$$

（2）工作小时法。它是用固定资产折旧总额除以预计使用期内可以完成的总工作小时，求得每工作小时折旧额的方法。使用这种方法时，每工作小时的折旧额是相同的。根据各个时期使用的工作小时，即可计算出该时期应计提的折旧额。计算公式如下。

$$每工作小时折旧额 = \frac{固定资产原值 - 预计净残值}{规定的总工作小时}$$

3. 双倍余额递减法

这种方法用年初固定资产折余价值乘以双倍余额递减法折旧率确定年折旧额。

双倍余额递减法折旧率可按平均年限法的标准加倍计算。随着固定资产折余价值的逐年减少，每年计提的折旧额亦随之减少。计算公式如下。

$$双倍余额递减法折旧率 = 平均年限法计算的折旧率 \times 2$$

双倍余额递减法不受残值为零的限制，也不受残值与原价比值的影响。使用双倍余额递减法不可能将折旧摊尽，因此，在最后几年要改用平均年限法，每年平均计提折旧。当折旧年限为偶数时，最后采用平均年限法的年数为 $n/2+2$；当折旧年限为奇数时，则按 $n/2+3/2$ 计算。如折旧年限为 8 年，即为 8/2+2，第 6 年改为平均年限法；如折旧年限为 5 年，即为 5/2+3/2，第 4 年改为平均年限法。

4. 余额递减法

余额递减法是将固定资产的折余价值（即净值）作为计算折旧的基础，随着固定资产使用年限的增加，固定资产折余价值逐年递减；在折旧率不变的条件下，每年提取的折旧额也逐年下降。计算公式如下。

$$固定资产年折旧额 = 固定资产年初折余价值 \times 年折旧率$$

式中，年折旧率 $= 1 - \sqrt[n]{\dfrac{残值}{固定资产原值}}$，$n$ 为预计使用年限。

5. 年限总和法

年限总和法也称年数总额法，这种方法根据折旧总额乘以递减分数（折旧率）确定年度折旧额。折旧总额系原始价值加上清理费用，再减去残余价值后的余额。递减分数的分母为固定资产使用年限的各年年数之和，即年数总和，如使用年限为 5 年，则年数总和为 1＋2＋3＋4＋5＝15。递减分数的分子，为固定资产尚可使用的年数，如第 1 年为 5，第 2 年为 4，以后各年依次为 3、2、1。这样计算出来的折旧额每年递减，其折旧率也是每年变换的，因而又叫变率递减法。年数总和法下固定资产年折旧率的计算公式如下。

$$固定资产年折旧率 = \frac{折旧年限 - 已使用年数}{折旧年限 \times （折旧年限 + 1） \div 2}$$

7.4.2 折旧函数及其对比分析的模型设计

1. 直线折旧函数 SLN

【例7-7】 某企业购买了一辆价值为 500 000 元的新型机器设备，其折旧年限为 20 年，预计残值为 75 000 元，采用直线法计算每年的折旧额。

计算分析步骤如下。

（1）根据题目已知条件，先设计求解折旧的计算模型，如图7-14所示。输入原值、折旧年限、残值等。

（2）单击【公式】→【插入函数】，选择命令下的SLN函数，弹出图7-15所示的对话框。

	A	B
1	原值（元）	500 000
2	折旧年限（年）	20
3	残值（元）	75 000
4	年折旧额（元）	21 250

图 7-14 直线法求解折旧的计算模型

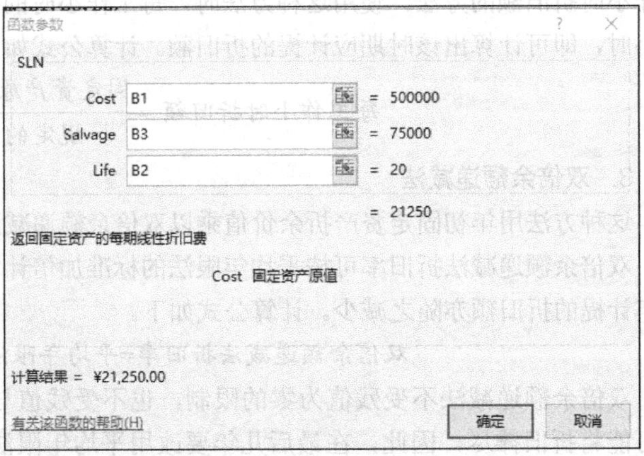

图 7-15 SLN 函数参数对话框

（3）如图7-15所示，在【Cost】（原值）中输入 "B1"，在【Salvage】（残值）中输入 "B3"，在

【Life】（使用寿命）中输入"B2"，得到直线法下年折旧额为21 250元。

2. 双倍余额递减函数 DDB

【例7-8】 某企业新近购置了一条价值为24 000万元的生产线，使用期限为10年，残值为3 000万元。请采用双倍余额递减法计算各年折旧额。

计算分析步骤如下。

（1）根据题目已知条件，先设计求解折旧的计算模型，如图7-16所示。输入原值、折旧年限和残值等。

（2）选定单元格区域B6:B13，单击【公式】→【插入函数】，选择命令下的DDB函数，弹出如图7-17所示的对话框。

（3）如图7-17所示，在【Cost】（原值）中输入"B1"，在【Salvage】（残值）中输入"B3"，在【Life】（使用寿命）中输入"B2"。由于此处是数组公式输入，因此在【Period】（期间）中输入"A6:A13"。再按【Ctrl】+【Shift】+【Enter】组合键，则可以求得第1～8年每年的折旧额，如图7-18所示。

（4）由于双倍余额递减法要求在固定资产折旧年限到期的最后两年将固定资产净值扣除预计净残值后的净额平均摊销，因此最后两年的折旧额需要单独输入公式计算，即在B14单元格中输入"=($B$1-$B$3-SUM($B$6:$B$13))/2"，并将公式复制到单元格B15。此处，在已提累计折旧的计算中采用绝对引用"$B$6:$B$13，这样复制时，引用的单元格将不改变。最终，得到最后两年的折旧额均为513.27万元，如图7-18所示。

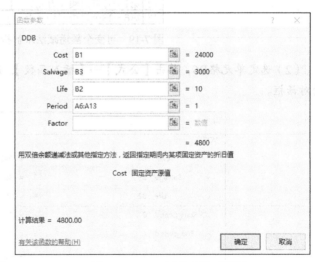

	A	B
1	原值（万元）	24 000
2	折旧年限（年）	10
3	残值（万元）	3 000
4		
5	年份	年折旧额（万元）
6	1	
7	2	
8	3	
9	4	
10	5	
11	6	
12	7	
13	8	
14	9	
15	10	

图 7-16 双倍余额递减法计提折旧的计算模型　　　　图 7-17 DDB 函数参数对话框

	A	B
5	年份	年折旧额（万元）
6	1	4 800.00
7	2	3 840.00
8	3	3 072.00
9	4	2 457.60
10	5	1 966.08
11	6	1 572.86
12	7	1 258.29
13	8	1 006.63
14	9	513.27
15	10	513.27

图 7-18 计算结果

另外，必须强调的是，在DDB函数的使用过程中，如果计算的是月折旧额，则年份数据应改为月份数据，即"Life"参数为月份数，本例中"Period"参数中引用的单元格的值也相应地改为第几月。

3. 可变余额递减函数VDB

【例7-9】 以【例7-8】中的数据为例，当"Factor"为2和1.5时用可变余额递减函数VDB计算第1年、第1个月、第6～18个月的折旧额。

计算分析步骤如下。

（1）根据题目已知条件，先设计求解折旧的计算模型，如图7-19所示。输入原值、折旧年限、残值等。

	A	B
1	原值（万元）	24 000
2	折旧年限（年）	10
3	残值（万元）	3 000
4		
5	Factor=2	
6	第1年折旧额（万元）	
7	第1个月折旧额（万元）	
8	第6～18个月折旧额（万元）	
9		
10	Factor=1.5	
11	第1年折旧额（万元）	
12	第1个月折旧额（万元）	
13	第6～18个月折旧额（万元）	

图7-19 可变余额递减法求解折旧的计算模型

（2）选定单元格B6，单击【公式】→【插入函数】，选择命令下的VDB函数，弹出图7-20所示的对话框。

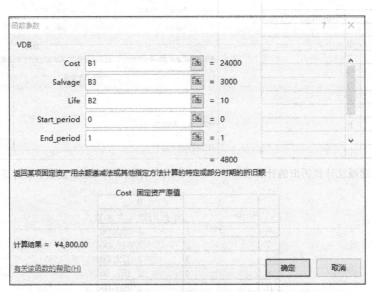

图7-20 VDB函数参数对话框

（3）为求得第1年折旧额，如图7-20所示，在【Cost】（原值）中输入"B1"，在【Salvage】（残值）中输入"B3"，在【Life】（使用寿命）中输入"B2"，在【Start_period】（起始期间）中输入"0"，在【End_period】（结束期间）中输入"1"，在【Factor】中输入"2"，再单击【确定】按钮，即可以求得第1年的折旧额为4 800万元。

（4）同理，为求得"Factor=2"时第1个月、第6～18个月的折旧额以及"Factor=1.5"时第1年、第1个月、第6～18个月分别的折旧额，可在单元格B7、B8、B11、B12、B13中分别输入如图7-21所示的公式，并得到图7-22所示的结果。要注意的是，B11、B12、B13是求解余额为1.5时的可变余额递减折旧额，因此，在【Factor】参数中要输入"1.5"；B7、B12，B8、B13分别求解的是第1个月、第6～18个月的折旧额，因此在【Life】参数中要更改为按月份计算的期间，为10×12=120（月），【Start_period】和【End_period】两个参数也要相应地做修改。

	A	B
1	原值（万元）	24 000
2	折旧年限（年）	10
3	残值（万元）	3 000
4		
5	Factor=2	
6	第1年折旧额（万元）	=VDB(B1,B3,B2,0,1,2)
7	第1个月折旧额（万元）	=VDB(B1,B3,B2*12,0,1,2)
8	第6～18个月折旧额（万元）	=VDB(B1,B3,B2*12,6,18,2)
9		
10	Factor=1.5	
11	第1年折旧额（万元）	=VDB(B1,B3,B2,0,1,1.5)
12	第1个月折旧额（万元）	=VDB(B1,B3,B2*12,0,1,1.5)
13	第6～18个月折旧额（万元）	=VDB(B1,B3,B2*12,6,18,1.5)

图 7-21 求各种情况下折旧额的计算公式

	A	B
1	原值（万元）	24 000
2	折旧年限（年）	10
3	残值（万元）	3 000
4		
5	Factor=2	
6	第1年折旧额（万元）	4 800.00
7	第1个月折旧额（万元）	400.00
8	第6～18个月折旧额（万元）	3 963.06
9		
10	Factor=1.5	
11	第1年折旧额（万元）	3 600.00
12	第1个月折旧额（万元）	300.00
13	第6～18个月折旧额（万元）	3 118.09

图 7-22 计算结果

4. 年限总和法函数 SYD

【例7-10】 某企业新购置一台设备，价值为400 000元，使用期限为5年，残值为25 000元，求采用年限总和法计算的各年折旧额。

计算分析步骤如下。

（1）根据题目已知条件，先设计求解折旧的计算模型，如图7-23所示。输入原值、折旧年限、残值等。

（2）选定单元格区域B6:B10，单击【公式】→【插入函数】，选择命令下的SYD函数，弹出图7-24所示的对话框。

	A	B
1	原值（元）	400 000
2	折旧年限（年）	5
3	残值（元）	25 000
4		
5	年份	年折旧额（元）
6	1	125 000.0
7	2	100 000.0
8	3	75 000.0
9	4	50 000.0
10	5	25 000.0

图 7-23 SYD 求解各年折旧的计算模型

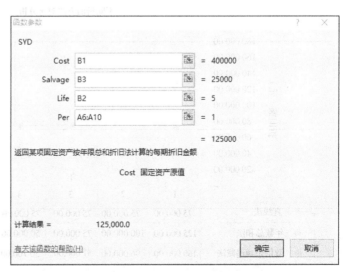

图 7-24 SYD 函数参数对话框

（3）按照图7-24所示输入各项参数，这里"Per"参数采用数组公式输入，应输入第1~5年分别的年份，按【Ctrl】+【Shift】+【Enter】组合键，即可得到按年限总和法求解的各年折旧额，如图7-23所示。

同样，应该注意的是，如果计算月折旧额，则年份数据应改为月份数据，即"Life"参数为月份数，本例中为60；"Per"参数中引用的单元格的值也相应地改为第几月。

5. 折旧函数对比分析模型

【例7-11】 下面将以【例7-10】为例说明如何设计折旧分析模型，并利用模型进行不同折旧方法的比较分析。

计算分析步骤如下。

（1）根据题目已知条件，先设计折旧对比分析模型，如图7-25所示。

	A	B	C	D	E	F	G
1	原值（元）	400 000					
2	折旧年限（年）	5					
3	残值（元）	25 000					
4							
5	年份（年） 折旧额（元）	1	2	3	4	5	合计
6	直线法	75 000.00	75 000.00	75 000.00	75 000.00	75 000.00	375 000
7	年数总和法	125 000.00	100 000.00	75 000.00	50 000.00	25 000.00	375 000
8	双倍余额递减法	160 000.00	96 000.00	57 600.00	30 700.00	30 700.00	375 000

图 7-25 不同折旧方法分析比较模型

（2）在单元格区域B6:F6中输入数组公式"=SLN(B1,B3,B2)"，求得直线法下各年折旧。

在单元格区域B7:F7中输入数组公式"=SYD(B1,B3,B2,B5:F5)"，求得年数总和法下各年折旧。

在单元格区域B8:D8中输入数组公式"=DDB(B1,B3,B2,B5:D5)"，求得双倍余额递减法下前3年折旧；在E8单元格中输入公式"=(B1-SUM(B8:D8)-B3)/2"，并将所得值复制到F8单元格中，得到后2年折旧额。

最终结果如图7-26所示。

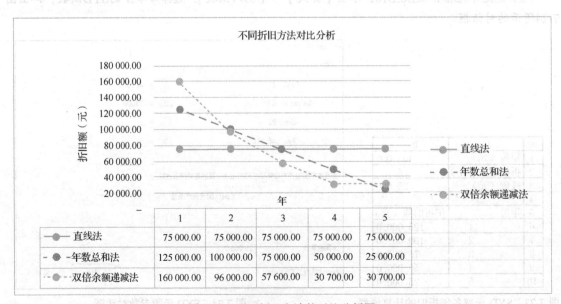

图 7-26 不同折旧方法的对比分析图

（3）选中A6:F8单元格区域，单击【插入】菜单下的【折线图】按钮，绘制出折线图如图7-26所示。图表的具体编辑此处不再赘述，可参阅第2章。

由图7-26可以看出，双倍余额法和年数总和法均属于加速折旧方法，在头几年计提的折旧额比较大，在后面几年计提的折旧额比较小。

另外，需要注意的是，因为表内数据之间已经建立了链接，表中数据与分析图之间也建立了链接，因此计算不同固定资产的只需要改变固定资产原值、使用年限和净残值3个单元格的值，其各期的折旧额将自动计算出来，分析图表也将随着数据的变化而自动更新。

7.5 独立方案投资决策的 Excel 模型

7.5.1 独立方案的投资决策

投资决策根据方案之间的关系，可以分为独立方案、互斥方案和混合方案。其中，独立方案又称单一方案，是指与其他投资方案完全互相独立、互不排斥的一个或一组方案。在方案决策过程中，选择或拒绝某一独立方案与其他方案的选择毫无关系。例如，想投资开发几个项目时，这些方案之间的关系就是独立的。评价各独立投资方案本身是否可行，属于筛分决策，只要方案本身达到某种要求的可行性标准即可。对于单一独立方案，评价方法可以通过前述净现值、现值指数和内含报酬率等投资决策指标来进行衡量，这几个指标的衡量是等价的，即

当净现值>0 时，现值指数>1，内含报酬率>预定的投资报酬率；

当净现值=0 时，现值指数=1，内含报酬率=预定的投资报酬率；

当净现值<0 时，现值指数<1，内含报酬率<预定的投资报酬率。

而对于多个独立方案，一般采用内含报酬率法进行比较决策，内含报酬率高的即为最优方案。

7.5.2 独立方案投资决策模型的设计

【例7-12】某企业有一项投资项目，在第0年一次性投入固定资产1 500万元、流动资产500万元。预计其第1～10年每年的销售收入为1 200万元，年付现成本为500万元。按直线法计提折旧，不考虑残值，所得税税率为25%，最低投资收益率为15%。问该项目是否可行？

计算与评价过程如下。

（1）根据题目所给定的已知条件设计工作表格，如图7-27所示。这里，我们利用净现值、内部收益率、获利指数3个指标值来判断项目的可行性。

（2）在单元格C8:L8中输入计算公式"=C7:L7*(1-D2)"（数组公式输入），求得税后销售收入。

（3）在单元格C10:L10中输入计算公式"=C9:L9*(1-D2)"（数组公式输入），求得税后付现成本。

（4）在单元格C11:L11中输入计算公式"=SLN(-B5,0,10)"（数组公式输入），求得每年折旧额。

（5）在单元格C12:L12中输入计算公式"=C11:L11*D2"（数组公式输入），求得每年折旧抵税额。

（6）在单元格B13中输入公式"=B5+B6"，得到第1年年初的净现金流量。

	A	B	C	D	E	F	G	H	I	J	K	L
1	投资项目的计算与评价						(万元)					
2	最低投资收益率	15%	所得税税率	25%								
3			建设期				经营期					
4	年份	0	1	2	3	4	5	6	7	8	9	10
5	固定资产投资	-1 500										
6	流动资产投资	-500										
7	销售收入		1 200	1 200	1 200	1 200	1 200	1 200	1 200	1 200	1 200	
8	税后销售收入											
9	付现成本		500	500	500	500	500	500	500	500	500	
10	税后付现成本											
11	折旧											
12	折旧抵税											
13	净现金流量											
14	计算结果											
15	净现值NPV											
16	内部收益率IRR											
17	获利指数PI											
18	结论:											
19												

图7-27 投资项目的计算与评价模型

（7）在单元格C13:K13中输入计算公式"=C8:K8-C10:K10+C12:K12"（数组公式输入），求第1~9年的净现金流量，此处利用了"营业现金流量=税后销售收入-税后付现成本+折旧抵税"的公式。

（8）在单元格L13中输入计算公式"=K13+ABS(B6)"，即为第10年为项目终止期间的现金流量，由于此处有流动资产的回收，因此要将第1年年初的500万元加进来。

（9）在单元格B15中输入净现值计算公式"=NPV(B2,C13:L13)+B13"，由于此处包含有第0年现金流量，因此不能作为NPV内现金流的参数，而要在结果中单独计算。

（10）在单元格B16中输入内部收益率计算公式"=IRR(B13:L13)"。

（11）在单元格B17中输入获利指数计算公式"=NPV(B2,C13:L13)/ABS((B13))"。

（12）在单元格B18中输入公式"=IF(AND(B15>0,B16>15%,B17>1),"项目可行","项目不可行")，即满足净现值大于0、内含收益率大于投资收益率、获利指数大于1时，项目可行。

（13）最终的计算结果如图7-28所示，结果表明该投资方案是可行的。

	A	B	C	D	E	F	G	H	I	J	K	L
1	投资项目的计算与评价						(万元)					
2	最低投资收益率	15%	所得税税率	25%								
3			建设期				经营期					
4	年份	0	1	2	3	4	5	6	7	8	9	10
5	固定资产投资	-1 500										
6	流动资产投资	-500										
7	销售收入		1 200	1 200	1 200	1 200	1 200	1 200	1 200	1 200	1 200	1 200
8	税后销售收入		900	900	900	900	900	900	900	900	900	900
9	付现成本		500	500	500	500	500	500	500	500	500	500
10	税后付现成本		375	375	375	375	375	375	375	375	375	375
11	折旧		150	150	150	150	150	150	150	150	150	150
12	折旧抵税		37.5	37.5	37.5	37.5	37.5	37.5	37.5	37.5	37.5	37.5
13	净现金流量	-2 000	562.5	562.5	562.5	562.5	562.5	562.5	562.5	562.5	562.5	1062.5
14	计算结果											
15	净现值NPV	946.65										
16	内部收益率IRR	25.98%										
17	获利指数PI	1.63										
18	结论:	项目可行										
19												

图7-28 计算结果

7.6 互斥方案投资决策的 Excel 模型

7.6.1 互斥方案投资决策分析

特殊情况下的投资项目决策主要包括互斥方案的决策以及资本限量决策。其中，在决策时，如果涉及多个相互排斥、不能同时并存的投资方案时，则称之为互斥方案；而如果在企业投资资金已定的情况下所进行的投资决策，也就是说，尽管存在很多有利可图的投资项目，但由于无法筹集到足够的资金，只能在已有资金的限制下进行决策，则称为资本限量决策。出于本书面向对象的考虑，本书对资本限量决策不加以详细研究，而重点探讨互斥投资方案决策问题。

面对互斥项目，仅仅评价哪一个项目方案可以接受是不够的，它们都有正的净现值。我们现在需要知道哪一个更好一些。如果一个项目方案的所有评价指标，包括净现值、内含报酬率、回收期和平均报酬率，均比另一个项目方案好一些，则我们在选择时就不会有什么困扰。问题是这些评价指标出现矛盾时，尤其是评价的基本指标净现值和内含报酬率出现矛盾时，我们该如何选择？

评价指标出现矛盾的原因主要有两种：一是投资额不同；二是项目寿命不同。如果净现值与内含报酬率的矛盾是投资额不同引起的（项目的寿命相同），则对于互斥项目应当净现值法优先，因为它可以给股东带来更多的财富。如果是项目有效期不同引起的，则有两种解决办法，一个是共同年限法，另一个是等额年金法。

1. 共同年限法

如果两个互斥项目不仅投资额不同，而且项目期限也不同，则其净现值没有可比性。例如，一个项目投资 3 年创造了较少的净现值，另一个项目投资 6 年创造了较多的净现值，后者的营利性不一定比前者好。

共同年限法的原理是：假设投资项目可以在终止时进行重置，通过重置使两个项目达到相同的年限，然后比较其净现值。该方法也被称为重置价值链法。

共同年限法有一个问题：共同比较期的时间可能很长，例如，一个项目 7 年，另一个项目 9 年，就需要以 63 年作为共同比较期。我们有计算机，不怕长期限分析带来的巨大计算量，真正的恐惧来自预计 60 多年后的现金流量。我们对预计遥远未来的数据，自知没有能力，也缺乏必要的信心。尤其是重置时的原始投资，因技术进步和通货膨胀几乎总会发生变化，实在难以预计。

2. 等额年金法

等额年金法是用于年限不同项目比较的另一种方法，它比共同年限法简单。其计算步骤如下。

（1）计算两个项目的净现值。

（2）计算净现值的等额年金额。

（3）假设项目可以无限重置，并且每次都在该项目的终止期，等额年金的资本化就是项目的净现值。具体计算公式如下。

$$年金净流量=净现值/年金现值系数=\frac{NPV}{(P/A,\ i,\ n)}$$

7.6.2 互斥方案投资决策模型的设计

1. 寿命期相等的互斥项目决策

对于寿命期相等的互斥项目，无论投资额是否相同，使用净现值法来进行评价是最为理想的，符合企业价值最大化的原则。若使用内部收益率，当各个方案的现金流分布不同时，可能会得出与净现值相反的评价结论，这时需要再进一步使用修正的内部收益率指标。

【例7-13】 某企业有3种投资方案，资金成本为10%，再投资报酬率为14%，有关数据如表7-1所示。

表7-1　　　　　　　　　　　　　已知条件

投资决策		
资本成本	再投资报酬率	
10%	14%	
期间	A方案净现金流量（元）	B方案净现金流（元）	C方案净现金流（元）
0	−20 000	−9 000	−12 000
1	11 800	1 200	5 000
2	14 000	5 000	4 500
3	−1 000	6 000	4 800

要求：进行投资指标分析，确定最优方案。

（1）依照已知条件，构建如图7-29所示的投资方案决策模型。

	A	B	C	D
1		投资决策		
2	资本成本	再投资报酬率		
3	10%	14%		
4	期间	A方案净现金流量	B方案净现金流量	C方案净现金流量
5	0	−20 000	−9 000	−12 000
6	1	11 800	1 200	5 000
7	2	14 000	5 000	4 500
8	3	−1 000	6 000	4 800
9	净现值	1 546.21	731.03	−129.23
10	内含报酬率	15.75%	13.73%	9.38%
11	修正内含报酬率	14.68%	13.79%	11.04%
12	现值指数	1.08	1.08	0.99

图7-29　3种方案的比较分析

（2）在单元格B9中输入计算公式"=NPV($A$3,B6:B8)+B5"，并将公式复制到C9和D9单元格，便可以求得3种方案各自的净现值。

（3）在单元格B10中输入计算公式"=IRR(B5:B8)"，并将公式复制到C10和D10单元格，便可以求得3种方案各自的内含报酬率。

（4）在单元格B11中输入计算公式"=MIRR(B5:B8,A3,B3)"，并将公式复制到C11和D11单元格，便可以求得3种方案各自的修正内含报酬率。

（5）在单元格B12中输入计算公式 $\dfrac{B9+ABS(B5)}{ABS(B5)}$ ，并将公式复制到C11和D11单元格，便可以求得3种方案各自的现值指数。

最终的计算结果如图7-29所示。

在此基础上，我们可以对该项目的投资方案下结论。根据净现值分析，A、B两方案的净现值大于0，方案可行，且A的净现值大于B，故最优方案为A；根据内含报酬率分析，A、B两方案的内含报酬率均大于资本成本率，方案可行，且A的内含报酬率大于B最优方案为A；根据修正内含报酬率分析，A、B、C 3种方案的内含报酬率均大于资金成本率，最优方案为A；根据现值指数分析，A、B两方案的现值指数大于1，方案可行。综合上述分析可以得出结论：A方案最优。

2. 寿命期不等的互斥项目决策

在几个项目的寿命期不等的情况下，不能直接根据各个项目的净现值进行排序。这时，可以采用理论部分所阐释的共同年限法或等额年金法来进行决策。

【例7-14】 假设公司资本成本是10%，有A和B两个互斥的投资项目。A项目的年限为6年，净现值12 441元，内含报酬率19.73%；B项目的年限为3年，净现值8 324元，内含报酬率32.67%。具体已知条件如表7-2所示。

表7-2　　　　　　　　　　　已知条件

项目		A		B	
时间	折现系数（10%）	现金流（元）	现值（元）	现金流（元）	现值（元）
0	1	-40 000	-40 000	-17 800	-17 800
1	0.909 1	13 000	11 818	7 000	6 364
2	0.826 4	8 000	6 612	13 000	10 744
3	0.751 3	14 000	10 518	12 000	9 016
4	0.683	12 000	8 196		
5	0.620 9	11 000	6 830		
6	0.564 5	15 000	8 467		
净现值			12 441		8 324
内含报酬率		19.73%		32.67%	

两个指标的评价结论有矛盾，A项目净现值大，B项目内含报酬率高。此时，如果认为净现值法更可靠，A项目一定比B项目好，其实是不对的。由于两个项目寿命期是不相等的，因此，我们可以考虑用共同年限法来进行分析。

计算分析步骤如下。

（1）设计分析模型，如图7-30所示。

	A	B	C	D	E	F	G	H
1		项目		A		B		重置B
2	时间	折现系数（10%）	现金流（元）	现值（元）	现金流（元）	现值（元）	现金流（元）	现值（元）
3	0	1	-40 000	-40 000	-17 800	-17 800	-17 800	-17 800
4	1	0.909 1	13 000	11 818	7 000	6 364	7 000	6 363.7
5	2	0.826 4	8 000	6 612	13 000	10 744	13 000	10 743.2
6	3	0.751 3	14 000	10 518	12 000	9 016	-5 800	-4 357.54
7	4	0.683	12 000	8 196			7 000	4 781
8	5	0.620 9	11 000	6 830			13 000	8 071.7
9	6	0.564 5	15 000	8 467			12 000	6 774
10	净现值（元）			12 441		8 324		14 576.06

图 7-30　利用共同年限法对寿命期不等的项目进行评价

（2）假设B项目终止时可以进行重置一次，该项目的期限就延长到了6年，与A项目相同。在单元格区域G3:G5中输入公式"=E3:E5"（数组公式输入），在单元格G6中输入公式"=E6+E3"，在单元格区域G7:G9中输入公式"=E4:E6"（数组公式输入），则完成了B项目现金流的重置。

（3）在单元格区域H3:H9中输入数组公式"=G3:G9*B3:B9"，在H10中输入"=SUM(H3:H9)"。最终，重置B项目的净现值为14 576.06元；当然，该重置B项目的净现值也可以直接利用NPV函数进行求解。

（4）由于重置后，B项目的净现值高于A项目的原始净现值，因此，我们得出结论：B项目优于A项目。

【例7-15】 某企业现有两个互斥方案，基本资料如表7-3所示，问：企业应选用哪个方案？

表 7-3　　　　　　　　　　　　　　　已知条件

2个方案的有关资料及评价			基准收益率
方案	A	B	12%
初始投资（万元）	200	600	
年净现金流量（万元）	85	195	
寿命期（年）	6	10	

（1）依照题目已知条件，设计如图7-31所示的寿命不等的投资方案评价模型。

	A	B	C	D
1	2个方案的有关资料及评价			基准收益率
2	方案	A	B	12%
3	初始投资（万元）	200	600	
4	年净现金流量（万元）	85	195	
5	寿命期（年）	6	10	
6	净年值（万元）	36.35	88.81	
7	结论	采用方案B		

图 7-31　寿命不等的投资方案评价模型

（2）在单元格B6中输入公式"=(PV($D$2,B5,-B4)-B3)/PV($D$2,B5,-1)"，计算方案A的净年值，此处利用等额年金法求解公式，将A方案的净现值除以利率为12%，期限为6年的年金现值系数，求得等额年金。然后将单元格B6复制到单元格C6，得到方案B的净年值。

（3）在单元格B7中输入公式"=IF(B6>C6,"采用方案A","采用方案B")"。可见，方案B的净年值比较大，故企业应选择方案B。

7.7 | 固定资产更新决策的 Excel 模型

7.7.1　固定资产更新决策的业务情境

固定资产更新决策是指决定继续使用旧设备还是购买新设备，如果购买新设备，旧设备将以市场价格出售。这种决策的基本思路是：将继续使用旧设备视为一种方案，将购置新设备、出售旧设备视为另一种方案，并将这两个方案作为一对互斥方案按一定的方法来进行对比选优，如果前一方案优于后一方案，则不应更新改造，继续使用旧设备；否则，应该购买新设备进行更新。

从决策性质上看，固定资产更新决策属于互斥投资方案的决策类型。因此，固定资产更新决策所采用的决策方法是净现值法和年金净流量法，一般不采用内含报酬率法。通常，根据新旧设备的未来使用寿命是否相同，可以采用两种不同的方法来进行决策分析。

当新旧设备未来使用期限相等时，可采用净现值法来或差额分析法进行对比分析，净现值法是对比新旧设备的净现值，哪种方案的净现值大即采用哪种方案，而差额分析法是先进行差额对比，后用净现值法或内含报酬率来进行分析，本书对该方法不做实际案例展示；当新旧设备的投资寿命期不相等时，以年成本较低的方案作为较优方案。具体地，寿命期不同的设备重置方案，在决策时有如下特点。

（1）扩建重置的设备更新后会引起营业现金流入与流出的变动，应考虑年金净流量最大的方案。替换重置的设备更新一般不改变生产能力，营业现金流入不会增加，只需比较各方案的年金流出量即可，年金流出量最小的方案最优。

（2）如果不考虑各方案营业现金流入量的变动，只比较各方案的现金流出量，我们把按年金净流量原理计算的等额年金流出量称为年金成本。替换重置方案的决策标准，是要求年金成本最低。扩建重置方案所增加或减少的营业现金流入也可以作为现金流出量的抵减，并据此比较各方案的年金成本。

（3）运用年金成本方式决策时，应考虑的现金流量主要有：①新旧设备目前的市场价值；②新旧设备残值变价收入，残值变价收入应作为现金流出的抵减。残值变价收入与原始投资额的差额，称为投资净额；③新旧设备的年营运成本，即年付现成本，如果考虑每年的营业现金流入，应作为每年营运成本的抵减。

（4）年金成本可在特定条件下（无所得税因素、每年营运成本相等），按如下不同方式计算。

$$年金成本 = \frac{\sum（各项目现金净流出现值）}{年金现值系数}$$

$$= \frac{投资额-残值收入×一般现值系数+\sum（年营运成本现值）}{年金现值系数}$$

$$= \frac{投资额-残值收入}{年金现值系数}+残值收入×贴现率+\frac{\sum（年营运成本现值）}{年金现值系数}$$

7.7.2　固定资产更新决策模型的设计

1．寿命期相同的固定资产更新决策

在进行寿命期相同的固定资产更新决策时，常常使用净现值法或差额分析法。下面，我们举例说明其中净现值法的应用。

【例7-16】　某公司正在考虑用一台新设备来替代原来的旧设备，新旧设备的有关资料如表7-4所示。假设该公司的资金成本率为10%，所得税税率为25%。则该公司是继续使用旧设备还是对其进行更新呢？

表 7-4　　　　　　　　　　　新旧设备相关资料

项目	旧设备	新设备
原值（元）	50 000	80 000
已使用年限（年）	5	0
预计使用年限（年）	10	5
年销售收入（元）	70 000	110 000
年付现成本（元）	40 000	55 000

续表

项目	旧设备	新设备
目前变现价值（元）	25 000	80 000
最终残值（元）	0	12 000
资本成本	10%	10%
所得税税率	25%	25%
折旧方法	直线法	直线法

计算分析步骤如下。

（1）依照已知条件，构建如图7-32所示的设备更新方案决策模型。

	A	B	C	D	E	F	G
1		旧设备	新设备				
2	原值（元）	50 000	80 000				
3	已使用年限（年）	5	0				
4	预计使用年限（年）	10	5				
5	年销售收入（元）	70 000	110 000				
6	年付现成本（元）	40 000	55 000				
7	目前变现价值（元）	25 000	80 000				
8	最终残值（元）	0	12 000				
9	资本成本	10%	10%				
10	所得税税率	25%	25%				
11	折旧方法	直线法	直线法				
12							
13	分析区域						
14		沿用旧设备的净现值计算（元）					
15		0	1	2	3	4	5
16	项目						
17	建设期净现金流	-25 000					
18	年销售收入		70 000	70 000	70 000	70 000	70 000
19	税后销售收入		52 500	52 500	52 500	52 500	52 500
20	年付现成本		40 000	40 000	40 000	40 000	40 000
21	税后付现成本		30 000	30 000	30 000	30 000	30 000
22	折旧抵税		1 250	1 250	1 250	1 250	1 250
23	经营期现金流量		23 750	23 750	23 750	23 750	23 750
24	经营期末的净现金流量						0
25	每年净现金流量	-25 000	23 750	23 750	23 750	23 750	23 750
26	净现值	65 031.19					
27							
28		采用新设备的净现值计算（元）					
29		0	1	2	3	4	5
30	项目						
31	建设期净现金流	-80 000					
32	销售收入		110 000	110 000	110 000	110 000	110 000
33	税后销售收入		82 500	82 500	82 500	82 500	82 500
34	付现成本		55 000	55 000	55 000	55 000	55 000
35	税后付现成本		41 250	41 250	41 250	41 250	41 250
36	折旧抵税		3 400	3 400	3 400	3 400	3 400
37	经营期现金流量		44 650	44 650	44 650	44 650	44 650
38	经营期末的净现金流量						12 000
39	每年净现金流量	-80 000	44 650	44 650	44 650	44 650	56 650
40	净现值	96 709.69					
41	结论	使用新设备					

图 7-32 设备是否更新的决策分析模型

（2）按已知条件在B17单元格中输入建设期净现金流，在单元格C18:G18中输入年销售收入，在单元格C20:G20中输入年付现成本。

（3）在单元格C19:G19中输入计算公式"=C18:G18*(1-B10)"（数组公式输入），得到税后销售收入。

（4）在单元格C21:G21中输入计算公式"=C20:G20*(1-B10)"（数组公式输入），得到税后付现成本。

（5）在单元格C22中输入计算公式"=SLN(B2,B8,B4)*B10"，得到各年折旧抵税，并将值复制到D22到G22。

（6）在单元格C23:G23中输入计算公式"=C19:G19-C21:G21+C22:G22"（数组公式输入），得到各年经营净现金流量，此处用到计算公式"经营净现金流量=税后收入-税后付现成本+折旧抵税"。

（7）因为经营期末无现金流入，因此在单元格G24中输入0。

（8）在单元格B25中输入"=B17"，在单元格C25:G25中输入"=C23:G23"，得到各年净现金流量。

（9）在单元格B26中输入"=NPV(B9,C25:G25)+B25"，得到沿用旧设备的净现值为65 031.19元。

同理，按照此思路，我们可以得到使用新设备的净现值为96 709.69元。在单元格B41中输入"=IF(B26>B40,"沿用旧设备","使用新设备")"，则可以求得结论为使用新设备。

2．寿命期不同的固定资产更新决策

一般来讲，使用新设备后，其寿命期将要长于旧设备继续使用的年限。在这种情况下就无法使用净现值法或差额分析法来进行分析。同时，在固定资产的更新决策中，往往假设设备更新后不会改变企业的生产能力，也不会增加企业的现金流入。通过固定资产的更新，只能够改变设备的运行成本（即每年的现金流出），无法计算更新决策给企业带来的净现值。此时，需要使用年金成本法进行分析，即比较继续使用旧设备和更新设备的平均年成本，以年均成本低者作为较好的方案。

【例7-17】 某企业欲更新一台旧设备，但是原工程技术人员认为继续沿用旧设备更划算，继续使用旧设备和更新设备的有关数据如图7-33所示。假设该企业要求的最低报酬率（贴现率）为15%，请帮忙分析决策继续使用还是更新设备。

	A	B	C
1	项目	旧设备	新设备
2	原价(元)	64 000	58 000
3	预计(尚可)使用年限(年)	6	10
4	已经使用年限（年）	4	0
5	税法残值	5%	5%
6	最终报废残值(元)	5 000	6 000
7	目前变现价值(元)	12 000	58 000
8	每年折旧费（直线法）	6 080.00	5 510.00
9	每年营运成本(元)	14 000	10 000
10	贴现率	15%	15%
11	所得税税率	25%	25%
12			
13	决策分析		
14	项目		
15	设备投资(元)	18 920.00	58 000.00
16	税后付现成本(元)	39 737.07	37 640.76
17	折旧抵税(元)	-5 752.41	-6 913.35
18	最终报废残值(元)	-2 161.64	-1 483.11
19	合计	50 743.02	87 244.30
20	年均成本(元)	13 408.18	17 383.61
21	结论	继续使用旧设备	

图7-33 固定资产更新分析

固定资产更新的分析模型如图7-33所示，具体步骤如下。

（1）根据题目已知条件，构建固定资产更新模型。

（2）在单元格B15中输入公式"=B7-(B7-(B2-B8*B4))*B11"。对于旧设备而言，目前变现价值为12 000元，设备折余价值为B2-B8*B4 =39 680（元），与目前变现价值有差额，这部分差额可以构成抵税收益，但由于沿用旧设备，因此无法获得这部分收益，所以设备投资额要扣除这部分抵税收益；由于新购置设备无此考虑，直接在单元格C15中输入公式"=C2"。

（3）在单元格B16中输入公式"=PV(B10,B3,-B9)*(1-B11)"，由于沿用旧设备，每年付现成本均相同，直接利用PV函数进行求解。

（4）在单元格B17中输入公式"=PV(B10,B3,B8*B11)"，利用PV函数对每年固定折旧额抵税进行年金现值求解，由于这部分是收益，而我们要比较的是年均成本，故参数"fv"—B8*B11前没有加负号，以使最终结果为负值。

（5）在单元格B18中输入公式"=PV(B10,B3,,B6)"，对于年末残值进行复利贴现，同理，由于这部分是收益，而我们要比较的是年均成本，故参数"fv"前也没有加负号。

（6）在单元格B19中输入公式"=SUM(B15:B18)"。

（7）在单元格B20中输入公式"=B19/PV(B10,B3,-1)"。

（8）将单元格B16:B20复制到单元格C16:C20中，得到更新设备的有关参数。

（9）在单元格B21中输入公式"=IF(B20>C20,'更新设备','继续使用旧设备')"。

可见，旧设备的年均成本要小于新设备，故企业应继续使用旧设备。

7.8 投资风险分析的 Excel 模型

前述独立方案投资决策、互斥方案投资决策和固定资产更新决策活动，我们假设其现金流量是确定的，现金的收支与时间也是确定的。然而，事实上，投资决策往往充满不确定性，当决策活动面临的不确定性比较大时，我们往往需要对投资的风险进行计量。投资风险分析的常用方法主要有风险调整贴现率法和肯定当量法。风险调整贴现率法（Risk-adjusted Discount Rate，RADR）是将净现值法和资本资产定价模型结合起来，依据项目的风险程度调整基准折现率的一种方法。其基本思路是对于高风险的项目采用较高的贴现率去计算净现值，对于低风险的项目采用较低的贴现率去计算，然后根据净现值法的规则来选择方案。因此，此种方法的中心是根据风险的大小来调整贴现率。接下来我们将讨论如何以风险调整贴现率法来建立投资风险分析模型。

7.8.1 投资风险分析

投资风险分析最常用的方法是风险调整贴现率法。这种方法的基本思想是对于高风险的项目采用较高的贴现率，即用一个包括了风险因素的贴现率来计算净现值，然后根据净现值法的规则选择方案。风险调整贴现率 K 的计算公式如下。

$$K=r+bQ$$

式中，r 为无风险贴现率；b 为风险报酬率；Q 为风险程度。

假设 r 是确定的，为了确定 K，应先确定 Q 和 b。

1. 确定风险程度 *Q*

（1）计算现金流量的期望值 *E*。某期现金流量的期望值是某期各种可能的现金流量按其概率进行加权平均得到的现金流量，可按下列公式计算。

$$E = \sum_{i=1}^{n} CFAT_i P_i$$

式中，$CFAT_i$ 为某期第 *i* 种可能的税后现金流量；P_i 为第 *i* 种可能现金流量的概率；*n* 为可能现金流量的次数。

（2）计算各期现金流量期望值的现值 *EPV*。

$$EPV = \frac{E_i}{(1+i)} + \cdots + \frac{E_n}{(1+i)^n}$$

式中，E_i 为第 *i* 期现金流量期望值；*i* 为资本成本率或最低投资报酬率；*n* 为年份。

（3）计算各期现金流量的标准离差 *d*。标准离差是各种可能的现金流量偏离期望现金流量的综合差异，其计算公式如下。

$$d = \sqrt{\sum_{i=1}^{n} (CFAT_i - E)^2 P_i}$$

（4）计算各期现金流量综合标准离差 *D*，其计算公式如下。

$$D = \sqrt{\sum_{i=1}^{n} \frac{d_i^{\,2}}{(1+i)^{2t}}}$$

（5）计算标准离差率——风险程度 *Q*。

前述的标准离差是绝对值概念，仅适用于比较同等规模项目的风险衡量。如果要衡量不同规模的项目风险，则需要引入标准离差率，即利用标准离差与期望值的比值。其计算公式如下。

$$Q = \frac{D}{EPV}$$

2. 确定风险报酬率 *b*

风险报酬率是直线方程 *K=r+bQ* 的斜率，它的高低反映了风险程度变化对风险调整最低报酬率影响的大小。风险报酬率可以根据企业的历史资料越过统计的方法来测定，也可由投资者分析判断得出。如果投资者愿意冒险，风险报酬率就确定得小些；如果投资者不愿意冒险，风险报酬率就确定得大些。

3. 用风险调整贴现率 *K* 计算方案的净现值

Q 和 *b* 确定后，风险调整贴现率 *K* 也就确定了，用风险调整贴现率 *K* 去计算净现值，然后根据净现值法的规则来选择方案。净现值的计算公式如下。

$$NPV = \frac{E_1}{(1+K)^1} + \frac{E_2}{(1+K)^2} + \cdots + \frac{E_n}{(1+K)^n}$$

7.8.2　投资风险分析模型的设计

【例7-18】　假设XSH公司现有两个投资机会，公司要求的最低报酬率为10%，有关方案资料如表7-5所示。要求：依据风险调整贴现率法来建立投资决策模型，并进行投资决策。

表7-5 已知条件

无风险报酬率	8%	最低投资报酬率		10%	
风险报酬斜率	0.5				
	方案1			方案2	
t（年）	税后现金流量 CFAT（万元）	概率		税后现金流量 CFAT（万元）	概率
0	−10 000	1		−8 000	1
1	6 000	0.2			
	4 000	0.55			
	2 000	0.25			
2	8 000	0.2		7 000	0.3
	7 000	0.6		5 000	0.5
	5 000	0.2		4 000	0.2
3	6 000	0.3		3 000	0.2
	4 000	0.4		8 000	0.6
	3 000	0.3		15 000	0.2

计算分析步骤如下。

1. 建立基本数据区域

基本数据区域存放企业投资方案的基本数据及无风险报酬率、风险报酬斜率等基本数据，如图7-34所示。对于不同的企业或同一企业的不同方案可以根据具体方案改变基本数据区域的数据。

	A	B	C	D	E
1			投资方案基础数据		
2	无风险报酬率	8%	最低投资报酬率	10%	
3	风险报酬斜率	0.5			
4		方案1		方案2	
5	t（年）	税后现金流量 CFAT（万元）	概率	税后现金流量 CFAT（万元）	概率
6	0	−10 000	1	−8 000	1
7	1	6 000	0.2		
8		4 000	0.55		
9		2 000	0.25		
10	2	8 000	0.2	7 000	0.3
11		7 000	0.6	5 000	0.5
12		5 000	0.2	4 000	0.2
13	3	6 000	0.3	3 000	0.2
14		4 000	0.4	8 000	0.6
15		3 000	0.3	15 000	0.2
16					
17			计算分析区		
18		方案1		方案2	
19	t（年）	现金流量期望值 E（万元）	标准离差 D	现金流量期望值 E（万元）	标准离差 D
20	1	3 900	1 337.91	0	0.00
21	2	6 800	979.80	5 400	1 113.55
22	3	4 300	1 187.43	8 400	3 826.23
23		期望现值（万元）	123 95.94	期望现值（万元）	10 773.85
24		综合标准差 D	1 712.00	综合标准差 D	3 018.42
25		风险程度 Q	13.81%	风险程度 Q	28.02%
26		调整风险贴现率 K	14.91%	调整风险贴现率 R	22.01%
27		净现值 NPV（万元）	1 378.64	净现值 NPV（万元）	252.60

图7-34 投资风险分析模型

　　建立基本数据区域的方法是，在"投资方案基础数据"工作表中的适当位置输入有关方案的已知数据及资料；进行编排和编辑，如改变字体、字号、设置对齐方式、加上边框等，以与计算分析区域区别开来，还可以进行其他设置，本例中为该区域加上了数据条，方法如下。

　　（1）选中要加阴影的单元格区域，如A6:E15。

　　（2）单击【条件格式】按钮中的【数据条】命令，出现所有的数据条颜色样式，如图7-35所示。

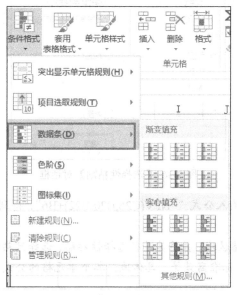

图 7-35 【数据条】命令

　　（3）将鼠标指针指向需要的样式并单击，则选中区域中的数据部分加上了颜色，如图7-34所示，如果不满意还可以按照上述步骤重新设置。

　　2. 建立计算分析区域

　　（1）设计模型，如图7-34所示。我们需要在分析区域建立每个方案的每期现金流量期望值 E、标准离差 D、每种方案的期望现值 EPV、综合标准离差等。

　　（2）选择B20单元格，输入公式"=B7*C7+B8*C8+B9*C9"，得到方案1第1年现金流量的期望值。

　　（3）选择C20单元格，输入公式"=SQRT(SUMSQ(B7−B20)*C7+SUMSQ(B8−B20)*C8+SUMSQ(B9−B20)*C9)"，得到方案1第1年现金流量的标准离差。

　　（4）选择B20:C20单元格区域，单击右键，选择【复制】；选择D20:E20单元格区域，在【选择性粘贴】对话框中选择只粘贴"公式"，如图7-36所示，则可得到方案2第1年现金流量的期望值和标准离差。

　　（5）按照同样的方法，我们可以得到方案1、方案2第2年和第3年现金流量的期望值和标准离差。

　　（6）选择C23单元格，输入公式"=NPV($D$2,B20:B22)"，得到方案1的3年现金流量的期望值。

　　（7）选择C24单元格，输入公式"=SQRT(POWER(C20,2)/POWER(1+$D$2,2)+POWER(C21,2)/POWER(1+$D$2,4)+POWER(C22,2)/POWER(1+$D$2,6))"，得到方案1的3年现金流量的综合标准离差 D。

　　（8）选择C25单元格，输入公式"=C24/C23"，得到方案1的风险程度 Q。

　　（9）选择C26单元格，输入公式"=$B$2+$B$3*C25"，得到方案1的风险调整贴现率 K。

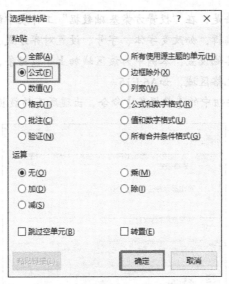

图 7-36 【选择性粘贴】对话框

（10）选择C27单元格，输入公式"=NPV(C26,B20:B22)+B6"，得到方案1按风险调整贴现率K进行贴现的折现值。

（11）复制C23:C27单元格区域，并将其进行选择性粘贴，选择只粘贴公式在单元格区域E23:E27中，则得到方案2的期望值、标准离差等。具体地，各个单元格的公式如图7-37所示。

单元格	公式
B20	=B7*C7+B8*C8+B9*C9
B21	=B10*C10+B11*C11+B12*C12
B22	=B13*C13+B14*C14+B15*C15
C20	=SQRT(SUMSQ(B7−B20)*C7+SUMSQ(B8−B20)*C8+SUMSQ(B9−B20)*C9)
C21	=SQRT(SUMSQ(B10−B21)*C10+SUMSQ(B11−B21)*C11+SUMSQ(B12−B21)*C12)
C22	=SQRT(SUMSQ(B13−B22)*C13+SUMSQ(B14−B22)*C14+SUMSQ(B15−B22)*C15)
D20	=D7*E7+D8*E8+D9*E9
D21	=D10*E10+D11*E11+D12*E12
D22	=D13*E13+D14*E14+D15*E15
E20	=SQRT(SUMSQ(D7−D20)*E7+SUMSQ(D8−D20)*E8+SUMSQ(D9−D20)*E9)
E21	=SQRT(SUMSQ(D10−D21)*E10+SUMSQ(D11−D21)*E11+SUMSQ(D12−D21)*E12)
E22	=SQRT(SUMSQ(D13−D22)*E13+SUMSQ(D14−D22)*E14+SUMSQ(D15−D22)*E15)
C23	=NPV($D$2,B20:B22)
C24	=SQRT(POWER(C20,2)/POWER(1+$D$2,2)+POWER(C21,2)/POWER(1+$D$2,4)+POWER(C22,2)/POWER(1+$D$2,6))
C25	=C24/C23
C26	=$B$2+$B$3*C25
C27	=NPV(C26,B20:B22)+B6
E23	=NPV(D2,D20:D22)
E24	=SQRT(POWER(E20,2)/POWER(1+D2,2)+POWER(E21,2)/POWER(1+D2,4)+POWER(E22,2)/POWER(1+D2,6))
E25	=E24/E23
E26	=B2+B3*E25
E27	=NPV(E26,D20:D22)+D6

图 7-37 各单元格的公式

（12）完成上述步骤后，我们可以得到投资风险分析的结果，由于方案1的净现值更大，所以应当选择方案1。

实践练习题

1. 现有 A、B 两个投资方案，具体资料如下表所示，该项目资金由银行贷款获得，年利率为10%，折旧按直线法计算。请按照下述现金流量分别求净现值，并判断方案的优劣。

投资方案净现值计算表   单元：万元

年份	A 方案现金流量	B 方案现金流量
2012	-6 000	-5 000
2013	-4 000	-5 000
2014	6 000	2 500
2015	5 000	4 000
2016	3 000	4 500
2017	3 000	5 500
净现值		

2. 现有某投资方案，具体资料如下表所示，该项目资金由银行贷款获得，年利率为10%，可使用 4 年。请按照下表中的现金流量分别求其净现值。

投资方案净现值计算表   单位：万元

日期	A 方案现金流量
2012-1-1	-6 000
2012-3-5	-4 000
2012-5-4	6 000
2012-7-5	5 000
2012-12-6	3 000
2013-1-5	3 000
净现值	

3. 某投资方案的投入期和各期现金流量情况如下表所示。

某方案的现金流量   单位：元

年份	年限序号	现金流量
2012	0	-20 000
2013	1	5 000
2014	2	6 000

续表

年份	年限序号	现金流量
2015	3	7 000
2016	4	8 000
2017	5	9 000
	修正内含报酬率	

要求：（1）求其内含报酬率。

（2）项目资金成本为 10%，若期间又将所获利润重新用于投资，每年的再投资报酬率为 12%，求其修正内含报酬率。

4．某企业购买了一套价值为 68 000 元的设备，其折旧年限为 8 年，预计残值为 4 000 元。

要求：（1）采用直线法计算每年折旧额。

（2）采用双倍余额递减法计算每年折旧额。

（3）Factor 为 2 时，采用可变余额递减法计算第 1～2 年的折旧额和第 10～12 个月的折旧额。

（4）Factor 为 1.5 时，采用可变余额递减法计算第 2～3 年的折旧额和第 4～12 个月的折旧额。

5．某固定资产项目需在建设起点一次投入资金 210 万元，建设期为 2 年，第 2 年完工，并于完工后投入流动资金 30 万元。预计该固定资产投资后，企业各年的经营净利润净增 60 万元。该固定资产的使用寿命期为 5 年，按直线法折旧，期满有固定资产残值收入 10 万元，垫支的流动资金于项目终结时一次收回，该项目的资本成本率为 10%。试分析该项目各年的净现金流量，并利用净现值指标对项目的财务可行性做出评价。

6．项目投资的原始总投资为 1 000 万元，建设起点一次投入，建设期为一年，经营期为 10 年，投产后第 1～5 年的净现金流量分别为 100 万元、120 万元、150 万元、250 万元和 300 万元，以后每年的净现金流量为 350 万元。

要求：计算该项目的静态及动态投资回收期。

7．C 公司某项目投资期为 2 年，每年投资 200 万元。第 3 年开始投产，投产开始时垫支流动资金 50 万元，项目结束时收回。项目有效期为 6 年，净残值为 40 万元，按直线法折旧。每年营业收入为 400 万元，付现成本为 280 万元。公司所得税税率为 25%，资金成本为 10%。

要求：（1）计算项目的营业现金流量。

（2）列出项目的现金流量计算表。

（3）计算项目的内含报酬率，并判断项目是否可行。

8．D 公司正面临印刷设备的选择决策。它可以购买 10 台甲型印刷机，每台价格为 8 000 元，且预计每台设备每年年末支付的修理费为 2 000 元。甲型设备将于第 4 年年末更换，预计无残值收入。另一个选择是购买 11 台乙型设备来完成同样的工作，每台价格为 5 000 元，每台每年年末支付的修理费用分别为 2 000 元、2 500 元、3 000 元。乙型设备需于 3 年后更换，在第 3 年年末预计有 500 元/台的残值变现收入。该公司此项投资的机会成本为 10%；所得税税率为 25%（假设该公司将一直盈利），税法规定的该类设备折旧年限为 3 年，残值率为 10%；预计选定设备型号后，公司将长期使用这种设备，更新时不会随意改变设备型号，以便与其他作业环节协调。

要求：分别计算采用甲、乙设备的平均年成本，并据此判断应当购买哪一种设备。

9. 安保公司现有旧设备一台，由于节能减排的需要，准备予以更新。当期贴现率为 15%，假设不考虑所得税因素的影响，其他有关资料如下表所示。请问该公司是否需要更新新设备？

安保公司新旧设备资料　　　　　　　　　　单位：元

项目	旧设备	新设备
原价	35 000	36 000
预计使用年限	10 年	10 年
已经使用年限	4 年	0 年
税法残值	5 000	4 000
最终报废残值	3 500	4 200
目前变现价值	10 000	36 000
每年折旧费（直线法）	3 000	3 200
每年营运成本	10 500	8 000

第8章 营运资本管理的 Excel 模型

本章提要

营运资本管理是企业日常经营决策的重要组成部分，面对日益激烈的市场竞争环境，企业必须加强对营运资本的管理。本章，我们主要阐述了最佳现金持有量的确定问题、赊销策略与最优信用政策的确定问题、存货管理与最优经济订货批量的确定问题。在此基础上，我们构建了最佳现金持有量模型、应收账款信用政策决策模型以及存货管理模型。其中，最佳现金持有量模型包括成本分析模型和鲍莫尔模型；应收账款信用政策决策模型包括信用标准模型、信用条件模型、收账政策模型和信用政策的综合决策模型；存货管理模型包括基本经济订货批量模型和存货陆续供应与耗用情况下的经济订货批量模型。

学习目标

- SQRT、IF和INT函数的应用；
- 如何定义和使用自定义函数；
- 最佳现金持有量模型的设计；
- 应收账款信用政策决策模型的设计；
- 存货管理模型的设计。

8.1 营运资本管理模型概述

    营运资本不仅是应付企业正常流动负债的资源（如企业必须用货币资金来偿还日常应收账款、应收票据等），更是企业减少管理费用的切入点（如日本企业提出的"零存货"管理模式），说明了企业欲从流动资产入手降低管理成本的事项。营运资本管理也是企业日常经营决策的重要组成部分，主要涉及供需短期的经营活动和财务活动的决策问题。

    缺乏短期财务决策导致失败的案例屡见不鲜，因此企业面对竞争日益激烈的市场环境，必须加强对营运资本的管理，营运资本的规划问题主要涉及最佳现金持有量、赊销策略与最优信用、最优经济订货批量的规划问题。

    最佳现金持有量模型包括成本分析模型和鲍莫尔模型。其中，成本分析模型主要是通过分析企业持有现金的成本，将持有现金的总成本最低时的现金持有量作为最佳现金持有量；鲍莫尔模型则是利用存货模型的原理，将企业持有成本和现金交易性成本相等时的现金持有量视为最优。

    应收账款信用政策的制订是企业财务政策的一个重要组成部分。应收账款的信用政策主要包括信用标准、信用条件（信用期限与信用折扣）和收账政策，企业信用政策的确定是否合理直接影响到企业的利益。因此，应收账款信用政策决策模型包括信用标准模型、信用条件模型、收账政策模型和信用政策的综合模型。

存货的决策主要涉及经济订货批量的确定。基本的经济订货批量模型主要是求解在订货成本与储存成本相等的情况下的最优经济订货批量。在基本经济订货批量模型的基础上，我们进一步探究存货陆续供应与耗用情况下的经济订货批量模型。

总之，现金管理中的最佳现金持有量的决策问题、应收账款管理中最优信用政策问题、存货管理中的最优经济订货批量的决策问题都是属于运营资本的最优决策问题，是线性规划理论的应用问题。如何在 IT 环境下建立最优模型并进行动态决策，是本章重点关注的问题。

8.2 营运资本管理模型的相关函数与工具运用

8.2.1 相关函数

1. SQRT 函数

（1）用途。返回正平方根。

（2）语法。

SQRT(number)

（3）参数。number，必需。要计算平方根的数。

（4）说明。如果参数 number 为负值，函数 SQRT 返回错误值#NUM!。

2. IF 函数

IF 函数的说明请查阅第 4 章。

3. INT 函数

（1）用途。将数字向下舍入到最接近的整数。

（2）语法。

INT(number)

（3）参数。number，必需。需要进行向下舍入取整的实数。如 IN (8.9)=8，表示将 8.9 向下舍入到最接近的整数——8。

8.2.2 工具与方法

在实际财务管理工作中，用户可能经常需要运用 Excel 重复执行某项任务，这时可以使用宏将其变为可执行的任务。宏是一组命令和函数的集合，它通过指令告诉 Excel 执行一系列动作，这些指令就是 VBA（Visual Basic Application）程序语言命令。VBA 提供了一套完整的编程语言和编程环境，能够与 Excel 及所有其他微软办公应用软件完全地集成。在 Excel 中，运用 VBA 主要可以编写两种程序，即 Sub 程序和 Function 程序。Sub 程序可以令 Excel 执行一些指定的动作，如选定对象、编辑资料、下达指令等；Function 程序就像 Excel 的内置函数一样，只能根据所给定的参数返回一个经过特殊计算的值，所以这种 Function 程序又可称为自定义函数。尽管 Excel 中提供了数百个内置函数，但利用这些内置函数并不能解决实际财务管理工作中的所有问题。在没有可以利用的

Excel 内置函数的情况下，通过建立和使用自定义函数能够有效地解决许多实际问题。利用自定义函数不仅使用方便，能极大地提高工作效率，而且不容易出错。本节主要介绍这种自定义函数的建立和使用方法。

1. 建立自定义函数

自定义函数需要在 Excel 提供的 Visual Basic 编辑器环境下的某个模块中编写。为了编写自定义函数，首先必须打开 Visual Basic 编辑器，并插入一个新的模块。下面举例说明建立自定义函数的方法与步骤。

【例8-1】 根据如下所示的不允许缺货且陆续均衡供货和消耗情况下的经济订货批量计算公式建立一个自定义函数。

$$经济订货批量=\sqrt{\frac{2×每次订货费用×年消耗量}{单位存货成本}×\frac{每日到货量}{每日到货量-每日耗用量}}$$

建立经济订货批量自定义函数的具体方法和步骤如下。

（1）添加【开发工具】选项卡，详细步骤参见第1章。

（2）单击【开发工具】→【Visual Basic】命令。

图 8-1 单击【Visual Basic】图标

（3）在Excel 2013代码编辑器窗口中单击【插入】菜单→【模块】菜单项，即可插入默认的模块【模块1】，然后即可在右侧的VBA代码编辑器窗口中输入VBA代码。

（4）单击【模块】命令后，系统会显示模块1的窗口。在【模块1】窗口中，单击【插入】菜单，选择【过程】命令，如图8-2所示。

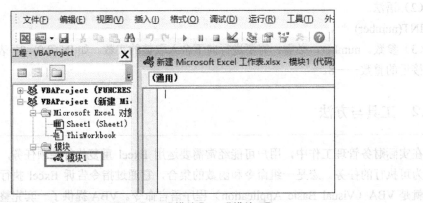

图 8-2 【插入】→【模块】→【模块1】

（5）单击选择【过程】命令后，系统会弹出【添加过程】对话框，在该对话框的【名称】栏中输入"经济订货批量"，在【类型】区域中选择"函数"，如图8-3所示。

（6）单击【确定】按钮，系统出现编辑过程页面，如图8-4所示。将"Public Function经济订货批量( )"和"End Function"按照如图8-5所示进行修改。

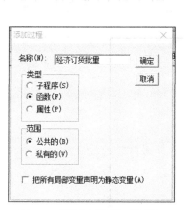

图 8-3 【添加过程】对话框

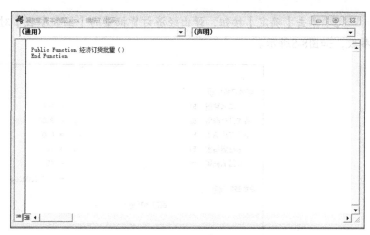

图 8-4 编辑过程页面

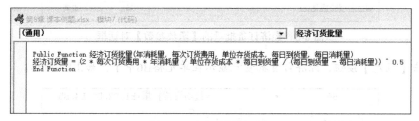

图 8-5 自定义函数过程

这样，自定义函数就完成了。关闭Visual Basic编辑器窗口，返回工作表。

2. 使用自定义函数

自定义函数的使用方法与 Excel 的内置函数的使用方法是一样的。

【例8-2】 图8-6所示为计算经济订货批量的有关参数，要求利用自定义函数计算经济订货批量。具体计算步骤如下。

（1）选取单元格B6，单击工具栏上的【公式】按钮，在【插入函数】对话框的【选择类别】栏中选择"用户定义"，在【选择函数】栏中选择"经济订货批量"，如图8-7所示。

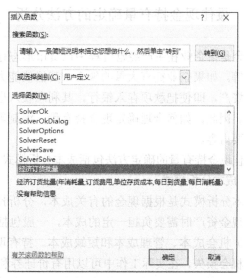

	A	B
1	年消耗量（吨）	1 600
2	单位订货费用（元/次）	3 600
3	单位存货成本（元/吨）	800
4	每日到货量（吨/天）	70
5	每日消耗量（吨/天）	45
6	经济订货批量（吨）	

图 8-6 利用自定义函数计算经济订货批量

图 8-7 【插入函数】对话框

（2）单击【确定】按钮，弹出经济订货批量的【函数参数】对话框，在该对话框中输入相应的参数，如图8-8所示。

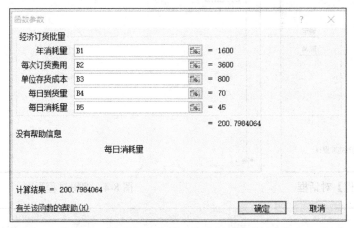

图 8-8　经济订货批量的【函数参数】对话框

（3）单击【确定】按钮，经济订货批量就显示在单元格B6中了，如图8-9所示。

	A	B	C	D	E
1	年消耗量（吨）	1600			
2	单位订货费用（元/次）	3600			
3	单位存货成本（元/吨）	800			
4	每日到货量（吨/天）	70			
5	每日消耗量（吨/天）	45			
6	经济订货批量（吨）	201			

B6 列公式： =经济订货批量(B1,B2,B3,B4,B5)

图 8-9　经济订货批量的计算结果

8.3 最佳现金持有量的 Excel 模型

8.3.1　最佳现金持有量确定的方法分析

现金是指企业在生产经营过程中以货币形态存在的资金，包括库存现金、银行存款和其他货币资金等。如果企业拥有大量的现金，其偿债能力和抗风险能力就较强，但同时现金也是一种非营利性资产，即使把款项存入银行，其利息收入也是很低的，所以，一般企业不会保留过多的现金资产。因此，如何合理确定现金持有量、编制现金预算和控制日常现金收支控制是企业现金管理的主要内容。

最佳现金持有量的确定方法包括成本分析模式和鲍莫尔模式。

1．成本分析模式

成本分析模式是根据现金的有关成本，分析预测其总成本最低时现金持有量的一种方法。公司持有现金资产时需要负担一定的成本，一般包括 3 种。

（1）机会成本、管理成本和短缺成本。持有现金的机会成本是指因持有现金而不能赚取投资收益的机会损失，在实际工作中可以用有价证券利率替代。假定有价证券利率为 6%，每年平均持有 100 万元的现金，则该企业每年持有现金的机会成本为 6 万元（100×6%）。现金持有量越大，机会成本也就越高。

（2）企业持有现金将发生管理成本。企业持有现金将会发生管理费用，如管理人员的工资、福利和安全措施费等。这些费用就是现金的管理成本。管理成本是一种固定成本，与现金持有量之间无明显的数量关系。

（3）企业持有现金不足将发生短缺成本。现金的短缺成本是因缺乏必要的现金，不能应付业务开支所需，而使企业蒙受损失或为此付出的代价。现金的短缺成本随现金持有量的增加而下降，随现金持有量的减少而上升。

由于管理成本是固定成本，与现金持有量之间无明显的数量关系，因此，运用成本分析模式确定最佳现金持有量时，如不考虑管理成本，只考虑因持有一定量的现金而产生的机会成本及短缺成本，则现金总成本=机会成本+短缺成本。

具体地，最佳现金持有量 C 可以由图 8-10 来表示。

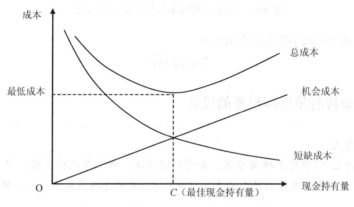

图 8-10　现金持有成本与最佳现金持有量

从图 8-10 可以看出，由于各项成本同现金持有量的变动关系不同，使得总成本线呈抛物线形，抛物线的最低点，即为成本最低点，该点所对应的现金持有量便是最佳现金持有量。

2. 鲍莫尔模式

鲍莫尔模式又称存货模式，其目的是要确定总成本最低时的现金持有量 C，此时即为最佳现金持有量。影响现金持有量的成本主要有两个：一是现金持有成本；二是现金转换成本。现金持有成本是企业由于持有现金而放弃了对外投资的收益，其实质是一种机会成本。它与现金持有量成同方向变化，大小取决于机会成本率（通常可用有价证券利率来代替）。现金转换成本是将现金转换成有价证券以及将有价证券转换成现金的成本，如手续费、印花税及其他费用等。这种费用只与交易次数有关，而与持有现金数量无关。两者的关系可用图 8-11 来表示。两种成本总计最低条件下的现金持有量即为最佳持有量。

假设 T 为总成本；C 为最佳现金持有量；r 为有价证券利率；A 为一定时期现金需求总量；b 为每次转换费用。则持有现金的总成本的计算公式为

总成本=持有成本+变现成本

即
$$T=(C/2) \times r + (A/C) \times b$$

为了求出总成本最低时的现金持有量，对上述公式中的 C 求导，并令其等于零，即可求得最佳现金持有量，公式如下。

$$C = \sqrt{\frac{2Ab}{r}}$$

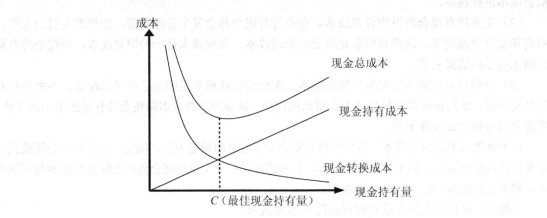

图 8-11　现金持有成本与转换成本的关系

最佳现金持有量下的最小现金持有成本为

$$T = \sqrt{2Abr}$$

8.3.2　最佳现金持有量选择模型的设计

1. 成本分析模式

【例8-3】　某企业有3种现金持有方案,如图8-12所示,选取单元格区域,单击工具栏中的求和按钮,即可立即求出各个方案的总持有成本。可见,方案C的总持有成本最低,故方案C为最佳现金持有方案。

	A	B	C	D
1	最佳现金持有量决策		（万元）	
2		方案A	方案B	方案C
3	现金持有量	30 000	60 000	80 000
4	持有成本构成			
5	资本成本	3 000	6 000	8 000
6	管理成本	3 000	3 000	3 000
7	短缺成本	16 000	7 000	2 000
8	总持有成本	22 000	16 000	13 000

图 8-12　最佳现金持有量决策模型——成本分析模式

2. 鲍莫尔模式

【例8-4】　某企业预计全年需要现金9 000元,现金交易性成本为每次80元,有价证券投资的年利率为10%,求企业的最佳现金持有量。

计算分析步骤如下。

（1）如图8-13所示,设计最佳现金持有量计算模型。

（2）在单元格B5中输入公式"=SQRT(2*B3*B2/B4)"。

（3）在单元格B6中输入公式"=B2/B5"。

（4）如图8-13所示,最佳现金持有量为3 795元,一年内企业从有价证券转化为现金的次数约为2.37次。

	A	B
1	最佳现金持有量的计算	
2	全年需要现金（元）	9 000
3	现金交易性成本（元/次）	80
4	有价证券利率（%）	10%
5	最佳现金持有量（元）	3 795
6	一年内变换次数（次）	2.37

图 8-13 最佳现金持有量决策——鲍莫尔模式

8.4

应收账款信用政策决策的 Excel 模型

8.4.1 应收账款信用政策的基本因素与最优信用政策的决策

1. 应收账款信用政策的基本因素

应收账款是指企业因对外销售产品、材料、提供劳务及其他原因，应向购货单位或接受劳务的单位及其他单位收取的款项，包括应收账款、其他应收款、应收票据等。作为企业财务政策的一个重要组成部分，应收账款信用政策的制订主要考虑以下 4 个基本因素。

（1）信用标准。信用标准是指企业对客户提供商业信用时，对客户资信情况进行要求的最低评判标准，通常以预期的坏账损失率作为制订的依据。信用标准松，可以扩大销售额，但会相应增加坏账损失和应收账款的机会成本；信用标准严，可以减少坏账损失和应收账款的机会成本，但不利于扩大销售，甚至会减少销售额。

（2）信用期限。信用期限是指企业为客户规定的最长付款期限，给予信用期限的目的在于扩大销售收入。信用期限的长短，与销售收入、应收账款、坏账损失都密切相关。信用期限越长，表明企业给予客户的信用条件越优越，它促使企业销售收入增长，但是，应收账款的成本和坏账损失也随之增加。必须将边际收益和边际成本两者加以比较，才能决定信用期限延长或缩短。

（3）折扣期限与现金折扣。折扣期限是指客户规定的可享受现金折扣的付款时间。现金折扣是在客户提前付款时给予的优惠。企业给予折扣期和折扣率，其目的在于加速回收应收款项。企业在给予客户现金折扣时，如果折扣率过低，将无法产生激励客户提早付款的效果；如果折扣率过高，企业成本也相应升高。企业能否提供现金折扣，主要取决于提供现金折扣、减少应收账款投资所带来的收益是否大于提供现金折扣所付出的代价。因此在评价上，只要给予折扣后成本的节约大于折扣的支出，方案就可行。如 "2/10，n/30" 是一项信用条件，它规定如果在发票开出后 10 天内付款，可享受 2% 的折扣；如果不想取得折扣，这笔货款必须在 30 天内付清。这里信用期限是 30 天，折扣期限是 10 天，现金折扣率为 2%。

（4）收账政策。收账政策包括监控应收账款以及发现问题和收回逾期账款，以什么手段和花费多大代价去收取账款。虽说账款要发生费用，但一般来说收账的花费越大，收账措施就越有利，可收回的账款就越大，坏账损失就越小。因此，制订收账政策，要在收账所花费的成本和所减少的坏账损失之间做出权衡。

2. 最优信用政策的决策

原则上，最佳的信用量取决于这样一个临界点：促销效应带来的增量现金流量恰好等于增加应收账款投资引起的增量持有成本。持有应收账款，是要付出一定的代价的，这种代价即是应收账款的持有成本。这些成本有些是实际发生的，有些却是间接发生的机会成本。最优信用政策的确定就是找出使所有成本最低时的应收账款投资。

应收账款的持有成本主要有如下几个方面。

（1）机会成本。应收账款的机会成本是指因资金投资在应收账款而丧失的其他投资收益。赊销是企业向购货企业提供的一种商业信用，其实质是让购货企业占用销货企业的资金，从而使销货企业无法利用这笔资金从事其他生产经营或投资活动。应收账款的机会成本并不是实际发生的成本，而主要是作为一种观念上的成本。因此，应收账款机会成本的衡量方式是多种多样的，一般可用以下公式计算。

机会成本=应收账款占用资金×资本成本率（或投资报酬率）

=年赊销收入×（应收账款平均收账期/360）×变动成本率×机会成本率

（2）管理成本。应收账款的管理成本是指企业为管理应收账款而相应发生的开支，包括从应收账款发生到收回期间所有与应收账款管理有关的费用，主要包括调查客户信用状况的费用；收集信用信息，分析潜在客户信用状况的费用；应收账款簿记费用；其他费用等。

管理成本一般相对稳定，在应收账款低于一定规模时是基本固定的，只有在应收账款的规模超过一定程度后，才会跳跃到一个新的水平，然后再维持其固定状态。管理成本的高低，一般根据企业历史资料统计而定，但一般会把管理成本中的收账费用单独作为一个成本项目来处理，主要是因为收账费用最不容易确定。当客户信用状况良好时，开支比较稳定；而一旦客户信用状况不良，就会花费很大的代价来催讨这些款项，此时开支就非常大了。

（3）坏账成本。应收账款的坏账成本是指企业持有的应收账款因故不能收回而造成的损失。这是企业持有应收账款最大的一种风险，不但不能取得收入和实现利润，而且连成本都不能收回。坏账成本的高低与客户的信用状况有直接关系，而又与企业的管理水平相关。企业管理水平高，对客户信用状况的调查全面、仔细，对客户的监督和催讨有力，发生坏账损失的概率就低；反之，发生坏账损失的概率就高。坏账成本一般是通过坏账损失率与赊销收入来测算的。

坏账成本=赊销收入×坏账损失率

8.4.2 应收账款信用标准模型的设计

信用标准是指对客户资信情况进行要求的最低评判标准。信用标准越低，说明客户的信用政策越严格，销售收入有可能会下降，但可以加速收回应收账款。下面，我们通过实例来分析信用标准变化对于企业利润的影响。

【例8-5】 某企业原有的信用标准为8%，当分别将信用标准降低到5%和提升到12%时，企业相应的经营情况变动如图8-14所示，问：企业应采用哪个方案？

首先，我们应建立如A19:C25所示的分析区域。其次，对比分析方案A与方案B信用标准变化所带来的增量利润。具体步骤如下所示。

（1）在B21中输入公式"=B16*$B$7"，表示信用标准变化给利润带来的影响。

（2）在B22中输入公式"=B16*B17/360*$B$5*$B$12"，即表示信用标准变化对应收账款机会成本的影响=由于标准变化增加或减少的销售额×增加或减少的销售额的平均收款期/360×变动成本率×应收账款的机会成本率（其中，变动成本率=变动成本/销售额）。

（3）在B23中输入公式"=B16*B18"，即表示信用标准变化对坏账损失的影响=由于信用标准变化增加或减少的销售额×增加或减少的销售额的坏账损失率。

	A	B	C
1	信用标准决策模型		
2	目前的经营情况及信用标准		
3	项目	数据	
4	销售收入（元）	200 000	
5	变动成本率	60%	
6	利润（元）	30 000	
7	销售利润率	25%	
8	信用标准（预期坏账损失率限制）	8%	
9	平均坏账损失率	5%	
10	信用条件	30天付清	
11	平均收款期（天）	45	
12	应收账款的机会成本率	10%	
13	新的信用标准方案的有关数据		
14	项目	方案A	方案B
15	信用标准	5%	12%
16	由于标准变化增加或减少的销售额（元）	-12 000	20 000
17	增加或减少的销售额的平均收款期（天）	60	80
18	增加或减少的销售额的平均坏账损失率	8%	13%
19	分析区域		
20	项目	方案A	方案B
21	信用标准变化对利润的影响(元)	-3 000	5 000
22	信用标准变化对应收账款机会成本的影响(元)	-120	267
23	信用标准变化对坏账损失的影响(元)	-960	2 600
24	信用标准变化带来的增量利润(元)	-1 920	2 133
25	结论：	应采用方案B	

图 8-14　信用标准决策模型

（4）在B24中输入公式"=B21-B22-B23"，即表示信用标准变化带来的增量利润=信用标准变化对利润的影响-信用标准变化对机会成本的影响-信用标准变化对坏账损失的影响。

（5）选取单元格区域C21:C24，将B21:B24中的公式进行复制，即可求出B方案的信用标准变化所带来的增量利润。

（6）在B25中输入公式"=IF(AND(B24>0,C24>0),IF(B24>C24,"应采用方案A","应采用方案B"),IF(B24>0,"应采用方案A",IF(C24>0,"应采用方案B","仍采用目前的信用标准")))"。结果表明，企业应采取方案B，可使企业利润比目前增加2 133元。

8.4.3　应收账款信用条件模型的设计

如前所述，信用条件是指企业要求客户支付赊销款的条件，包括信用期限、折扣期限和现金折扣。下面，我们将从这些信用条件的具体变化来构建信用条件决策模型。

【例8-6】某企业拟改变信用条件，现有两个可供选择的信用条件方案，有关资料如图8-15所示，那么企业应采用哪个方案？

首先建立如图8-15所示的分析区域，通过对比分析方案A、方案B与原有方案扣除信用成本后的收益大小来进行信用政策决策。具体步骤我们通过方案A来举例说明。

（1）在B23单元格中输入公式"=$B$4+B15"，表示采用方案A后的年赊销额。

（2）在B24单元格中输入公式"=B23*$B$6"，表示扣除信用成本前的收益=年赊销额×销售利润率。

	A	B	C	D
1	信用条件决策模型			
2	目前的基本情况			
3	项目	数据		
4	销售额（元）	250 000		
5	变动成本率	60%		
6	销售利润率	25%		
7	信用标准（预期坏账损失率限制）	10%		
8	平均坏账损失率	6%		
9	信用条件	30天付清		
10	平均收款期（天）	45		
11	应收账款的机会成本率	15%		
12	新的信用条件方案的有关数据			
13	项目	方案A	方案B	
14	信用条件	45天内付清，无现金折扣	"2/10, $n/30$"	
15	由于信用条件变化增加或减少的销售额（元）	20 000	30 000	
16	增加销售额的平均坏账损失率	11%	10%	
17	需付现金折扣的销售额占总销售额的百分比	0%	50%	
18	现金折扣率	0%	2%	
19	平均收款期（天）	60	20	
20	分析区域			
21	项目	方案A	方案B	原有方案
22	信用条件	45天内付清，无现金折扣	"2/10, $n/30$"	
23	年赊销额（元）	270 000	280 000	250 000
24	信用成本前收益（元）	67 500	70 000	62 500
25	信用成本：			
26	应收账款的机会成本（元）	4 050	1 400	2 812.5
27	坏账损失（元）	17 200	18 000	15 000
28	现金折扣（元）	0	2 800	0
29	合计	21 250	22 200	17 812.5
30	信用成本后收益（元）	46 250	47 800	44 687.5

图 8-15 信用条件决策模型

（3）在B26单元格中输入公式"=B23*B19/360*$B$5*$B$11"，表示方案A的应收账款机会成本=年赊销额×平均收款期/360×变动成本率×应收账款机会成本率。

（4）在B27单元格中输入公式"=B15*B16+$B$4*$B$8"，表示方案A的坏账损失=由于采用新方案而增减的销售额×平均坏账损失率+原销售额×原坏账损失率。

（5）在B28单元格中输入公式"=B23*B17*B18"，表示方案A的现金折扣=销售额×需付现金折扣的销售额占总销售额的百分比×现金折扣率。

（6）在B29单元格中输入公式"=SUM(B26:B28)"，表示方案A的信用成本=机会成本+坏账损失+现金折扣。

（7）在B30单元格中输入公式"=B24-B29"，表示方案A扣除信用成本后的收益=信用成本前的收益-信用成本。

（8）将单元格区域B23:B30中的公式复制到单元格区域C23:C30中，得到方案B扣除信用成本后的收益。同理，将其复制到单元格区域D23:D30中，得到原有方案扣除信用成本后的收益。当然，单元格D26需要手工再修改公式为"=D23*B10/360*$B$5*$B$11"，因为按照公式复制，公式为"=D23*D19/360*$B$5*$B$11"，而D19单元格为空，此时计算原方案机会成本则有误。

（9）通过对比分析3种方案扣除信用成本后的收益，我们可以看出，方案B的收益额最高，故选择方案B。

8.4.4 应收账款收账政策模型的设计

收账政策是指违反信用条件时，企业采取的收账策略。如果企业采用积极的收账政策，可能会减少应收账款占用的资金，减少坏账损失，但是会增加收账费用；如果采用消极的收账政策，可能会增加应收账款占用的资金，增加坏账损失，但会减少收账费用。因此，企业应根据具体情况制订合适的收账政策。

【例8-7】 某企业在不同收账政策下的有关资料如图8-16所示。那么，企业是否应该采用建议的收账政策呢？

	A	B	C
1	收账政策决策模型		
2	目前的基本情况		
3	项目	数据	
4	年销售收入（元）	2 500 000	
5	销售利润率	20%	
6	变动成本率	60%	
7	应收账款的机会成本率	15%	
8	不同收账政策的有关数据		
9	项目	目前收账政策	建议收账政策
10	年收账费用（元）	20 000	30 000
11	应收账款平均收款期（天）	45	30
12	坏账损失率	4%	2%
13	分析区域		
14	项目	目前收账政策	建议收账政策
15	总销售收入（元）	2 500 000	2 500 000
16	销售利润率	20%	20%
17	扣除信用成本前收益	500 000	500 000
18	机会成本（元）	28 125	18 750
19	坏账损失（元）	100 000	50 000
20	收账费用（元）	20 000	30 000
21	信用成本（元）	148 125	98 750
22	扣除信用成本后收益（元）	351 875	401 250
23	结论：	采用建议收账政策	

图 8-16 收账政策决策模型

首先建立如图8-16所示的分析区域，通过对比分析目前的收账政策与建议收账政策两种政策方案扣除信用成本后的收益大小来进行收账决策。具体步骤如下。

（1）按照已知条件，在B15单元格中输入值"=2 500 000"。

（2）按照已知条件，在B16单元格中输入值"=20%"。

（3）在B17单元格中输入公式"=B15*B16"，表示扣除信用成本前的收益=年赊销额×销售利润率。

（4）在B18单元格中输入公式"=$B$4*B11/360*$B$6*$B$7"，表示原方案的应收账款机会成本=年赊销额×平均收款期/360×变动成本率×应收账款机会成本率。

（5）在B19单元格中输入公式"=$B$4*B12"，表示原收账政策的坏账损失=原收账政策年赊销额×坏账损失率。

（6）在B20单元格中输入公式"=B10"，表示根据题目给定已知条件所得的原收账政策的收账费用。

（7）在B21单元格中输入公式"=SUM(B18:B20)"，表示信用成本=机会成本+坏账损失+收账费用。

（8）在B22单元格中输入公式"=B17-B21"，表示原收账政策扣除信用成本后的收益=扣除信用成本前的收益-信用成本。

（9）将单元格区域B15:B22中的公式复制到单元格区域C15:C22中，得到建议收账政策方案扣除信用成本后的收益。

（10）在单元格B23中输入公式"=IF(C22>B22,"采用建议收账政策","维持目前的收账政策")"，则结果返回"采用建议收账政策"。因此，通过对比分析两种方案扣除信用成本后的收益，我们可以看出，采用建议收账政策较为有利。

8.4.5　应收账款信用政策的综合决策模型

信用政策中每一项内容的变化都会影响到企业的利益，因此，需要将这些因素综合起来，以制订合适的信用政策。该模型设计可以通过对比新旧方案之间扣除信用成本后的收益大小来进行决策，如【例8-6】和【例8-7】。当然，我们也可以采用差额分析来对比新信用政策对于原信用政策的影响。

【例8-8】　某企业现有的信用政策以及要改变的信用政策的两个可供选择的方案如图8-17所示。那么，企业应如何选择最优方案？

	A	B	C	D
1	应收账款的信用政策决策模型			
2	原始数据区			
3	项目	目前的信用政策	新信用政策方案	
4			方案A	方案B
5	年赊销额（元）	100 000	120 000	130 000
6	销售利润率	20%	20%	20%
7	收账管理成本率	0.6%	0.7%	0.8%
8	平均坏账损失率	2%	3%	4%
9	平均收现期（天）	45	60	30
10	需付现金折扣的销售额占总销售额的百分比	0%	0%	50%
11	现金折扣率	0%	0%	2%
12	应收账款的机会成本率	15%	15%	15%
13	变动成本率	60%	60%	60%
14	分析区域			
15	信用政策的变化对利润的影响（元）		4 000	6 000
16	信用政策的变化对应收账款机会成本的影响（元）		675	-150
17	信用政策的变化对坏账损失的影响（元）		1 600	3 200
18	信用政策的变化对现金折扣成本的影响（元）		0	1 300
19	信用政策的变化对收账管理成本的影响（元）		240	440
20	信用政策的变化带来的增量利润（元）		1 485	1 210
21	结论：	采用方案A		

图8-17　应收账款信用政策的综合决策模型

决策步骤如下。

（1）在单元格C15中输入"=(C5-$B$5)*C6"，即表示信用政策的变化对利润的影响额=新方案销售额增减量×销售利润率。

（2）在单元格C16中输入"=((C9-$B$9)/360*$B$5+C9/360*(C5-$B$5))*C13*C12"，即表示信用政策的变化对应收账款机会成本的影响额=$\left(\dfrac{新方案平均收账期-原方案平均收账期}{360}\times 原方案销售额+\dfrac{新方案平均收账期}{360}\times 新方案增减销售额\right)\times 变动成本率\times 应收账款机会成本率$。

（3）在单元格C17中输入"=C5*C8-$B$5*$B$8"，即表示信用政策的变化对坏账损失的影响额=新方案销售额×新方案平均坏账损失率-原方案销售额×原方案平均坏账损失率。

（4）在单元格C18中输入"=C5*C11*C10-$B$5*$B$11*$B$10"，即表示信用政策的变化对现金折扣成本的影响量=新方案销售额×新方案现金折扣比率×新方案需付现金折扣的销售额占销售额百分比-原方案销售额×原方案现金折扣比率×原方案需付现金折扣的销售额占销售额百分比。

（5）在单元格C19中输入"=C5*C7-$B$5*$B$7"，即表示信用政策的变化对收账管理成本的影响额=新方案销售额×新方案收账管理成本率-原方案销售额×原方案收账管理成本率。

（6）在单元格C20中输入"=C15-C16-C17-C18-C19"，求得信用政策变化带来的利润影响。

（7）将单元格C15:C20中的公式复制到单元格D15:D20中，得到方案B的各项增量指标。

（8）在单元格B21中输入"=IF(AND(C20>0,D20>0),IF(C20>D20,"采用方案A","采用方案B"),IF(C20>0,"采用方案A",IF(D20>0,"采用方案B","采用目前信用政策")))"，计算结果如图8-17所示，企业应采用方案A的信用政策。

8.5 存货管理的 Excel 模型

8.5.1 存货管理的基础理论

任何一个企业，原则上都需要有一定存货，这是由存货所固有的功能决定的，但毕竟存货占用了企业流动资本的大部分，而存货的流动性较差，会影响企业资金的周转和债务的偿还。存货管理的目的是在充分发挥存货功能的基础上，合理控制存货水平、提高资金流动性、降低存货成本。因此，存货管理实质上是在存货成本与流动性之间进行权衡，实现成本与流动性的最佳组合。

1. 经济订货批量基本模型

经济订货批量模型是指企业存货的最优化，即存货成本最小，为此，需要确定合理的订货批量和进货时间。使存货总成本最低的订货批量称为经济订货批量。有了经济订货批量，就可以很容易地找出最适宜的进货时间。

经济订货批量方法的基本原理是借助于各类物资库存成本的不同特点，寻求它们之间的变化规律，找出一个使得总库存成本最低时的库存水平（存货数量）。其在企业能及时补货、集中连续进货、不允许缺货、需求量可以预测、不考虑现金折扣、企业现金充足等假设条件下来进行存货基本模型的构建。在这些假设的前提下，公司不存在缺货成本。同时存货单价不变，即存货采购不管多与少，都没有折扣，所以购置成本也可以不予考虑。因此，在影响存货的缺货成本、购置成本、储存成本和订购成本中，只需考虑储存成本和订购成本两个。如图8-18所示，储存成本随订货规模的上升而提高，而订货成本则相反，存货总成本在储存成本线与订货成本线相交的那一点达到了最小。可见，储存成本与订货成本总和最低水平下的订货批量，就是经济订货批量。

因此，　　　总成本=储存成本+订货成本

　　　　　　　　　=平均存货×单位存货储存成本+每次订货成本×订货次数

　　　　　　　　　=$Q/2 \times C + K \times D/Q$

式中，Q 为每次订货数量；C 为单位存货年储存成本；K 为每次订货的成本；D 为某存货的全年需要量。

如图8-18所示，经济订货批量=$\sqrt{2DK/C}$。

将上式代入总成本=$Q/2 \times C + K \times D/Q$ 中得，经济批量模型下的总成本=$\sqrt{2DKC}$。

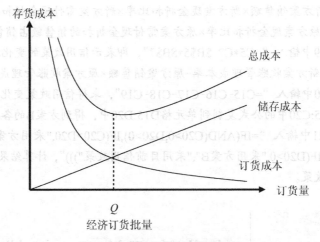

图8-18　经济订货批量的图示法

2. 经济订货批量基本模型的扩展

（1）再订货点与订货提前期。修订经济订货批量模型基本假设中的"企业能及时补充存货"为"存货从采购到送达需要一定的时间"；因此，为了保证无缺货，需要在存货为0之前订货即提前订货，此时订货点即为再订货点，即订购下一批存货时本批存货的储存量，图8-19对再订货点的确定进行了直观反映。

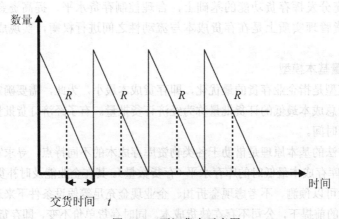

图8-19　再订货点示意图

要确定再订货点，必须考虑如下因素：平均每天的耗用量，用 d 表示；从发出订单或货物验收完毕所用的时间，以 L 表示。再订货点 R 可用如下公式计算。

$$R= L \times d$$

当然，订货提前期并不影响经济批量基本模型下的订货间隔时间、订货批量和订货次数。

（2）存货的陆续供应与耗用。将经济订货批量模型基本假设中的"不允许缺货"修改为"货物陆续送达，同时假设每日送货量为 P"。在此影响下，送货期=Q/P，由于日用量为 d，则送货期内的耗用量为 $Q/P \times d$，由于存货边送边用，所以每批送完时，最高库存=$Q-Q/P \times d$，则平均存量为 $(Q-Q/P \times d)/2$。因此，基本模型被扩充为

$$T=储存成本+订货成本=1/2 \times (Q-Q/P \times d) \times C+D/Q \times K=\sqrt{2KDC \times \frac{P-d}{P}}$$

最优订货批量 Q^*：T 总成本最低时的订货批量 $Q=\sqrt{\frac{2DK}{C} \times \frac{P}{P-d}}$。

每年最佳订货次数：$N^*=D/Q^*$。

最佳订货周期：$t^*=1$ 年$/N^*$。

经济订货量占用资金：$I^*=(Q^*/2) \times$ 单价。

（3）考虑数量折扣、陆续到货的经济订货批量模型。数量折扣是指供应商对于一次购买某货品数量达到或超过规定限度的客户，在价格上给予优惠。在经济订货批量基本模型的基础上，考虑到存货不能一次到达，各批存货可能陆续入库，对基本模型可做一些修改，使其进一步完善。在实际决策过程中，企业应结合具体情况不断完善模型，从而建立较合理的模型。

8.5.2　基本经济订货批量决策模型

【例8-9】　某企业全年需要某种材料640 000件，一次订货费用为2 500元，材料单价为20元/件，材料的存储费率为10%，求该材料的经济订货批量、全年订货次数和年最低订储费用。

将有关资料整理到Excel表格上，如图8-20所示。

	A	B	C	D
1	全年需要量（件）	640 000	每日供货量（件）	40
2	一次订货费用（元/次）	2 500	每日需求量（件）	25
3	材料单价（元/件）	20		
4	存储费率	10%		
5	瞬时进货的情况		存货陆续供应的情况	
6	经济订货批量（件）	40 000	经济订货批量（件）	65 319.73
7	年经济订货次数（次）	16	年经济订货次数（次）	10
8	年最低订储费用（元）	80 000	年最低订储费用（元）	48 989.79

图 8-20　基本经济订货批量模型

（1）在B6单元格中输入公式"=SQRT(2*B1*B2/(B3*B4))"，得到经济订货批量为40 000件。

（2）在B7单元格中输入公式"=B1/B6"，得到年订货次数为16次。

（3）在B8单元格中输入公式"=SQRT(2*B1*B2*B3*B4)"，得到年最低订储费用为80 000元。

8.5.3　存货陆续供应与耗用情况下的经济订货批量模型

【例8-10】　根据前述存货陆续供应与耗用情况下的经济订货批量和最低订储费用的计算公式，

假设【例8-9】中的企业所需要的材料不是瞬时到货，而是陆续供货，进货期内每日供货量为40件，每日需求量为25件，求经济订货批量、年订货次数和最低订储费用。

如图8-20所示。

（1）在D6单元格中输入公式"=SQRT(2*B1*B2/(B3*B4*(1-D2/D1)))"，得到经济订货批量为65 319.73件。当然，此处由于我们在8.2.2小节中已经建立了关于存货陆续供应与耗用情况下的经济订货批量的自定义函数，因此，该单元格的公式输入，可以直接选用经济订货批量函数来进行求解，具体参见8.2.2小节。

（2）在D7单元格中输入公式"=INT(B1/D6+0.5)"，得到年订货次数为10次。

（3）在D8单元格中输入公式"=SQRT(2*B1*B2*B3*B4*(1-D2/D1))"，得到年最低订储费用为48 989.79元。

实践练习题

1．某企业有4种现金持有方案，它们各自的持有量、管理成本、短缺成本如下表所示。假设现金的机会成本率为12%，要求确定现金最佳持有量。

现金持有总成本

单位：元

方案项目	甲	乙	丙	丁
机会成本	3 000	6 000	9 000	12 000
管理成本	20 000	20 000	20 000	20 000
短缺成本	12 000	6 750	2 500	0
总成本	35 000	32 750	31 500	32 000

2．某公司现金收支平衡，预计全年（按360天计算）现金需要量为250 000元，现金与有价证券的转换成本为每次500元，有价证券年利率为10%。

要求：（1）计算最佳现金持有量。

（2）计算最佳现金持有量下的全年现金管理总成本、全年现金交易成本和全年现金持有机会成本。

（3）计算最佳现金持有量下的全年有价证券交易次数和有价证券交易间隔期。

3．A公司现在采用30天按发票金额付款（即无现金折扣）的信用政策，拟将信用期间放宽至60天，仍按发票金额付款。假设等风险投资的最低报酬率为15%，其他有关数据如下表。

项目	信用期间（30天）	信用期间（60天）
全年销售量（件）	100 000	120 000
全年销售额（元）（单价为5元）	500 000	600 000
全年销售成本（元）：		
变动成本（每件4元）	400 000	480 000
固定成本（元）	50 000	50 000
毛利（元）	50 000	70 000
可能发生的收账费用（元）	3 000	4 000
可能发生的坏账损失（元）	5 000	9 000

要求：分析该公司应否将信用期间改为 60 天。

4. 沿用第 3 题信用期间决策的数据，假定该公司在放宽信用期的同时，为了吸引顾客尽早付款，提出了 "0.8/30，$n/60$" 的现金折扣条件，估计会有一半的顾客（按 60 天信用期所能实现的销售量计算）将享受现金折扣优惠。试分析应选择何种信用政策。其他数据同第 3 题。

5. A 企业是一家从事商品批发的企业，产品的单价为 100 元，变动成本率为 70%，一直采用赊销方式销售产品，信用条件为 $n/45$。如果继续采用 $n/45$ 的信用条件，预计 2018 年的赊销收入净额为 1 600 万元，坏账损失为 30 万元，收账费用为 18 万元，平均存货水平为 10 000 件。为扩大产品的销售量，A 公司拟将信用条件变更为（2/10，1/20，$n/30$），在其他条件不变的情况下，预计 2018 年赊销收入净额为 1 800 万元，坏账损失为 36 万元，收账费用为 25 万元，平均存货水平为 11 000 件。如果采用新信用政策，估计会有 20% 的顾客（按销售量计算，下同）在 10 天内付款，30% 的顾客在 20 天内付款，其余的顾客在 30 天内付款。

假设等风险投资的最低报酬率为 10%，一年按 360 天计算。

要求：（1）计算信用条件改变后 A 企业收益的增加额。

（2）计算改变信用政策后应收账款占用资金应计利息的增加。

（3）试为该企业做出信用政策是否改变的决策。

6. 某零件年需要量为 16 200 件，日供应量为 60 件，一次订货成本为 25 元，单位储存成本为 1 元/年。假设一年为 360 天，需求是均匀的，不设置保险库存并且按照经济订货量进货。

要求：（1）计算经济订货量。

（2）计算最高库存量。

（3）计算平均库存量。

（4）计算与进货批量有关的总成本。

7. 某生产企业使用 A 零件，可以外购，也可以自制。如果外购，单价为 4 元，一次订货成本为 10 元；如果自制，单位成本为 3 元，每次生产准备成本为 600 元，每日产量为 50 件。零件的全年需求量为 3 600 件，储存变动成本为零件价值的 20%，每日平均需求量为 10 件。请分别计算零件外购和自制的总成本，以选择较优的方案。

第9章 销售预测与利润管理的 Excel 建模

本章提要

面对激烈的市场竞争，越来越多的企业开始注重销售与利润的管理，并应用计算机技术建立相应的模型，将定量分析与定性分析相结合，及时、准确地掌握企业的销售业绩和经营成果，以便于发现存在的问题并进行分析，进而提高竞争力。在本章，我们将介绍销售预测的几类基本方法以及利润规划的基础知识。其中，销售预测的方法包括定性预测法、调查分析法、趋势分析法以及因果分析法等。在此基础上，本章着重探讨预测函数、数据分析工具在具体销售预测中的应用以及利润规划的Excel建模。

学习目标

- 掌握销售预测函数FORECAST、TRAND、GROWTH、LINEST、LOGEST、SLOPE、INTERCEPT、LN等的应用；
- 掌握分析工具库的加载；
- 掌握数据分析工具移动平均、指数平滑分析、回归分析工具等在销售预测中的应用；
- 掌握利润规划的Excel建模。

9.1 销售预测与利润管理模型概述

面对日趋激烈的市场竞争，越来越多的企业开始注重销售与利润的管理，并应用计算机技术建立相应的模型，主张定量分析与定向分析相结合，以便及时、准确地反映企业的销售业绩和经营成果，分析其潜在的问题和能力，提高企业自身的竞争力。本章所建立的销售预测模型，从企业普遍关心的销售经营情况入手，准确地预测销售业务的增长潜力，为企业后续的财务预算做准备；利润管理模型则通过模型的使用找出改变影响企业利润的各种因素，分析影响企业利润的真正原因，为指导企业调整销售计划与销售策略，提高销售与利润管理水平服务。

1. 销售预测模型

销售预测模型主要通过实例来具体分析 Excel 相关预测函数以及相关数据分析工具在销售预测中的应用。销售预测函数包括 FORECAST、TRAND、GROWTH、LINEST、LOGEST、SLOPE、INTERCEPT。在数据分析工具中，通过建立销售 $y=a+bx$ 和销售 $y=a+bx_1+cx_2$ 等一元和多元回归直线方程、移动平均、指数平滑工具等模型来进行销售的预测。

2. 利润管理模型

本章主要介绍利润管理模型中的本量利模型和利润最大化规划模型。本量利模型强调运用本量利的分析方法，通过销售量、成本、利润之间的关系对企业的生产经营活动进行规划和控制。利润最大化规划模型强调运用 Excel 中的规划求解工具，分析在有限的生产资源下如何获取最大收益，讨论各种因素的变动下，本量利的关系如何变动。

9.2 销售预测与利润管理的相关函数与工具运用

9.2.1 相关函数

1. FORECAST 函数

（1）用途。根据已有的数值计算或预测未来值。此预测值为基于给定的 x 值推导出 y 值。已知的数值为已有的 x 值和 y 值，再利用线性回归对新值进行预测。可以使用该函数对未来销售额、库存需求或消费趋势进行预测。

（2）语法。

FORECAST(x, known_y's, known_x's)

（3）参数。

① x，必需，需要进行值预测的数据点。

② known_y's，必需，因变量数组或数据区域。

③ known_x's，必需，自变量数组或数据区域。

（4）说明。

① 如果 x 为非数值型，函数 FORECAST 返回错误值#VALUE!。

② 如果 known_y's 和 known_x's 为空或含有不同个数的数据点，函数 FORECAST 返回错误值#N/A。

③ 如果 known_x's 的方差为零，函数 FORECAST 返回错误值#DIV/0!。

④ 函数 FORECAST 的计算公式为 $a+bx$。式中：

$$a = \bar{y} - b\bar{x} \quad b = \frac{n\sum xy - (\sum x)(\sum y)}{n\sum x^2 - (\sum x)^2}$$

其中，x 和 y 是样本平均值 AVERAGE（known_x's）和 AVERAGE（known_y's）。

2. TREND 函数

（1）用途。返回一条线性回归拟合线的值。即找到适合已知数组 known_y's 和 known_x's 的直线（用最小二乘法），并返回指定数组 new_x's 在直线上对应的 y 值。

（2）语法。

TREND(known_y's, [known_x's], [new_x's], [const])

（3）参数。

① known_y's，必需，关系表达式 $y=mx+b$ 中已知的 y 值集合。如果数组 known_y's 在单独一列中，则 known_x's 的每一列被视为一个独立的变量。如果数组 known_y's 在单独一行中，则 known_x's 的每一行被视为一个独立的变量。

② known_x's，必需，关系表达式 $y=mx+b$ 中已知的可选 x 值集合。数组 known_x's 可以包含一组或多组变量。如果仅使用一个变量，那么只要 known_x's 和 known_y's 具有相同的维数，则它们可以是任何形状的区域。如果用到多个变量，则 known_y's 必须为向量（即必须为一行或一列）。如

果省略 known_x's，则假设该数组为{1,2,3,…}，其大小与 known_y's 相同。

③ new_x's，必需，需要函数 TREND 返回对应 y 值的新 x 值。new_x's 与 known_x's 一样，对每个自变量必须包括单独的一列（或一行）。因此，如果 known_y's 是单列的，known_x's 和 new_x's 应该有同样的列数。如果 known_y's 是单行的，known_x's 和 new_x's 应该有同样的行数。如果省略 new_x's，将假设它和 known_x's 一样。如果 known_x's 和 new_x's 都省略，将假设它们为数组 {1,2,3,…}，大小与 known_y's 相同。

④ const，可选，逻辑值，用于指定是否将常量 b 强制设为 0。如果 const 为 TRUE 或省略，b 将按正常计算。如果 const 为 FALSE，b 将被设为 0（零），m 将被调整以使 y=mx。

（4）说明。

① 有关 Excel 对数据进行直线拟合的详细信息，请参阅 LINEST 函数。

② 可以使用 TREND 函数计算同一变量不同乘方的回归值来拟合多项式曲线。例如，假设 A 列包含 y 值，B 列含有 x 值。可以在 C 列中输入 x^2，在 D 列中输入 x^3，等等，然后根据 A 列，对 B~D 列进行回归计算。

③ 对于返回结果为数组的公式，必须以数组公式的形式输入。

④ 当为参数（如 known_x's）输入数组常量时，应当使用逗号分隔同一行中的数据，用分号分隔不同行中的数据。

3. GROWTH 函数

（1）用途。根据现有的数据预测指数增长值。根据现有的 x 值和 y 值，GROWTH 函数返回一组新的 x 值对应的 y 值。可以使用 GROWTH 工作表函数来拟合满足现有 x 值和 y 值的指数线。

（2）语法。

GROWTH(known_y's, [known_x's], [new_x's], [const])

（3）参数。

① known_y's，必需，满足指数回归拟合曲线 y=b*m^x 的一组已知的 y 值。如果数组 known_y's 在单独一列中，则 known_x's 的每一列被视为一个独立的变量。如果 known_y's 中的任何数为零或为负数，GROWTH 函数将返回错误值#NUM!。

② known_x's，可选，满足指数回归拟合曲线 y=b*m^x 的一组已知的可选 x 值。数组 known_x's 可以包含一组或多组变量。如果仅使用一个变量，那么只要 known_x's 和 known_y's 具有相同的维数，则它们可以是任何形状的区域。如果用到多个变量，则 known_y's 必须为向量（即必须为一行或一列）。如果省略 known_x's，则假设该数组为{1,2,3,…}，其大小与 known_y's 相同。

③ new_x's，可选，需要通过 GROWTH 函数为其返回对应 y 值的一组新 x 值。new_x's 与 known_x's 一样，对每个自变量必须包括单独的一列（或一行）。因此，如果 known_y's 是单列的，known_x's 和 new_x's 应该有同样的列数。如果 known_y's 是单行的，known_x's 和 new_x's 应该有同样的行数。如果省略 new_x's，则假设它和 known_x's 相同。如果 known_x's 与 new_x's 都被省略，则假设它们为数组{1,2,3,…}，其大小与 known_y's 相同。

④ const，可选，逻辑值，用于指定是否将常量 b 强制设为 1。如果 const 为 TRUE 或省略，b 将按正常计算。如果 const 为 FALSE，b 将设为 1，m 值将被调整以满足 y=m^x。

（4）说明。

① 对于返回结果为数组的公式，在选定正确的单元格个数后，必须以数组公式的形式输入。

② 当为参数（如 known_x's）输入数组常量时，应当使用逗号分隔同一行中的数据，用分号分

隔不同行中的数据。

4. LINEST 函数

（1）用途。LINEST 函数可通过使用最小二乘法计算与现有数据最佳拟合的直线来计算某直线的统计值，然后返回描述此直线的数组。也可以将 LINEST 与其他函数结合使用来计算未知参数中其他类型的线性模型的统计值，包括多项式、对数、指数和幂级数。因为此函数返回数值数组，所以必须以数组公式的形式输入。

（2）语法。

LINEST(known_y's, [known_x's], [const], [stats])

（3）参数。

① known_y's，必需，关系表达式 $y=mx+b$ 中已知的 y 值集合。如果 known_y's 对应的单元格区域在单独一列中，则 known_x's 的每一列被视为一个独立的变量。如果 known_y's 对应的单元格区域在单独一行中，则 known_x's 的每一行被视为一个独立的变量。

② known_x's，可选，关系表达式 $y=mx+b$ 中已知的 x 值集合。known_x's 对应的单元格区域可以包含一组或多组变量。如果仅使用一个变量，那么只要 known_y' 和 known_x's 具有相同的维数，则它们可以是任何形状的区域。如果使用多个变量，则 known_y's 必须为向量（即必须为一行或一列）。如果省略 known_x's，则假设该数组为 {1,2,3,…}，其大小与 known_y's 相同。

③ const，可选，一个逻辑值，用于指定是否将常量 b 强制设为 0。如果 const 为 TRUE 或被省略，b 将按通常的方式计算。如果 const 为 FALSE，b 将被设为 0，并同时调整 m 值使得 y=mx。

④ stats，可选，一个逻辑值，用于指定是否返回附加回归统计值。如果 stats 为 TRUE，则 LINEST 函数返回附加回归统计值，这时返回的数组为 {mn,mn$_1$,…,m$_1$,b;sen,sen$_{-1}$,…,se$_1$,seb;r$_2$,sey;F,df;ssreg,ssresid}。如果 stats 为 FALSE 或被省略，LINEST 函数只返回系数 m 和常量 b。

（4）说明。

LINEST 的计算公式为 $y=mx+b$ 或 $y=m_1x_1+m_2x_2+…+b$。式中，因变量 y 值是自变量 x 值的函数。m 值是与每个 x 值相对应的系数，b 为常量。注意，y、x 和 m 可以是向量。LINEST 函数返回的数组为 {mn,mn$_{-1}$,…,m$_1$,b}。LINEST 函数还可返回附加回归统计值。

5. LOGEST 函数

（1）用途。在回归分析中，计算最符合数据的指数回归拟合曲线，并返回描述该曲线的数值数组。因为此函数返回数值数组，所以必须以数组公式的形式输入。

（2）语法。

LOGEST(known_y's, [known_x's], [const], [stats])

（3）参数。

① known_y's，必需，关系表达式 $y=b*m^x$ 中已知的 y 值集合。如果数组 known_y's 在单独一列中，则 known_x's 的每一列被视为一个独立的变量。如果数组 known_y's 在单独一行中，则 known_x's 的每一行被视为一个独立的变量。

② known_x's，可选，关系表达式 $y=b*m^x$ 中已知的 x 值集合。数组 known_x's 可以包含一组或多组变量。如果仅使用一个变量，那么只要 known_x's 和 known_y's 具有相同的维数，则它们可以是任何形状的区域。如果使用多个变量，则 known_y's 必须是向量（即具有一列高度或一行宽度的单元格区域）。如果省略 known_x's，则假设该参数为数组{1,2,3,…}，该数组的大小与 known_y's 相同。

③ const，可选，一个逻辑值，用于指定是否将常量 b 强制设为 1。如果 const 为 TRUE 或省略，

b 将按通常的方式计算。如果 const 为 FALSE，则常量 b 将设为 1，而 m 的值满足公式 $y=m^{\wedge}x$。

④ stats，可选，一个逻辑值，用于指定是否返回附加回归统计值。如果 stats 为 TRUE，函数 LOGEST 将返回附加的回归统计值；如果 stats 为 FALSE 或省略，则函数 LOGEST 只返回系数 m 和常量 b。

（4）说明。LOGEST 的计算公式为 $y=b*m^{\wedge}x$ 或 $y=(b*(m_1^{\wedge}x_1)*(m_2^{\wedge}x_2)*\_)$。如果有多个 x 值，其中因变量 y 值是自变量 x 值的函数。m 值是各指数 x 的底，而 b 值是常量值。注意，y、x 和 m 可以是向量，LOGEST 函数返回的数组为 $\{mn, mn_{-1}, \cdots, m_1, b\}$。

6. SLOPE 函数

（1）用途。SLOPE 函数的功能是返回根据 known_y's 和 known_x's 中的数据点拟合的线性回归直线的斜率。斜率为直线上任意两点的垂直距离与水平距离的比值，也就是回归直线的变化率。

（2）语法。

SLOPE(known_y's,known_x's)

（3）参数。

① known_y's 为数字型因变量数据点数组或单元格区域。

② known_x's 为自变量数据点集合。

（4）说明。

① 参数可以是数字，或者是涉及数字的名称、数组或引用。如果数组或引用包含文本、逻辑值或空白单元格，这些值将被忽略。但包含零值的单元格将计算在内。

② 如果 known_y's 和 known x's 为空或其数据点数目不同，函数 SLOPE 返回错误值#N/A。

7. INTERCEPT 函数

（1）用途。INTERCEPT 函数的功能是利用已知的 x 值与 y 值计算直线与 y 轴的截距。截距为穿过 known_x's 和 known_y's 数据点的线性回归线与 y 轴的交点。

（2）语法。

INTERCEPT (known_y's,known_x's)

（3）参数。式中参数的有关说明与前述的 SLOPE 函数相同。

8. LN 函数

（1）用途。返回一个数的自然对数。自然对数以常数项 e (2.71828182845904)为底。LN 函数是 EXP 函数的反函数。

（2）语法。

LN(number)

（3）参数。Number 必需。想要计算其自然对数的正实数。

9.2.2 工具与方法

前面介绍的几个预测函数都是 Excel 的内置函数，可以直接用来进行财务预测。除此之外，还可以利用 Excel 的数据分析工具库所提供的分析工具解决财务预测问题。Excel 2013 中的"方差分析""相关系数""协方差""指数平滑""直方图""回归分析""移动平均"等分析工具在进行复杂统计或工程分析时可节省不少时间，只需要为每一个分析工具提供必要的数据和参数，就会使用适宜的统计或工程函数，在输出表格中显示相应的结果。当然，由于这些工具库是以插件形式加载的，是 Excel 的一个可选安装模块，在安装 Microsoft Excel 时，如果采用"典型安装"，则数据分析与规划求解工具没有被安装；只有在选择"完全/定制安装"时才可选择安装这个模块，因此，在使用前要先安装。

1. 加载数据分析与规划求解项

（1）打开一个 Excel 工作簿，单击【文件】按钮，如图 9-1 所示。

（2）在左侧单击【选项】命令，如图 9-2 所示。

图 9-1　单击【文件】按钮　　　　　　　　　　图 9-2　单击【选项】命令

（3）弹出【Excel 选项】对话框，切换到【加载项】选项卡，在【管理】下拉列表中选择【Excel 加载项】选项，单击【转到】按钮，如图 9-3 所示。

图 9-3　选择【Excel 加载项】选项并单击【转到】按钮

（4）弹出【加载宏】对话框，勾选【分析工具库】与【规划求解加载项】复选框，再单击【确定】按钮，如图9-4所示。

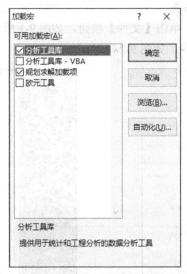

图9-4 选择【分析工具库】与【规划求解加载项】复选框

（5）通过以上操作后，【数据】选项卡中会显示出添加的【数据分析】与【规划求解】功能，如图9-5所示。

图9-5 【数据分析】命令

（6）单击【数据分析】按钮，会弹出工具库内的许多工具，选择性使用即可，如图9-6所示。同理，单击【规划求解】命令，也可以相应地进行规划求解问题的解决。

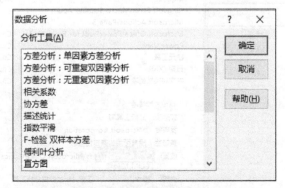

图9-6 【数据分析】对话框

2. 移动平均分析工具

移动平均法是用一组最近的实际数据值来预测未来一期或几期内公司产品的需求量、公司产能等的一种常用方法。移动平均法适用于即期预测。当产品需求既不快速增长也不快速下降，且不存在季节性因素时，移动平均法能有效地消除预测中的随机波动。移动平均法根据预测时使用的各元素的权重不同，可以分为简单移动平均和加权移动平均。

Excel 中的移动平均分析工具可以基于特定的过去几个时期中变量的平均值，设计预测期间的值。移动平均值提供了由所有历史数据的简单平均值所代表的趋势信息。使用此工具可以预测销售量、库存或其他趋势。每个预测值以下列计算公式为基础。

$$F_{(t+1)} = \frac{1}{N} \sum_{j=1}^{N} A_{t-j+1}$$

其中，N 为进行移动平均包含的过去期间的个数；A_j 为期间 j 的实际值；F_j 为期间 j 的预测值。

3. 指数平滑工具

指数平滑法是生产预测中常用的一种方法，也用于中短期经济发展趋势预测，所有预测方法中，指数平滑法是用得最多的一种。简单的全期平均法是对时间数列的过去数据一个不漏地全部加以同等利用；移动平均法不考虑较远期的数据，并在加权移动平均法中给予近期资料更大的权重；而指数平滑法则兼容了全期平均和移动平均所长，不舍弃过去的数据，但是仅给予逐渐减弱的影响程度，即随着数据的远离，赋予逐渐收敛为零的权数。也就是说，指数平滑法是在移动平均法基础上发展起来的一种时间序列分析预测法，它是通过计算指数平滑值，配合一定的时间序列预测模型对现象的未来进行预测。

Excel 中的指数平滑分析工具根据前期预测导出新预测值，并修正前期预测值的误差。此工具使用平滑常数 α，其大小决定了本次预测对前期预测误差的反馈程度。

注意：0.2 到 0.3 之间的值是合理的平滑常数。这些数值表明，由于前期预测值的误差，当期预测应调整到 20%到 30%，较大的常数可产生较快的响应，但将产生不稳定的结果。较小的常数将导致预测值长期的延迟。

指数平滑法的具体应用也将在销售收入模型构建中详细阐述。

4. 回归分析工具

回归分析法是确定两种或两种以上变量间相互依赖的定量关系的一种统计分析方法，其运用非常广泛。回归分析按照涉及的变量的多少，分为一元回归分析和多元回归分析；在线性回归中，按照因变量的多少，可分为简单回归分析和多重回归分析；按照自变量和因变量之间的关系类型，可分为线性回归分析和非线性回归分析。如果在回归分析中，只包括一个自变量和一个因变量，且二者的关系可用一条直线近似表示，这种回归分析称为一元线性回归分析。如果回归分析中包括两个或两个以上的自变量，且自变量之间存在线性相关，则称为多元线性回归分析。

Excel 中的回归分析工具通过对一组观察值使用"最小二乘法"直线拟合来执行线性回归分析。本工具可用来分析单个因变量如何受一个或多个自变量影响的。例如，分析某个运动员的运动成绩与一系列统计因素的关系，如年龄、身高和体重等。根据一组成绩数据，我们可以确定这 3 个因素分别在运动成绩测量中所占的比重；然后使用该结果对尚未测量的运动员成绩做出预测。

回归分析工具的具体应用将在销售收入模型构建中详细阐述。

5. 规划求解工具

【规划求解】是 Excel 加载项程序，可用于模拟分析。使用【规划求解】查找一个单元格（称为目标单元格）中公式的优化（最大或最小）值，受限或受制于工作表上其他公式单元格的值。【规划求解】与一组用于计算目标和约束单元格中公式的单元格（称为决策变量或变量单元格）一起工作。

【规划求解】调整决策变量单元格中的值以满足约束单元格上的限制,并产生对目标单元格期望的结果。简而言之,我们可以使用规划求解以通过更改其他单元格来确定一个单元格的最大值或最小值。例如,可以更改计划的广告预算额,查看对计划收益额的影响。

9.3 销售预测的 Excel 模型

9.3.1 销售预测的业务情境

销售预测主要是指根据市场调查所得到的有关资料,通过对有关因素的分析研究,预计和测算特定产品在未来一定时期内的市场销售量水平及变化趋势,进而预测企业产品未来销售量的过程。企业的一切财务需求都可以看成因销售引起的,销售量的增减变化将引起库存量、现金流量、应收与应付账款及公司其他资产和负债的变化。因此,销售预测在企业预测系统中必处于先导地位,它对于指导利润预测、成本预测和资金预测,进行长短期决策,安排经营计划,组织生产等都起着重要作用。

销售预测的方法很多,按其性质分,有定性预测法和定量预测法两大类。其中,定量预测法又包括调查分析法、趋势分析法、因果分析法等具体方法。

1. 定性预测法

定性预测法是指预测者依靠熟悉业务知识、具有丰富经验和综合分析能力的人员与专家,根据已掌握的历史资料和直观材料,运用个人的经验和分析判断能力,对事物的未来发展做出性质和程度上的判断,然后,再通过一定形式综合各方面的意见,作为预测未来的主要依据。判断分析法是一种常用的定性分析方法,主要是通过一些具有丰富经验的企业经营管理人员、有销售经验的工作人员或有关专家对市场未来变化进行分析,以判断企业在一定时期内某种产品的销售趋势。

2. 调查分析法

这种预测方法是通过对某种商品在市场上的供需情况和消费者的消费取向的调查,来预测本企业产品的销售趋势。调查内容包括对产品的调查、对客户的调查、对经济发展趋势的调查和对同行业的调查。

3. 趋势分析法

趋势分析法是企业根据销售的历史资料,用一定的计算方法预测出未来销售的变化趋势。这种方法适用于产品销售比较稳定、销售变化有规律的企业。趋势分析法是一种由历史数据推测未来的方法。趋势分析法主要有移动平均法、指数平滑法和季节预测法等几种具体的方法。

移动平均法与指数平滑法在 9.2.2 节中已做论述,此处不再赘述。下面只对季节预测法做简单介绍。

季节预测法又称季节周期法、季节指数法、季节变动趋势预测法。它是对包含季节波动的时间序列进行预测的方法。要研究这种预测方法,首先要研究时间序列的变动规律。季节变动是指价格由于自然条件、生产条件和生活习惯等因素的影响,随着季节转变而呈现的周期性变动。这种周期通常为 1 年。季节变动的特点是有规律性的,每年重复出现,其表现为逐年同月(或季)有相同的变化方向和大致相同的变化幅度。

4. 因果分析法

在经济活动中各种因素往往相互联系、相互影响，彼此之间构成一定的对应关系，利用各种因素之间的关系进行预测的方法就是因果分析法。例如，进行销售量（或销售额）预测时，可以首先确定影响产品销售量（或销售额）的各种因素，并找到这些因素与销售量（或销售额）的函数关系，然后利用这种函数关系进行销售预测。

因果分析法往往要建立预测的数学模型，故又称回归预测法。回归预测法通过对一组数据进行分析，建立相应的回归模型，利用模型对所研究的经济对象进行预测和分析，进而为经济决策提供依据。回归预测分为线性回归预测和非线性回归预测两大类，每大类又可分为几个小类。其中，线性回归包括一元线性回归、单个因变量的多元线性回归和多个因变量的多元线性回归；非线性回归包括一元非线性回归、分段（逐步）回归和多元非线性回归。

9.3.2　销售预测函数的应用

【例9-1】　某服装加工厂过去1年12个月的销售量数据如表9-1所示。试利用TREND函数预测未来2个月的销售量。

表 9-1　　　　　　　　　　　　　　　已知条件

月份	销售量（件）
1	3 000
2	3 560
3	3 740
4	4 100
5	4 530
6	4 870
7	5 000
8	5 140
9	5 720
10	6 110
11	6 267
12	6 120

计算分析步骤如下。

（1）按照已知条件构建如图9-7所示的计算分析模型。

（2）选取单元格区域E2:E3，在工具栏中单击【公式】→【插入函数】，找出TREND函数，在TREND函数参数对话框中输入图9-8所示的各项参数。或者在E2:E3编辑栏中直接输入数组公式 "=TREND(B2:B13,A2:A13,D2:D3)" 或 "=TREND(B2:B13,,D2:D3)"，即可得到下一年度1月、2月（即第13、14个月）的销售量预测数。计算结果如图9-8所示。

	A	B	C	D	E
1	月份	销售量（件）		月份	预测销售量（件）
2	1	3 000		13	6786
3	2	3 560		14	7084
4	3	3 740			
5	4	4 100			
6	5	4 530			
7	6	4 870			
8	7	5 000			
9	8	5 140			
10	9	5 720			
11	10	6 110			
12	11	6 267			
13	12	6 120			

图 9-7　通过 TREND 函数预测销售收入

图 9-8　TREND 函数参数对话框

（3）需要说明的是，在输入公式"=TREND(B2:B13,,D2:D4)"时，默认{1;2;3;4;5;6;7;8;9;10;11;12}作为known_x's的参数，故数组{13;14}对应其后的2个月。

【例9-2】　以【例9-1】数据为依据，已知条件如表9-1所示。试利用GROWTH函数预测未来2个月的销售量。

计算分析步骤如下。

（1）按照已知条件构建图9-9所示的计算分析模型。

（2）选取单元格区域E2:E3，在工具栏中单击【公式】→【插入函数】，找出GROWTH函数，在GROWTH函数参数对话框中输入图9-10所示的各项参数。或者在E2:E3编辑栏中直接输入数组公式"=GROWTH(B2:B13,A2:A13,D2:D3)"或"=GROWTH(B2:B13, ,D2:D3)"，即可得到下一年度1、2月（即第13、14个月）的销售量预测数。计算结果如图9-9所示。

	A	B	C	D	E
1	月份	销售量（件）		月份	预测销售量（件）
2	1	3 000		13	7 188
3	2	3 560		14	7 666
4	3	3 740			
5	4	4 100			
6	5	4 530			
7	6	4 870			
8	7	5 000			
9	8	5 140			
10	9	5 720			
11	10	6 110			
12	11	6 267			
13	12	6 120			

图 9-9　通过 GROWTH 函数预测销售收入

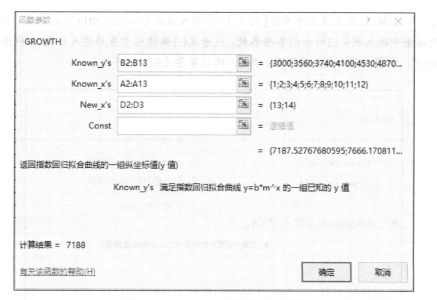

图 9-10　GROWTH 函数参数对话框

（3）需要说明的是，在输入公式"=GROWTH(B2:B13, ,D2:D3)"时，默认{1;2;3;4;5;6;7;8;9;10;11;12}作为known_x's的参数，故数组{13;14}对应其后的2个月。

【例9-3】　某企业过去5个月广告费用与销售量以及第6个月的广告费用如表9-2所示。试利用FORECAST函数预测下1个月的销售量。

表 9-2　　　　　　　　　　已知条件

月份	广告费用（万元）	销售量（万件）
1	180	600
2	210	610
3	310	815
4	375	895
5	401	925
6	425	

计算分析步骤如下。

（1）按照已知条件构建如图9-11所示的计算分析模型。

	A	B	C
1	月份	广告费用（万元）	销售量（万件）
2	1	180	600
3	2	210	610
4	3	310	815
5	4	375	895
6	5	401	925
7	6	425	973.15

图9-11　通过FORECAST函数预测第6个月的销售量

（2）选取单元格C7，在工具栏中单击【公式】→【插入函数】，找出FORECAST函数，在FORECAST函数参数对话框中输入图9-12所示的各项参数。或者在C7编辑栏中直接输入公式"=FORECAST(B7, C2:C6,B2:B6)"。计算结果如图9-11所示，即6月的销售量为973.15万件。

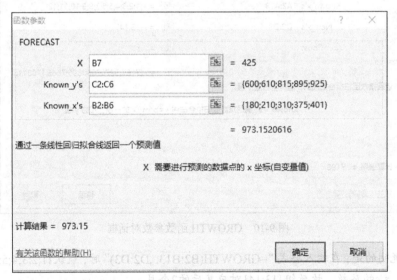

图9-12　FORECAST函数参数对话框

（3）需要说明的是，【FORECAST】函数由于是指通过一条线性回归拟合线返回一个预测值，此例通过前5个月广告费用与销售量之间的线性回归关系，进而通过已知第6个月的广告费用来预测第6个月的销售量。因此，此处的参数"known_y's"为销售量，"known_x's"为广告费用，"X"为第6个月广告费用的值。

【例9-4】以【例9-3】求出的数据为例，根据如图9-11所示的已知条件，运用SLOPE函数和INTERCEPT函数预测第6个月的销售量。

计算分析步骤如下。

（1）按照已知条件构建图9-13所示的计算分析模型。

（2）选取单元格B10，在工具栏中单击【公式】→【插入函数】，找出SLOPE函数，在SLOPE函数参数对话框中输入图9-14所示的各项参数。或者如果对该函数比较熟练，可以直接在B10单元格的编辑栏中输入公式"=SLOPE(C2:C6,B2:B6)"。计算结果如图9-13所示。这里假设销售量为因变量，广告费用为自变量，因此"known_y's"为销售量，"known_x's"为广告费用。

	A	B	C
1	月份	广告费用（万元）	销售量（万件）
2	1	180	600
3	2	210	610
4	3	310	815
5	4	375	895
6	5	401	925
7	6	425	973.15
8	（利用FORECAST函数预测的结果）		
9	y=b+mx		
10	m=	1.57	
11	b=	304.70	
12	6月销售成本	973.15	

图 9-13 通过 SLOPE 和 INTERCEPT 函数预测第 6 个月的销售成本

图 9-14 SLOPE 函数参数对话框

（3）选取单元格区域B11，在工具栏中单击【公式】→【插入函数】，找出INTERCEPT函数，在INTERCEPT函数参数对话框中输入图9-15所示的各项参数。或者如果对该函数比较熟练，可以直接在B11单元格的编辑栏中输入公式"=INTERCEPT(C2:C6,B2:B6)"。计算结果如图9-13所示。同理，这里销售量为因变量，广告费用为自变量，因此参数"known_y's"为销售量，"known_x's"为自变量。

（4）通过步骤（2）与（3），我们得出销售量关于广告费用之间的函数关系式为"y=304.7+1.57x"，因此，选取单元格B12，输入公式"=B11+B10*B7"，得到预测结果为973.15万元。如图9-13所示，这与利用FORECAST函数进行预测的结果是相同的。

图 9-15　INTERCEPT 函数参数对话框

9.3.3　销售收入预测中数据分析工具的应用

1. 移动平均工具的应用

【例9-5】　某企业2017年12个月的销售量如表9-3所示。要求利用移动平均工具分别按3期、5期和7期移动平均预测下个月的销售额。

表9-3　　　　　　　　　　　　　已知条件

月份	销售量（件）
1	1 000
2	1 031
3	980
4	1 022
5	1 109
6	998
7	1 020
8	1 210
9	1 150
10	1 300
11	1 321
12	1 409

计算分析步骤如下。

（1）按照已知条件构建图9-16所示的计算分析模型。

（2）在工具栏中单击【数据】→【数据分析】命令，弹出【数据分析】对话框，在该对话框的【分析工具】列表框中单击【移动平均】选项，如图9-17所示。

	A	B	C	D	E
1	已知数据		移动平均结果		
2	月份	（件）	$n=3$	$n=5$	$n=7$
3	1	1 000			
4	2	1 031			
5	3	980	1 004		
6	4	1 022	1 011		
7	5	1 109	1 037	1 028	
8	6	998	1 043	1 028	
9	7	1 020	1 042	1 026	1 023
10	8	1 210	1 076	1 072	1 053
11	9	1 150	1 127	1 097	1 070
12	10	1 300	1 220	1 136	1 116
13	11	1 321	1 257	1 200	1 158
14	12	1 409	1 343	1 278	1 201

图 9-16   用移动平均法预测销售额

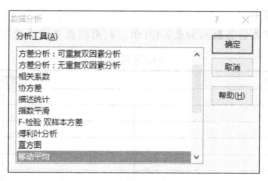

图 9-17 【数据分析】对话框

（3）单击【确定】按钮，弹出【移动平均】对话框，在该对话框的【输入区域】中输入"SB$3：SB$14"，在【间隔】框中输入"3"，在【输出区域】框中输入"$C$3"，单击【图表输出】复选框，如图9-18所示。

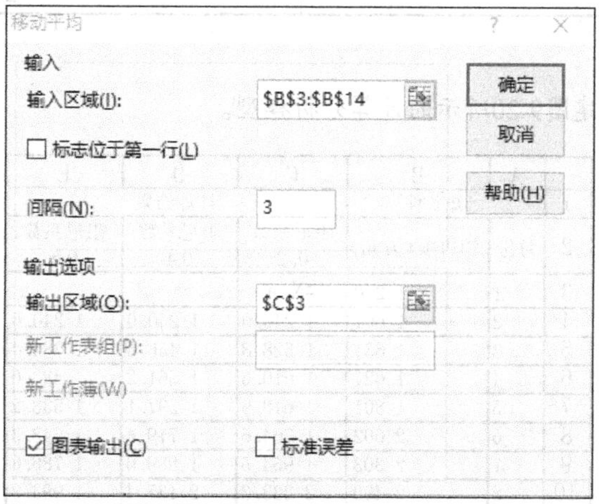

图 9-18 【移动平均】对话框

（4）单击【确定】按钮，则运算结果显示在单元格区域C5:C14中，如图9-16所示（此处，我们将计算结果小数点位数都设置为0），并自动输出图表，如图9-19所示。

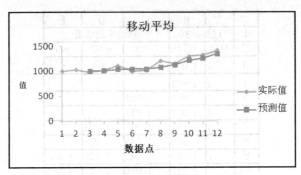

图 9-19　移动期数为 3 时的输出图表

按照同样的方法可以计算当移动期数分别为5和7时的结果，如图9-16所示。

由此可见，按照3期、5期、7期移动平均的方法所预测的下个月的销售量分别为1 343件、1 278件和1 201件（图9-16中第14行的数据作为下个月即第13个月的预测值）。

2．指数平滑工具的应用

【例9-6】　某企业的有关销售数据如表9-4所示，利用指数平滑法进行预测分析。

表 9-4　　　　　　　　　　　　　　已知条件

月份	销售额（万元）
1	1 240
2	1 601
3	1 631
4	1 621
5	1 801
6	2 002
7	2 303
8	2 490
9	2 265
10	1 781
11	2 058
12	2 264

计算分析步骤如下。

（1）按照已知条件构建图9-20所示的计算分析模型。

	A	B	C	D	E
1		已知条件		计算结果	
2	月份	销售额（万元）	阻尼系数 0.2	阻尼系数 0.4	阻尼系数 0.6
3	1	1 240	#N/A		
4	2	1 601	1 240.0	1 240.0	1 240.0
5	3	1 631	1 528.8	1 456.6	1 384.4
6	4	1 621	1 610.6	1 561.2	1 483.0
7	5	1 801	1 618.9	1 597.1	1 538.2
8	6	2 002	1 764.6	1 719.4	1 643.3
9	7	2 303	1 954.5	1 889.0	1 786.8
10	8	2 490	2 233.3	2 137.4	1 993.3
11	9	2 265	2 438.7	2 349.0	2 192.0
12	10	1 781	2 299.7	2 298.6	2 221.2
13	11	2 058	1 884.7	1 988.0	2 045.1
14	12	2 264	2 023.3	2 030.0	2 050.3

图 9-20　指数平滑法预测

（2）在工具栏中单击【数据】→【数据分析】命令，弹出【数据分析】对话框，在该对话框的【分析工具】列表框中单击【指数平滑】选项，如图9-21所示。

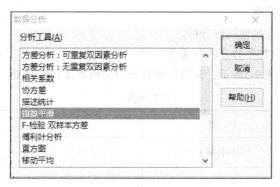

图 9-21 【数据分析】对话框

（3）单击【确定】按钮，弹出【指数平滑】对话框，在该对话框的【输入区域】框中输入"$B$3：$B$14"，在【阻尼系数】框中输入"0.2"，在【输出区域】框中输入"$C$3"，再选中【图表输出】复选框，如图9-22所示。需要注意的是，在【指数平滑】对话框中直接输入的是阻尼系数而不是在9.2.2节中介绍的平滑系数α，二者之间的关系为：阻尼系数=1-α。

图 9-22 【指数平滑】对话框

（4）单击【确定】按钮，运算结果就显示在单元格区域C4:C14中（此处，我们将计算结果小数点位数统一设置置为1位），并自动显示出图9-23所示的图表。按同样的方法可以计算当阻尼系数为0.4和0.6时的预测值，计算结果如图9-20所示，其中，第14行的预测数据即为第13个月的预测值。

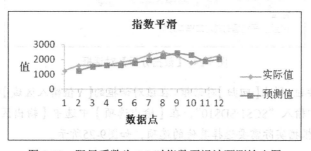

图 9-23 阻尼系数为 0.2 时指数平滑法预测输出图

3. 回归分析工具的应用

利用 Excel 的回归工具可以对一元线性或多元线性以及某些可以转化为线性的非线性问题进行回归分析，从而进行财务预测。

（1）利用回归工具进行线性回归分析。

【例9-7】 某企业连续10年的产品销售量Y（件）与该广告投入X_1（万元）和相关替代品的价格X_2（元/件）的有关数据如表9-5所示，试通过进行回归分析建立预测模型。

表9-5　　　　　　　　　　　　　　已知条件

	A	B	C	D
1	年份	产品销售量 Y（件）	广告支出 X_1（万元）	相关替代品价格 X_2（元/件）
2	2009	3 000	9	28
3	2010	3 600	13	32
4	2011	4 000	16	40
5	2012	4 400	20	47
6	2013	3 900	15	38
7	2014	4 700	23	49
8	2015	5 200	28	50
9	2016	5 900	36	56
10	2017	6 400	42	70

计算分析步骤如下。

① 单击【数据】菜单中的【数据分析】命令，在该话框的【分析工具】框中单击【回归】选项，如图9-24所示。

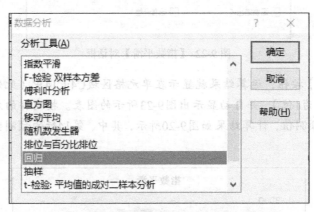

图9-24 【数据分析】对话框

② 单击【确定】按钮，弹出【回归】对话框。在该对话框的【Y值输入区域】中输入"$B$1:$B$10"，在【X值输入区域】中输入"$C$1:$D$10"，在【输出选项】中选中【输出区域】，并在右边的编辑框中输入"$A$12"，根据实际需要选择其他的选项，如图9-25所示。

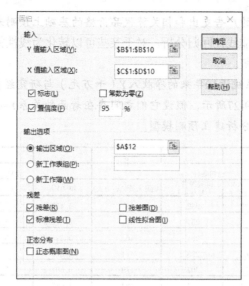

图 9-25　【回归】对话框

③ 单击【确定】按钮，则回归分析的摘要就输出在当前工作表上，如图9-26所示。

	A	B	C	D	E	F	G	H	I
12	SUMMARY OUTPUT								
13									
14		回归统计							
15	Multiple R	0.995 788 886							
16	R Square	0.991 595 505							
17	Adjusted R Square	0.988 794 006							
18	标准误差	116.8 045 267							
19	观测值	9							
20									
21	方差分析								
22		df	SS	MS		F	Significance F		
23	回归分析	2	9 658 140.215	4 829 070.108		353.952	5.936 56E-07		
24	残差	6	81 859.784 68	13 643.297 45					
25	总计	8	9 740 000						
26									
27		Coefficients	标准误差	t Stat	P-value	Lower 95%	Upper 95%	下限 95.0%	上限 95.0%
28	Intercept	2 059.173 691	285.541 788 5	7.211 461 766	0.000 36	1 360.478 104	2 757.869 277	1 360.478 104	2 757.869 277
29	广告支出X1（万元）	84.532 743 93	15.644 262 85	5.403 434 137	0.001 66	46.252 611 76	122.812 876 1	46.252 611 76	122.812 876 1
30	相关替代品价格X2（元）	13.394 689 05	13.411 186 24	0.998 769 893	0.356 47	-19.421 301 51	46.210 679 61	-19.421 301 5	46.210 679 61
31									
32									
33									
34	RESIDUAL OUTPUT								
35									
36	观测值	预测 产品销售量 Y（件）	残差	标准残差					
37	1	3 195.02	-195.02	-1.93					
38	2	3 586.73	13.27	0.13					
39	3	3 947.49	52.51	0.52					
40	4	4 379.38	20.62	0.20					
41	5	3 836.16	63.84	0.63					
42	6	4 659.77	40.23	0.40					
43	7	5 095.82	104.18	1.03					
44	8	5 852.46	47.54	0.47					
45	9	6 547.18	-147.18	-1.45					

图 9-26　回归分析的输出结果

从图9-26中的数据可以看出，R平方值为0.991 6，并且在95%置信度水平下F统计量的值大于检验标准，说明因变量与自变量之间相关性很高，从而得到回归方程为$Y=2\,059.17+84.53X_1+13.39X_2$，利用该方程即可在预计未来的广告支出和相关替代品价格的基础上预测未来的销售额。

（2）利用回归工具进行非线性回归分析。对于某些可以转化为线性关系的非线性问题，同样可以利用回归工具进行回归分析。

【例9-8】 某地区科研系统近10年来的净收入Y（千万元）与研究经费X_1（千万元）和研究人数X_2（万人）的统计资料如图9-27所示，假设它们之间存在着函数关系$Y=a \cdot X_1^b \cdot X_2^c$，式中，$a$、$b$、$c$为待估计参数。试通过回归分析建立预测模型。

	A	B	C	D	E	F	G
		已知条件			计算结果		
1							
2	年份	净收入Y（千万元）	研究经费X_1（千万元）	研究人员数X_2（万人）	ln（Y）	ln（X_1）	ln（X_2）
3	2008	235	252	154	5.459 6	5.529 4	5.037 0
4	2009	238	257	164	5.472 3	5.549 1	5.099 9
5	2010	256	291	162	5.545 2	5.673 3	5.087 6
6	2011	264	298	171	5.575 9	5.697 1	5.141 7
7	2012	271	307	179	5.602 1	5.726 8	5.187 4
8	2013	274	314	182	5.613 1	5.749 4	5.204 0
9	2014	289	319	191	5.666 4	5.765 5	5.252 3
10	2015	302	331	196	5.710 4	5.802 1	5.278 1
11	2016	314	338	201	5.749 4	5.823 0	5.303 3
12	2017	326	349	212	5.786 9	5.855 1	5.356 6

图9-27 某地区科研系统的有关资料

若利用回归工具求解此类非线性问题，解决办法是将预测模型进行数学变换，即对方程两边取对数，得$\ln（Y）=\ln（a）+b \cdot \ln（X_1）+c \cdot \ln（X_2）$，对各观测值进行变换。具体计算分析步骤如下。

（1）在单元格E3:E12中输入公式"=LN(B3:B12)"（数组公式输入），然后将区域E3:E12中的公式复制到单元格区域F3:F12和G3:G12中，得到对各观测值进行数学变换的结果。

（2）对变换后的数据利用Excel的回归工具进行回归分析，具体步骤可参阅【例9-7】的有关说明，其中，在【回归】对话框的【Y值输入区域】中输入"$E$2:$E$12"，在【X值输入区域】输入"$F$2:$G$12"，在【输出选项】中选中【输出区域】，并在其右边的编辑框中输入"$A$14"，具体如图9-28所示。

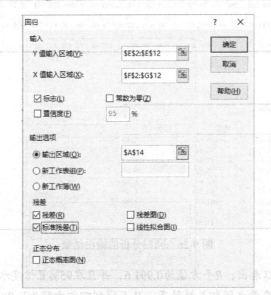

图9-28 【回归】对话框

（3）单击【确定】按钮，则回归分析的摘要输出在当前工作表上，如图9-29所示。

	A	B	C	D	E	F	G	H	I
14	SUMMARY OUTPUT								
15									
16	回归统计								
17	Multiple R	0.990 352 232							
18	R Square	0.980 797 543							
19	Adjusted R Square	0.975 311 127							
20	标准误差	0.017 399 256							
21	观测值	10							
22									
23	方差分析								
24		df	SS	MS	F	ignificance F			
25	回归分析	2	0.108 238 548	0.054 119 274	178.768 347	9.811 8E-07			
26	残差	7	0.002 119 139	0.000 302 734					
27	总计	9	0.110 357 687						
28									
29		Coefficients	标准误差	t Stat	P-value	Lower 95%	Upper 95%	下限 95.0%	上限 95.0%
30	Intercept	-0.082 136 24	0.304 932 952	-0.269 358 35	0.795 421 01	-0.803 188 09	0.638 915 6	-0.803 188	0.638 915 617
31	ln(X1)	0.447 719 165	0.153 637 546	2.914 125 978	0.022 527 71	0.084 424 097	0.811 014 2	0.084 424 1	0.811 014 233
32	ln(X2)	0.604 576 077	0.161 495 686	3.743 605 12	0.007 228 5	0.222 699 461	0.986 452 7	0.222 699 5	0.986 452 692
33									
34									
35									
36	RESIDUAL OUTPUT								
37									
38	观测值	预测 ln(Y)	残差	标准残差					
39	1	5.438 716 18	0.020 869 334	1.360 035 201					
40	2	5.485 548 711	-0.013 278 04	-0.865 317 456					
41	3	5.533 758 352	0.011 419 093	0.744 171 729					
42	4	5.577 088 483	-0.001 139 38	-0.074 252 33					
43	5	5.618 052 614	-0.015 933 79	-1.038 390 581					
44	6	5.638 195 136	-0.025 067 03	-1.633 595 195					
45	7	5.674 449 173	-0.008 022 48	-0.522 817 933					
46	8	5.706 605 211	0.003 821 807	0.249 063 6					
47	9	5.731 204 285	0.018 188 701	1.185 340 869					
48	10	5.777 755 59	0.009 141 791	0.595 762 096					

图 9-29　回归分析结果

由图9-29所示的数据可以看出，$\ln(a)=-0.082\ 14$，所以$a=e^{0.082\ 14}=0.921\ 1$，$b=0.447\ 7$，$c=0.604\ 6$，相关系数为0.980 8（注意，此相关系数是变换后的线性方程的相关系数，并不是原非线性方程的相关系数）。因此，通过回归分布分析所得预测模型$Y=0.921\ 1 \cdot X_1^{0.447\ 7} \cdot X_2^{0.604\ 6}$。

9.4

利润管理的 Excel 模型

9.4.1　利润管理的业务情境

在销售预测的基础上，由于收入和费用与销售量之间存在一定的函数关系，因此，可以根据销售数据估计收入和费用，并确定净利润。而对企业利润的管理是通过对企业未来一段期间内应达到的最优化利润即目标利润进行科学预测、控制、规划，掌握其影响因素及变化规律，为管理者提供决策信息的活动。企业进行利润管理的主要方法是本量利分析，它强调通过业务量、成本、利润之间的关系对企业生产经营活动进行规划和控制。为了实行目标利润管理，一般进行两方面的分析：

一是各因素变动分析，研究利润不为零的一般经营状况的有关问题；二是盈亏临界点分析，主要研究利润为零的一般经营状况的有关问题。

本量利的基本方程式如下。

利润=销售收入-总成本

=销售收入-变动成本-固定成本

=边际贡献-固定成本

=（售价-单位变动成本）×销售量-固定成本

=单位边际贡献×销售量-固定成本

=边际贡献率×销售收入-固定成本

在这个公式中，有5个相互联系的变量，给定其中的4个，便可以求出另1个变量的值。本量利分析法在财务管理中应用非常广泛，可以用于盈亏临界点分析、单位因素变动对利润影响的分析、多因素变动对目标利润影响的分析等。

本量利分析模型对于顺利实现财务管理的目标，进而提高利润水平具有深远的意义。但是，由于传统的本量利分析方法存在着明显的缺陷：一是产销平衡的假设是不成立的，实际生产中，除非企业接到一批确定的订单，并按订单核算企业是否有利润可赚，按订单安排生产，否则产销不平衡；二是以各产品预计销售量来确定产品结构，然而，销售量是企业根据市场来预测的，它具有很大的不确定性，由此来确定产品结构也是不尽合理的；三是没有考虑企业自身条件的限制。实际上，企业的产品结构会受企业本身各种限制条件的影响。因此，对盈亏平衡分析，尤其是涉及多品种的盈亏平衡分析，其分析的正确方法应是考虑各种约束条件，采用规划方法来解决企业的保本平衡、保利平衡和最优经营决策问题。根据分析目的的不同，我们可以建立利润最大化模型、保利模型、保本模型和成本控制模型。本章中，我们仅对利润最大化模型进行构建。

9.4.2 利润管理——本量利分析模型的设计

企业利润管理的目的是在有限的生产资源下获取最大收益，因此目标利润常常讨论在各种因素变动的情况下，本量利关系有何变动。下面，我们举例来说明本量利模型的构建。

【例9-9】 XSH公司主营X产品，该产品的单价、单位变动成本、销售量和固定成本如表9-6所示。

要求：（1）建立该产品多因素变动对其利润的影响。

（2）假设企业下达的目标利润为5 000万元，分析财务管理人员应如何增加销售量、提高单价、减少单位变动成本、减少固定成本才能实现目标利润。

表9-6 　　　　　　　　　　　　已知条件

因素	原值
销售量（万件）	1 000
单位售价（元/件）	15
单位变动成本（元/件）	10
固定成本总额（万元）	2 000

1. 建立多因素变动区，分析其对利润的综合影响

（1）根据题目已知条件，构建XSH公司利润管理模型的基本数据区、各因素变动区以及多因素变动对利润的综合影响，如图9-30所示。

	A	B	C	D	E	F
1	XSH公司本量利分析模型					
2	基本数据		各因素变动区			
3	项目	数值	变化后数值	变动百分比	变化百分比选择滚动条	
4	销售量（万件）	1 000	1 100.00	10.00%		
5	产品单价（元/件）	15	14.25	−5.00%		
6	单位变动成本(元/件)	10	11.50	15.00%		
7	固定成本（万元）	2 000	2 100.00	5.00%		
8	多因素变动对利润的综合影响（万元）					
9	预计利润	变动后利润	利润变动额	变动幅度		
10	3 000.00	925.00	−2 075.00	−69.17%		
11	目标利润分析（单变量求解分析法）					
12	保本点	销售量（万件）	产品单价（元/件）	单位变动成本（元/件）	固定成本（万元）	增减变动百分比
13	销售量（万件）	1 400	1 000	1 000	1 000	40.0%
14	产品单价（元/件）	15	17	15	15	13.3%
15	单位变动成本(元/件)	10	10	8	10	−20.0%
16	固定成本（万元）	2 000	2 000	2 000	0	−100.0%
17	利润（万元）	5 000	5 000	5 000	5 000	66.7%

图 9-30　XSH 公司本量利分析模型

（2）设计销售量的滚动条控件。具体方法是，在【开发工具】选项卡下单击【插入】，在下拉菜单中选择【窗体控件】→【滚动条（窗体控件）】，如图9-31所示。(【开发工具】选项卡的添加参见第1章）。在工作表的合适位置（这里为E4～F4单元格）拖曳出一个矩形的滚动条窗体控件，并调整其大小。

（3）将鼠标指针移到新建立的滚动条控件上并单击右键，在系统弹出的快捷菜单中选择【设置控件格式】命令，弹出【设置控件格式】对话框，单击打开该对话框的【控制】选项卡，在【当前值】栏中输入"45"，在【最小值】栏中输入"0"，在【最大值】栏中输入"100"，在【步长】栏中输入"1"，在【页步长】栏中输入"5"，在【单元格链接】栏中输入"E4"，如图9-32所示。

图 9-31　插入【滚动条（窗体控件）】

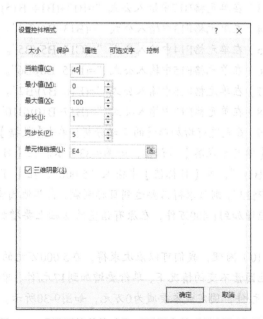

图 9-32　【设置控件格式】对话框中的【控制】选项卡

（4）单击【确定】按钮，就建立了销售量的滚动条控件。这里的假设条件是利润的各影响因素的变动百分比范围为±50%。

（5）按照同样的方法建立并设置其他项目的滚动条控件。其中，单价、单位变动成本和固定成本的滚动条控件的【单元格链接】分别为单元格E5、E6和E7。

（6）在单元格区域D4:D7中建立变动百分比与滚动条控件的联系，即选取单元格D4:D7，并输入公式"=E4:E7/100-50%"（数组公式输入）。本例中因为假定各因素的变动范围为-50%~+50%，而滚动条控制按钮的值的变化范围为0~100，为了使滚动条控制按钮的变化表示为百分数的变化，这里将控制按钮的值除以100后再减去50%，则每次单击滚动条两端的箭头，单元格D4:D7中的变动百分比就变化1%，而当滚动条在中间位置时，变动百分比恰好为0。当单击滚动框与滚动条两端之间的位置时，每单击一次，变动百分比就增加（或减少）5%。

（7）选取单元格C4:C7并输入变化后各项目数值的计算公式"=B4:B7*(1+D4:D7)"（数组公式输入）。

（8）在单元格A10中输入预计利润的计算公式"=B4*(B5-B6)-B7"，并将公式复制到单元格B10中，在单元格C10中输入公式"=B10-A10"，在单元格D10中输入公式"=C10/A10"。这样，就得到了多因素变动对利润的综合影响的计算公式。

因此，我们单击各个影响因素滚动条的箭头，改变其变动程度，就可以很方便地了解多个因素变动对利润的影响程度。例如，如图9-30所示，当销售量增加10%，单价降低5%，单位变动成本增加15%，固定成本增加5%，则利润变为925万元，利润的减少幅度为69.17%。

2. 目标利润的分析

（1）根据题目已知条件，构建XSH公司目标利润分析模型，在该模型中，我们设定在其他因素不变的情况下，销售量、单价、单位可变变动成本、固定成本等因素依次变动何种幅度，才能使得目标利润达到5 000万元，并将该可变因素用亮色突出显示，如图9-30所示。

（2）当销售量为可变因素时，将单价、单位变动成本、固定成本等原值分别填入单元格区域B14~B16中，同理，当单价、单位变动成本、固定成本顺次为可变因素时，也将原值分别填入相应单元格。

（3）在单元格B17中输入公式"=B13*(B14-B15)-B16"，并将公式复制到C17:E17。

（4）在单元格F13中输入公式"=(B13-B4)/B4"。

（5）在单元格F14中输入公式"=(C14-B5)/B5"。

（6）在单元格F15中输入公式"=(D15-B6)/B6"。

（7）在单元格F16中输入公式"=(E16-B7)/B7"。

（8）在单元格F17中输入公式"=(B17-B10)/B10"。

（9）首先进行增加销量的变动分析。单击【数据】选项卡下的【模拟分析】，选择【单变量求解】，弹出【单变量求解】对话框，如图9-33所示。在【目标单元格】中输入"$B$17"，在【目标值】中输入"5 000"，在【可变单元格】中输入"$B$13"，则可求得若要达到目标利润，在其他因素不变的情况下，销量应增加到1 400万件，在原有销量的基础上要增加40%，如图9-31所示。

（10）同理，我们可以依次求得，在5 000万元的目标利润下，假定其他因素不变的情况下，单价要增加到17元/件，单位变动成本要减少为8元/件，固定成本要减为0万元，如图9-30所示。

图9-33 【单变量求解】对话框

9.4.3　利润最大化规划分析模型的设计

本节，我们以利润最大化模型为例来谈谈利用 Excel 进行规划求解，以解决企业的最优经营决策问题。

【例9-10】 某企业生产甲、乙两种产品以及资源的现值条件的有关资料如表9-7所示。问：企业应该如何安排甲、乙两种产品的产销量才能获得最大的销售利润？

表 9-7　　　　　　　　　　　　　　　　有关资料

产品名称	甲产品	乙产品		
产品价格（元）	200	180	每月工时总数（小时）	400
单位变动成本（元/件）	120	100	每月材料总量（千克）	300
单位产品消耗工时（小时）	6	8	每月固定总成本（元）	1 500
单位产品消耗材料（千克）	6	4		
产品每月最大销售量（件）	40	30		

利用规划求解工具求解该问题的步骤如下。

（1）建立优化模型（设 x 与 y 分别表示甲产品与乙产品的产销量），则

目标函数：$\max\{销售利润\}=(200-120)x+(180-100)y$

约束条件：$6x+8y\leqslant400$

$6x+4y\leqslant300$

$x\leqslant40$

$y\leqslant30$

$x\geqslant0$，$y\geqslant0$，且为整数

（2）设计计算表格结构，将单元格B11和C11设为可变单元格，分别存放甲、乙产品的生产量，将单元格B12作为目标单元格，并在其中输入每月利润的计算公式"=SUMPRODUCT(B4:C4-B5:C5, B11:C11)-E5"，如图9-34所示。

	A	B	C	D	E
1			利润最大化规划模型		
2			已知数据		
3	产品名称	甲产品	乙产品	每月工时总数（小时）	400
4	产品价格（元）	200	180	每月材料总量（千克）	300
5	单位变动成本（元/件）	120	100	每月固定总成本（元）	1 500
6	单位产品消耗工时（小时）	6	8		
7	单位产品消耗材料（千克）	6	4		
8	产品每月最大销售量（件）	40	30		
9					
10			规划求解过程		
11	产品生产量计算结果（件）	18	28	←可变单元格	
12	得到最大销售利润（元）	2 180		←目标单元格	
13					
14	产品消耗工时合计（小时）	332			
15	产品消耗材料合计（千克）	220			

图 9-34　设计表格并输入目标函数

（3）在单元格B14中输入两种产品每月消耗总工时的计算公式"=SUMPRODUCT(B6:C6,B11:C11)"；在单元格B15中输入两种产品每月消耗材料总量的计算公式"=SUMPRODUCT(B7:C7,B11:C11)"。

（4）在【数据】菜单中单击【规划求解】命令，弹出【规划求解参数】对话框，在该对话框的【设置目标单元格】栏中输入"$B$12"，在【等于】区域中选择"最大值"，在【可变单元格】栏中输入"$B$11:$C$11"，如图9-35所示。

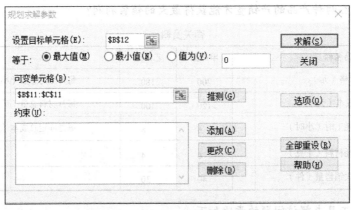

图9-35 【规划求解参数】对话框

（5）单击【添加】按钮，弹出【添加约束】对话框，首先添加第一个约束条"$B$11:$C$11=整数"，有关参数的设置如图9-36所示。

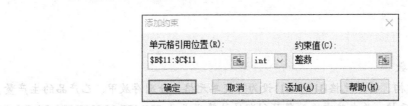

图9-36 【添加约束】对话框

（6）单击【添加】按钮，系统又会弹出空白的【添加约束】对话框，再输入第二个约束条件"$B$11:$C$11>=0"，有关参数的设置如图9-37所示。

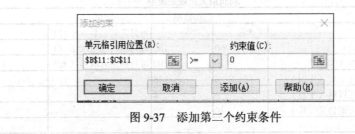

图9-37 添加第二个约束条件

（7）按照同样的方式添加完所有的约束条件后，关闭【添加约束】对话框，则系统显示出输入完成的【规划求解参数】对话框，如图9-38所示。

（8）如果发现输入的约束条件有错误，还可以对其进行修改。方法是：选取要修改的约束条件，如选取"x, y需为整数"的约束条件，单击【更改】按钮，弹出【改变约束】对话框，如图9-39所示，在其中进行相应的修改即可。

图 9-38　输入完成的【规划求解参数】对话框

图 9-39　【改变约束】对话框

（9）单击【确定】按钮，系统重新返回图9-38所示的【规划求解参数】对话框。如果需要对运算的时间、迭代次数等有关项目进行设置，可以单击【选项】按钮，对其中的有关项目进行设置即可，如图9-40所示。

（10）单击【确定】按钮，系统重新返回到图9-38所示的【规划求解参数】对话框。在建立好所有的规划求解参数后，单击【规划求解参数】对话框中的【求解】按钮，系统将显示【规划求解结果】对话框，如图9-41所示。

（11）单击【确定】按钮，则规划求解的结果显示在工作表上，即甲生产34件，乙生产24件，此时可以得到最大利润3 140元，如图9-42所示。

（12）当然，我们可以进一步让系统输出运算报告，以有助于管理者进行决策分析。方法是：在【规划求解结果】对话框中，单击【运算结果报告】选项，如图9-41所示，单击【确定】按钮，则该方案的运算分析报告就建立在新工作簿中了，如图9-43所示。

图 9-40 规划求解中【选项】对话框

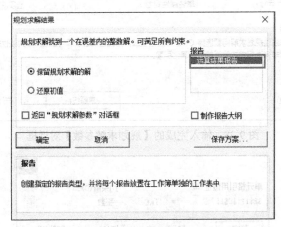

图 9-41 规划求解的结果

	A	B	C	D	E
1	利润最大化规划模型				
2	已知数据				
3	产品名称	甲产品	乙产品	每月工时总数（小时）	400
4	产品价格（元）	200	180	每月材料总量（千克）	300
5	单位变动成本（元/件）	120	100	每月固定总成本	1 500
6	单位产品消耗工时（小时）	6	8		
7	单位产品消耗材料（千克）	6	4		
8	产品每月最大销售量（件）	40	30		
9					
10	规划求解过程				
11	产品生产量计算结果（件）	34	24	←可变单元格	
12	得到最大销售利润（元）	3 140		←目标单元格	
13					
14	产品消耗工时合计（小时）	396			
15	产品消耗材料合计（千克）	300			

图 9-42 规划求解的结果

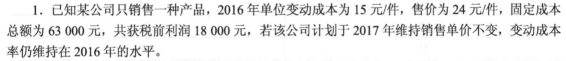

Microsoft Excel 15.0 运算结果报告
工作表：[第9章 销售预测与利润规划的Excel建模.xlsx]9-10
报告的建立：2017/5/7 13:00:44
结果：规划求解找到一个在误差内的整数解，可满足所有约束。
规划求解引擎

    引擎：单纯线性规划
    求解时间：.031 秒。
    迭代次数：1 子问题：2

规划求解选项

    最大时间 无限制， 迭代 无限制，Precision 0.000 001
    最大子问题数目 无限制，最大整数解数目 无限制，整数允许误差 1%，假设为非负数

目标单元格（最大值）

单元格	名称		初值	终值
$B$12	得到最大销售利润（元）	甲产品	3 140	3 140

可变单元格

单元格	名称		初值	终值	整数
$B$11	产品生产量计算结果（件）	甲产品	34	34	整数
$C$11	产品生产量计算结果（件）	乙产品	24	24	整数

约束

单元格	名称		单元格值	公式	状态	型数值
$B$14	产品消耗工时合计（小时）	甲产品	396	$B$14<=$E$3	未到限制值	4
$B$15	产品消耗材料合计（千克）	甲产品	300	$B$15<=$E$4	到达限制值	0
$B$11	产品生产量计算结果（件）	甲产品	34	$B$11<=$B$8	未到限制值	6
$B$11	产品生产量计算结果（件）	甲产品	34	$B$11>=0	到达限制值	0
$C$11	产品生产量计算结果（件）	乙产品	24	$C$11>=0	未到限制值	24
$C$11	产品生产量计算结果（件）	乙产品	24	$C$11<=$C$8	未到限制值	6
$B$11:$C$11=整数						

图 9-43　运算分析结果报告

实践练习题

1．已知某公司只销售一种产品，2016 年单位变动成本为 15 元/件，售价为 24 元/件，固定成本总额为 63 000 元，共获税前利润 18 000 元，若该公司计划于 2017 年维持销售单价不变，变动成本率仍维持在 2016 年的水平。

要求：（1）预测 2017 年的保本销售量。

（2）若 2017 年的计划销售量比 2016 年提高 8%，则可获得多少税前利润？

2．已知 2016 年 1～12 月的营业收入如下表所示，试预测 2017 年 1～4 月的营业收入。

月份	销售收入（万元）
1	1 300
2	1 356
3	1 374
4	1 410
5	1 453
6	1 487
7	1 501
8	2 534
9	2 572
10	2 621
11	2 650
12	2 670

3. 已知 XSH 公司 2017 年 1～5 月广告投入与销售收入之间的关系如下表所示，试用两种方法预测 2017 年 6 月的销售收入。

月份	广告投入（万元）	销售收入（万元）
1	20	26
2	28	27
3	31	29
4	38	35
5	40	40
6	30	

4. 已知 XSH 公司 2016 年 1～12 月广告投入与销售收入之间的关系如下表所示，试用移动平均法预测 2017 年 1 月的销售收入，分别设 $n=4$，$n=6$，$n=8$。

月份	销售额（万元）
1	100
2	103
3	98
4	104
5	120
6	117
7	115
8	121
9	125
10	130
11	134
12	140

5. 已知 XSH 公司 2016 年 1～6 月销售量与销售成本之间的关系如下表所示，试用因子分析法求出两者的关系式。

月份	销售量（件）	销售成本（万元）
1	20	6
2	28	7
3	31	9
4	38	15
5	40	21
6	30	10.61

6. 某公司生产、销售冰箱和洗衣机两种产品，它们的生产与销售数据如下表所示。

项目	冰箱	洗衣机
单价（元）	4 200	2 360
单位可变成本（元/件）	1 500	800
固定成本（元）	300 000	210 000
所需单位（机器小时/件）	80	45
所需单位（人工小时/件）	85	50

该公司在机器与人工两种资源上的每月生产能力分别为 128 200 机器小时和 85 000 人工小时，假定所有产品只要生产出来都能按照预定价格销售出去。

要求：在限定的生产条件下，分别确定使公司利润达到极大时，对两种产品销售量的安排。

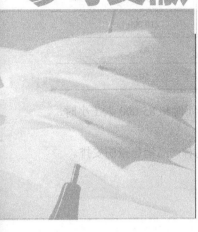

参考文献

[1] 王招治，雷金英等. 新编财务管理学理论与实训[M]. 北京：经济管理出版社，2016.

[2] 荆新，王化成，刘俊彦. 财务管理学（第6版）[M]. 北京：中国人民大学出版社，2012.

[3] 郭夏初，王庆成. 财务管理学[M]. 北京：高等教育出版社，2007.

[4] 张瑞君. 计算机财务管理——财务建模方法与技术（第4版）[M]. 北京：中国人民大学出版社，2015.

[5] 韩良智. Excel在财务管理与分析中的应用（第2版）[M]. 北京：中国水利水电出版社，2008.

[6] 韩良智. Excel在财务管理中的应用（第3版）[M]. 北京：清华大学出版社，2015.

[7] 王海林，张玉详. Excel财务管理建模与应用[M]. 北京：电子工业出版社，2015.

[8] 魏永宏. 财务金融综合模型分析理论与实务[M]. 北京：机械工业出版社，2016.

[9] 朱庆须. 计算机财务管理——Excel篇[M]. 北京：科学出版社，2012.